初中语文及其整本书阅读教学实践研究

李亚莉 ◎ 著

中国出版集团　现代出版社

图书在版编目（CIP）数据

初中语文及其整本书阅读教学实践研究 / 李亚莉著. -- 北京：现代出版社，2023.12
ISBN 978-7-5231-0655-6

Ⅰ. ①初… Ⅱ. ①李… Ⅲ. ①阅读课－教学研究－初中 Ⅳ. ①G633.332

中国国家版本馆CIP数据核字(2023)第232956号

著　　者	李亚莉
责任编辑	毕椿岚

出 版 人	乔先彪
出版发行	现代出版社
地　　址	北京市安定门外安华里504号
邮政编码	100011
电　　话	(010) 64267325
传　　真	(010) 64245264
网　　址	www.1980xd.com
印　　刷	三河市宏达印刷有限公司
开　　本	787mm×1092mm　1/16
印　　张	11.75
字　　数	226千字
版　　次	2023年12月第1版　2023年12月第1次印刷
书　　号	ISBN 978-7-5231-0655-6
定　　价	78.00元

版权所有，翻印必究；未经许可，不得转载

前　言

　　语文教育在培养学生综合素养、思辨能力和文化情感方面具有不可替代的重要作用。而初中阶段作为学生认知和心理发展的关键时期，语文教育的价值更加凸显。其中，整本书阅读作为语文教学的重要组成部分，不仅有助于学生对文本的深入理解，还能够引导他们形成独立的思考和判断能力。当前，由于短时阅读和碎片化阅读日益普遍，而长篇整本书的阅读却显得相对困难。因此，通过系统地引导学生进行整本书阅读，有助于培养他们的耐心、深度思考和逻辑推理能力，有助于提高学生的阅读素养和文化修养。

　　鉴于此，本书以"初中语文及其整本书阅读教学实践研究"为题，首先阐述初中语文课堂教学理论，内容包括初中语文课堂教学目标与原则、初中语文课堂教学意义与使命、初中语文课堂教学特征与改革；其次探讨初中语文课堂教学艺术、初中语文教学设计策略；最后对初中语文整本书阅读教学方面的内容进行论述，内容涵盖整本书阅读教学策略、初中语文名著整本书阅读教学、初中语文整本书阅读教学的多元策略、初中语文整本书阅读教学的实践。

　　全书结构科学、体系完整，论述清晰，客观实用，同时立足于实际课堂，借助教学案例、教师经验，探讨整本书阅读教学的优势和实践策略。我们深信，通过对教育实践的深入观察和反思，可以不断完善语文教育的方法，使之更加符合学生的需求和发展。

　　在写作过程中，我们衷心感谢所有为本书提供支持、建议和帮助的人员，他们的付出和贡献让本书得以顺利完成。并对于本书的局限性和不足之处表示诚挚的歉意，希望读者能够提供宝贵的意见和建议，以帮助我们改进和完善。

目　　录

第一章　初中语文课堂教学理论 …………………………………………… 1

　　第一节　初中语文课堂教学目标与原则 ………………………………… 1
　　第二节　初中语文课堂教学意义与使命 ………………………………… 8
　　第三节　初中语文课堂教学特征与改革 ………………………………… 12

第二章　初中语文课堂教学艺术 …………………………………………… 19

　　第一节　初中语文教学语言及其价值分析 ……………………………… 19
　　第二节　初中语文教学的课堂导入与提问艺术 ………………………… 30
　　第三节　初中语文教学的情境创设与情感教育艺术 …………………… 34

第三章　初中语文教学设计策略 …………………………………………… 39

　　第一节　初中语文教学设计及其技巧解读 ……………………………… 39
　　第二节　初中语文教学设计的策略分析 ………………………………… 64
　　第三节　初中语文教学中的项目式学习策略 …………………………… 73

第四章　整本书阅读教学策略分析 ………………………………………… 76

　　第一节　初中语文整本书阅读及其教学策略 …………………………… 76
　　第二节　初中语文教学中的任务型阅读策略 …………………………… 80
　　第三节　基于任务驱动的初中语文整本书阅读教学策略 ……………… 85
　　第四节　初中语文整本书阅读创新能力的培养 ………………………… 97

第五章　初中语文名著整本书阅读教学探究 ……………………………… 103

　　第一节　初中语文整本书阅读教学四类课型 …………………………… 103

第二节　初中语文整本书阅读教学设计 ··· 107
第三节　初中古典名著整本书阅读教学探究 ······································· 110
第四节　深度学习视域下名著整本书阅读教学 ···································· 118

第六章　初中语文整本书阅读教学的多元策略 ································ 123

第一节　初中语文整本书阅读教学中的支架搭建策略 ························· 123
第二节　基于合作学习的初中语文整本书阅读教学策略 ······················ 128
第三节　初中语文整本书阅读教学中思维导图的应用策略 ··················· 131
第四节　初中语文教学中整本书阅读与写作有效结合的策略 ··············· 151

第七章　初中语文整本书阅读教学的实践研究 ································ 153

第一节　传记类整本书阅读教学实践 ·· 153
第二节　诗歌类整本书阅读教学实践 ·· 161
第三节　小说类整本书阅读教学实践 ·· 165
第四节　戏剧类整本书阅读教学实践 ·· 176

参考文献 ·· 180

第一章　初中语文课堂教学理论

第一节　初中语文课堂教学目标与原则

"语文是一门基础性、综合性和人文性的学科，对于培养学生的语言能力、思维能力、审美能力和人格品质等方面都有着重要的作用"[①]。初中语文课堂教学目标与原则具体如下。

一、初中语文课堂教学的目标

2022年4月，中华人民共和国教育部印发义务教育课程方案和语文课程标准等16个课程标准（2022年版）。新修订的义务教育课程描绘了育人蓝图，增强了思想性，强化中华优秀传统文化等方面的教育；增强了科学性，遵循学生认知规律，注重与学生生活、社会实际的联系；增强了时代性，反映经济社会发展新变化、科学技术进步新成果；增强了整体性，注重学段纵向衔接、学科横向配合；增强了指导性，加强了课程实施指导，做到好用管用，为义务教育优质均衡、高质量发展提供了有力支撑。随着新课程的实施，学生的学习方式和教师的教学行为也发生了新的变化。面对这种变化，教师需要对传统的教育理念进行深入思考，以便做出正确的判断和选择，特别是新课程改革最活跃的语文学科更应对此做出积极的回应。在探索语文教学改革的过程中，明确语文教学的目标，寻找达成这一目标的途径，显得尤为重要。学生学习语文，从某种意义上而言，就是通过这一载体认识社会生活，接受人类文明，从而丰富人文内涵，提高文明程度，发展个性品质，进而利用这一载体更好地适应社会生活，展现独特个性，促进自我成长。

[①] 付立君. 初中语文课堂教学优化路径研究 [J]. 国家通用语言文字教学与研究，2023（4）：88.

（一）初中语文课堂教学目标的内容

1. 总体目标

（1）在初中语文学习过程中，培养爱国主义、集体主义等思想道德，逐步形成正确的世界观、人生观、价值观。

（2）热爱国家通用语言文字，感受语言文字及作品的独特价值，认识中华文化的丰厚博大，汲取智慧，弘扬社会主义先进文化、革命文化、中华优秀传统文化，建立文化自信。

（3）关心社会文化生活，积极参与和组织校园、社区等文化活动，发展交流、合作、探究等实践能力，增强社会责任意识。感受多样文化，吸收人类优秀文化的精华。

（4）认识和书写常用汉字，学会汉语拼音，能说普通话。主动积累、梳理基本的语言材料和语言经验，逐步形成良好的语感，初步领悟语言文字运用规律。学会使用常用的语文工具书，运用多种媒介学习语文，初步掌握基本的语文学习方法，养成良好的学习习惯。

（5）学会运用多种阅读方法，具有独立阅读能力。能阅读日常的书报杂志，初步鉴赏文学作品，能借助工具书阅读浅易文言文。学会倾听与表达，初步学会用口头语言文明地进行人际沟通和社会交往。能根据需要，用书面语言具体明确、文从字顺地表达自己的见闻、体验和想法。

（6）积极观察、感知生活，发展联想和想象，激发创造潜能，丰富语言经验，培养语言直觉，提高语言表现力和创造力，提高形象思维能力。

（7）乐于探索，勤于思考，初步掌握比较、分析、概括、推理等思维方法，辩证地思考问题，有理有据、负责任地表达自己的观点，养成实事求是、崇尚真知的态度。

（8）感受语言文字的美，感悟作品的思想内涵和艺术价值，能结合自己的经验，理解、欣赏和初步评价语言文字作品，丰富自己的情感体验和精神世界。

（9）能借助不同媒介表达自己的见闻和感受，学习发现美、表现美和创造美，形成健康的审美情趣。

2. 具体目标

（1）识字与写字方面的目标。

第一，能熟练地使用字典、词典独立识字，会用多种检字方法。累计认识常用汉字3500个左右。

第二，写字姿势正确，保持良好的书写习惯。在使用硬笔熟练地书写正楷字的基础上，学写规范、通行的行楷字，提高书写的速度。临摹、欣赏名家书法，体会书法的审美价值。

（2）阅读与鉴赏方面的目标。

第一，能用普通话正确、流利、有感情地朗读。养成默读习惯，有一定的速度，阅读一般的现代文，每分钟不少于500字。能较熟练地运用略读和浏览的方法，扩大阅读范围。

第二，在通读课文的基础上，厘清思路，理解、分析主要内容，体味和推敲重要词句在语言环境中的意义和作用。对课文的内容和表达有自己的心得，能提出自己的看法，并能与他人合作，共同探讨、分析、解决疑难问题。

第三，在阅读中了解叙述、描写、说明、议论、抒情等表达方式。能区分写实作品与虚构作品，了解诗歌、散文、小说、戏剧等文学样式。

第四，欣赏文学作品，有自己的情感体验，初步领悟作品的内涵，从中获得对自然、社会、人生的有益启示。能对作品中感人的情境和形象说出自己的体验，品味作品中富于表现力的语言。

第五，阅读简单的议论文，能区分观点与材料（道理、事实、数据、图表等），发现观点与材料之间的联系，并通过自己的思考，做出判断。阅读新闻和说明性文章，能把握文章的基本观点，获取主要信息。阅读科技作品，还应注意领会作品中所体现的科学精神和科学思想方法。阅读由多种材料组合、较为复杂的非连续性文本，能领会文本的意思，得出有意义的结论。

第六，诵读古代诗词，阅读浅易文言文，能借助注释和工具书理解基本内容。注重积累、感悟和运用，提高自己的欣赏品位。背诵优秀诗文80篇（段）。

第七，每学年阅读两三部名著，探索个性化的阅读方法，分享阅读感受，开展专题探究，建构阅读整本书的经验。感受经典名著的艺术魅力，丰富自己的精神世界。

第八，随文学习基本的词汇、语法知识，用以帮助理解课文中的语言难点；了解常用的修辞手法，体会它们在课文中的表达效果。了解课文涉及的重要作家作品知识和文化常识。

第九，能利用图书馆、网络收集自己需要的信息和资料，帮助阅读。学会制订自己的阅读计划，广泛阅读各种类型的读物，课外阅读总量不少于260万字。

（3）表达与交流方面的目标。

第一，注意对象和场合，学习文明得体地交流。耐心专注地倾听，能根据对方的话语、表情、手势等，理解对方的观点和意图。

第二，自信、负责地表达自己的观点，做到清楚、连贯、不偏离话题。注意表情和语气，根据需要调整自己的表达内容和方式，不断提高应对能力，增强感染力和说服力。

第三，讲述见闻，内容具体、语言生动。复述转述，完整准确、突出要点。能就适当的话题作即席讲话和有准备的主题演讲，有自己的观点，有一定说服力。讨论问题，能积极发表自己的看法，有中心，有根据，有条理；能把握讨论的焦点，并能有针对性地发表意见。

第四，多角度观察生活，发现生活的丰富多彩，能抓住事物的特征，为写作奠定基础。写作要有真情实感，表达自己对自然、社会、人生的感受、体验和思考，力求有创意。

第五，写作时考虑不同的目的和对象。根据表达的需要，围绕表达中心，选择恰当的表达方式。合理安排内容的先后和详略，条理清楚地表达自己的意思。运用联想和想象，丰富表达的内容。正确使用常用的标点符号。

第六，写记叙性文章，表达意图明确，内容具体充实；写简单的说明性文章，做到明白清楚；写简单的议论性文章，做到观点明确，有理有据；能根据生活需要，写常见的应用文。能从文章中提取主要信息，进行缩写；能根据文章的基本内容和自己的合理想象，进行扩写；能变换文章的文体或表达方式等，进行改写。尝试诗歌、小小说的写作。

第七，注重写作过程中收集素材、构思立意、列纲起草、修改加工等环节，提高独立写作的能力。根据表达的需要，借助语感和语文常识修改自己的作文，做到文从字顺。能与他人交流写作心得，互相评改作文，以分享感受，沟通见解。作文每学年一般不少于14次，其他练笔不少于1万字，45分钟能完成不少于500字的习作。

(4) 梳理与探究方面的目标。

第一，按照一定的标准分类整理学过的字词句篇等语言材料，梳理、反思自己语文学习的经验，努力提高语言文字运用能力，增强表达效果。

第二，学习跨媒介阅读与运用，体会不同媒介的表达特点，根据需要选用合适的媒介呈现探究结果。

第三，自主组织文学活动，在办刊、演出、讨论等活动过程中体验合作与成功的喜悦。关心学校、本地区和国内外大事，就共同关注的热点问题收集资料，调查访问，相互讨论，能用文字、图表、图画、照片等展示学习成果。

第四，能提出学习和生活中感兴趣的问题，共同讨论，选出研究主题，制订简单的研究计划。能从书刊或其他媒体中获取有关资料，讨论分析问题，独立或合作写出简单的研究报告。掌握查找资料、引用资料的基本方法，分清原始资料与间接资料，学会注明所援引资料的出处。

（二）初中语文课堂教学目标的达成

明确了语文教学的目标之后，重要的是要在语文课堂教学的实践过程中，切实有效地达成这一目标，具体包含以下方面。

1."品"

语文教材中的每一篇文章或作品，都是作者用心血精心酿造的酒，生活是原料，情感是酵母。由于作家对生活有着不同的体验，在表现生活时就蕴含了其独特的思想情感，因而创作出来的作品就必然个性各异、风味迥别。学生阅读这些作品时，教师要引导他们，使学生品出作品的味道，教师不要给作品固定任何标签，以免对学生产生心理诱导；与此同时，要给学生充分的时间，使其深入到字里行间，细细品味；然后，帮助学生完成从初尝滋味到细辨口味，再到解读风味的由浅入深的过程。

2."评"

品是一个内化的心理过程。只有将内化的东西外现出来，才能使学生的认识得以升华，使学生的思维更清晰。因此，"评"是必不可少的环节。评的过程可分为三个阶段：①评析，对作品做尽可能客观的解读，分析评价所依据的材料基本上是来自作品本身；②评判，在对作品进行客观分析的基础上，从阅读主体——学生的角度，对作品做出评判，这种评判往往带有鲜明的主观色彩，也就是学生把自己的兴趣、爱好、个性风格、审美情趣等带进了阅读的过程，根据自己的标准，做出主观的判断；③评论，这是阅读理解的最高层次，学生从对作品的解读中跳出来，站在理性的高度，对其进行多角度的审视。

审视的过程是学生综合运用相关知识、能力、方法等解决问题的过程；是学生情感、态度、价值观、审美观产生综合效应的过程；是学生将生活经历、人生体验融入学习活动并得以升华到新的人生境界的过程；是学生展示思维成果、见仁见智、标新立异的过程。总而言之，这是一个最具理性和创造性，使学生获得某种新的认识、新的启迪的过程。

3."悟"

悟就是用心去获得某种感受，用情去寻找某种共鸣，用意去探求某种规律。在文章或作品中，同一个词用在不同的语境中，便有了不同的含义，只有用心领悟，才能真切理解作者的情感，把握作品的真谛。根据其过程，悟又可分为感悟、参悟、顿悟。第一，感悟，是建立在感觉基础上的初步领悟；第二，参悟，是探究过程中对其规律的一种认知；

第三，顿悟，是认识产生飞跃的瞬间所形成的茅塞顿开的通透状态，实际上是一种灵感的闪现。学习语言就是在不断感悟、参悟、顿悟的心路历程中，学为文之道，悟做人之理；就是在悟的实践中，不断提高悟性。而悟性也就是灵性，它是智慧的内核，也是创造性的基因。

4."化"

学习的目的是为了应用，学到的一切要在生活中有用，就如同人类吃进去食物要成为供给生命的营养一样，必须靠消化。语文课本中所学到的东西，更是无法在生活中生搬硬套，需要将各种元素组合、融汇成整体的素养，而这种素养是在一个人生活的所有细节中流露出来。从这个意义上而言，在语文学习中，引导学生化是至关重要的。学习进程一般要经历消化、意化、活化三个阶段：①消化就是以理解为基础，对所学内容经过认真咀嚼、品味，在自己心理需求的作用下，对其进行分解，留下对自己最有用的成分；②意化是将所领悟到的东西，进行整合、提炼，建立起某种联系，寻找内在规律，形成具有普遍指导价值的认识；③活化则是将一切学习来的东西变成为我所用的财富，并在运用过程中使之创造出新的价值。活化的过程实际上就是再生的过程，是创造的过程。

二、初中语文课堂教学的原则

语文教学是由教师和学生共同参与的教学过程，语文教学是有目的的、有教学计划的，而且会从多个角度展开教学，教学涉及多种因素。在具体的实践教学中，师生要通过合作形成教学合力，利用一切教学资源为教学活动的开展提供有益的教学环境，为教学的开展营造更加活跃和谐的氛围，为课堂教学价值的实现打下良好的基础。课堂教学管理有其内在的机制与规律，要有效实现语文教学管理的目标，就必须遵循课堂教学管理的原则。初中语文教学原则不仅与课堂教学管理目标有关，而且与课堂系统的特征直接相关。

（一）系统性原则

课堂系统是由内在联系的特定要素构成的有机统一的整体，把课堂视为一个系统，其构成因素是较为复杂的，既有物质的，也有非物质的即精神或是心理上的；既有有形的，也有无形的。只有在各因素协调一致时，课堂才会产生根本作用。因此，教师作为一个课堂教学的管理者，应具备全局的观念，从系统整体对课堂系统的各个方面进行规划与调整，以便把各种因素有机地协调为一个整体，发挥更有效的功能。出现课堂问题时，要从课堂的整体来分析与把握，从问题与环境、时间、空间与场合，得与失，利与害，个人与集体，社会、历史、现实与未来，自我与非我等多方面的关系中形成一个全面而正确的认识。

（二）激励性原则

激励性原则就是在初中语文教学时，教师通过各种有效手段，最大限度地激发起学生内在的学习积极性和求知热情。贯彻激励原则，要求教师在课堂上努力创造和谐的教学气氛，创造有利于学生思维、有利于教学顺利进行的民主氛围，而不是把学生课堂上的紧张与畏缩看作教师管理能力强的表现。语文教学的任务之一是培养良好的课堂集体和学生课堂行为，但这并不是一蹴而就的事情，需要长期培育，而最好的方法就是通过不断的鼓励和强化手段，激励学生的进步，满足学生的心理需求，营造积极向上的课堂气氛。

在语文教学管理中，教师需要做到四个方面：①教师要鼓励和提倡积极的个人行为，如刻苦学习、遵守课堂纪律、尊敬师长、互帮互助等，对在这些方面有突出表现的学生应及时给予表扬，教师的表扬是对学生行为的肯定，学生就会受到鼓舞，增强信心。②教师要用发展的眼光对待每一位学生。学生是发展中的人，其生理、心理、知识、能力、自律等都处在发展之中，处于不成熟、不完善的状态，每个学生不论其目前的状况如何，都存在着发展的潜能。教育的责任就在于使学生的潜在可能性向现实可能性发展。因此，教师应该时刻用发展的眼光期待学生，尤其是曾有课堂不良行为的学生，要充分相信他们经过教育培养都能成人成才。③教师要随时关注学生积极的变化，细心发现学生在原有基础上的每一点滴进步，不失时机地给予赞赏，让每个学生都有成功的喜悦，都有管理其能力的成功体验。④对学生的不良课堂行为要宽容，并且进行正确引导，促使其自我克服、自我矫正、自我完善。教师对课堂的最大影响就是对学生发展的激励。激励是有效语文课堂教学的核心。

（三）自组织原则

自组织现象是指自然或客观事物本身自主地组织化、有序化的过程。对教师而言，语文教学管理的目标是通过怎样的方法使学生能养成自我管理的好习惯，教师并不是在"转让"知识或技巧给学生，而是努力想让学生进入自己的世界，让自己进入学生的世界，因而和学生共享一个世界。课堂的进展过程实际上就是在寻求新的信息，不断从事与创造有意义的对话，不断实现新的连接的过程，这种过程本身是自然发展着的。但在传统的语文教学管理中，教师常常根据自己的判断试图给课堂加上一些人为的框架，于是课堂并不能很好地与之对应，而必须经常加以限制直至它能管理这些框架，因而在课堂教学管理中容易出现单向的专断性控制。在这种情况下，教师实际上是难以对课堂本身进行管理的。课堂作为一个开放的系统将由于对组织的充分重视或自组织作用的充分发挥而趋向自我完善。

（四）反馈性原则

初中语文教学的具体要求的措施只有建立在班级学生思想与学习特点的基础上，才能具有针对性和有效性，这要求教师在教学工作的起始环节——备课过程中，认真调研教育对象的具体情况，分析研究必要的管理对策。在一般的备课过程中，对语文教学管理的设计是普遍忽视的，致使作为必须参与教学过程的课堂管理缺乏明确的意识导向，甚至影响教学进程或削弱教学效果。语文教学管理的反馈原则，还要求教师在课堂教学的过程中，不断运用及时信息来调整管理活动。由于课堂教学是在特定的时空内，面对着的是鲜活的学生，这是一个多因素彼此影响和制约的复杂动态过程，可能出现各种偶发情况。

第二节　初中语文课堂教学意义与使命

一、初中语文课堂教学的意义

（一）有助于提高语文课堂教学的质量

课堂教学一定要有计划、有规律地开展，课堂活动需要遵守秩序和规定，但是课堂并不是一成不变的，经常会有各种突发的问题，也可能会产生矛盾或冲突，有可能会有外来事件的干扰。因此，为了保持正常的课堂秩序，教师要及时排除可能干扰教学活动的因素，保证教学活动能够正常有序地开展。规定和秩序对于教学活动而言是至关重要的，有经验的教师非常注重教学过程的管理，只有做好教学管理才能实现语文教学效果的提升，而且教学管理能够保证教学氛围的和谐融洽，也能够让师生处于和谐的氛围中，进而保证了教学任务的有效完成。

（二）促进语文课堂教学的持续性生长

课堂教学活动的最终目的是促进师生共同发展。"教学相长"的含义就是指教师与学生的相互影响和相互作用会促进彼此的进步，二者的进步当然离不开良好的课堂教学环境，只有课堂在生长，课堂中的人才能得到生长。课堂的生长是课堂中人的生长的前提。与此同时，课堂的生长又为人的生长创造了条件。促进课堂的生长，增强语文教学管理的指向性功能，也是语文教学管理的基本目标。语文教学管理就是要调动各种可能的因素，发掘课堂的活力，发挥其生长功能。如果失去了这一生长功能，课堂气氛就会变得单调，课堂缺乏应有的活力，从而也谈不上促进人的发展。

二、初中语文课堂教学的使命

（一）初中语文课堂教学的文化使命

语文教学的重要任务就是引导学生学习中华优秀传统文化，从中华传统文化中寻找实现凝聚力和创造力的不竭源泉，增进对中华优秀传统文化的理解，增强文化自觉，提升文化自信，更好的继承和弘扬中华优秀传统文化。

1. 语文课堂——文化传承的主要阵地

语文教学应该继承和弘扬中华优秀传统文化，理解和借鉴不同地区的文化，拓展文化视野，增强文化自觉，提升文化自信，热爱祖国语言文字，热爱中华文化。语文学科教学是传承和理解中华优秀传统文化的重要途径，而语文课堂自然也就成为解决这一问题的关键。学生通过学习祖国语言文字，体会中华文化的博大精深、源远流长，体会中华文化的核心思想理念和人文精神，增强文化自信，理解、认同、热爱中华文化，继承并弘扬中华优秀传统文化。在这个问题上，语文课堂具有其他学科无可比拟的优势。

工具性与人文性的统一是语文课程的基本特点。首先，就工具性而言，语言文字教学是语文课堂教学的基础，是准确理解传统文化的前提和基础。语文课堂的首要任务是语言的理解和传承。通过语言实践，积累言语经验，把握语言规律，培养语言运用能力，这是语文课堂的核心。在语文课堂上，关注词汇、句子、语法和修辞的教学，在字词句的涵泳辨析中，深刻理解中华文化优秀传统的精要，这是传承文化最直接、最生动的方式。其次，就人文性而言，课堂教学面对的是人，是对人的教育，是人性教育也是人文教育，包括人的尊严、价值、个性、理想、观念、品德、情操等方面，它关注的是学生生命个体的发展。而语文课堂看重的就是语文学科的内在价值，站在文化和哲学的高度，理解传承中华文化的知识汲取、经验积累，进而获得思想涵养、情操陶冶等高层次的人文体验。

2. 语文教材——文化传承的重要资源

初中语文课程的建设，需要将立德树人、增强文化自信放在第一位，语文课程对继承和弘扬中华优秀传统文化、革命文化，培养文化自信，推动文化的创新发展，具有不可替代的优势，这就充分强调了利用语文学科弘扬中华优秀文化的必要性和可能性。语文教材作为语文课堂教学的载体，其选编的内容都渗透了中华文化传统的因素。

3. 语文教学——文化生活的接续反映

在文化理解与传承过程中，语文教师还要注重课堂教学中实践与应用手段的灵活性，让传统文化有机地汇入现代生活，融入现代气息，才能使其具有活力，才能真正做到文化的理解与传承。初中学生对新事物有着较大的好奇，而一些语文教材中的经典篇目大都离学生的生活较远，学生的阅历无法支持他们对传统经典的理解，这就要求教育者在课堂教学中注重实践与应用，结合时代特点，把传统文化的精髓汇入现代生活，用学生乐于接受的方式进行教学，才能使传统文化产生强大的生命力，实现传统文化的理解与传承。例如，中国古典诗词是中华文化宝库中的瑰宝，具有独特的文化魅力，但因其与学生生活的距离较远，给人以艰涩难懂的感觉，所以古典诗词的教学一直是语文教学的难点。教师在教学过程中就要采用灵活多变的教学手段，让学生走进古典诗词，而不是简单机械的课文讲解，可以将诗词转化成学生的生活体验。古人善于感受天地万物的变化，有很多关于时光季节变化的诗词，这是教师可以很好利用的教学素材。让诗词的华美融汇到学生生活的点点滴滴，在潜移默化中体会诗词的魅力。

总而言之，文化的传承与理解离不开语文课堂，理解传统文化，并自觉传承发扬传统文化，这不仅是语文课堂教学的要求，也是发展教育事业的核心所在。语文教师应该主动承担起理解与传承中华文化的责任，采用恰当的教学策略，引领学生感受中华文化的精美与魅力，提高学生对中华传统文化的理解度和认同度，提升他们的文化视野、文化自觉和文化自信，进而树立积极向上的人生理想，增强使命感和社会责任感。

（二）初中语文课堂教学的生命教育使命

对于生命教育的认识有一个不断发展变化的过程，生命教育致力于解决青少年在人生发展历程中对于生命价值的探索和理解，帮助他们树立正确的人生观、价值观，在此基础上实现个人的人生价值，促进人与人之间的和谐发展。生命教育是一种探索生命价值和意义的教育活动，能够引导学生发现生活中的美好与人性的善良，懂得热爱生命、珍惜生命，从根本上提升学生的人生境界。因此，生命教育不仅关注人的身体健康，还关注人的心理健康和人格的健全，为了人能更好地适应生存环境而培养人的生存能力，关注人的美好未来的教育。

1. 初中语文课堂教学中生命教育的意义

语文教学中实施生命教育有助于丰富学生的语文素养，有利于丰富学生的情感体验，唤醒学生生命意识，激发学生生命的潜能。

（1）有助于丰富学生的语文素养。语文课程的重要目标之一是使每一个学生都能获得语文基本素养。语文素养包含了言语能力和审美情趣及文化品位，涵盖了生命教育的丰富内涵。生命教育让学生的人格尊严和主观想法得到尊重，学生可以体悟到不同角度不同时代对于生命的不同理解，能够重新认识生命的意义，最终形成自己的人生观、价值观。所以，在语文教学中进行生命教育，是对学生的一种人文关怀，是学生语文素养的一种丰富。

（2）有利于丰富学生的情感体验。语文教育注重情感熏陶感染与学生的独特体验，在语文教学中进行生命教育，让学生与饱含情感的文章进行心灵上的对话，可以产生心灵的触动，从而体味到人生的"五味"，体验到生活的丰富多彩，进而感悟到生命的真谛。因此，生命教育有助于把语文课程中丰富的人文内涵"内化"，能够让学生在纷繁复杂的社会中有良好的适应能力，在生活中能有积极乐观的态度，在人生的道路上有坚韧的生命毅力。

（3）有利于唤醒学生生命意识，激发学生生命的潜能。语文教材中的文学作品在精神领域和生命价值教育方面对学生有深远的影响，在语文教学中进行生命教育，就是让学生受到人文精神的熏陶感染，让学生认识到人的生命力量是无穷的，生命的过程是美丽的，从而唤醒学生的生命意识。在文化知识的获得中，引发他们对生命的进一步思考，在正确价值观的指导下，激发他们努力去发掘生命的潜能，努力实现自己的人生理想，使生命的意义和价值得到体现。

2. 初中语文课堂教学中生命教育的途径

初中语文课程中包含许多生命教育的内容，语文教师应抓住教学素材和教学活动中产生的教育教学灵感，在语文教学中渗透生命教育，可以通过以下途径来实现。

（1）依托语文教材，挖掘生命教育的资源。初中语文教材贯通古今，内容广泛，涉及了地理、历史各方面，涵盖了非常系统全面的人文教育，其中也有关于生命教育的素材，教师可以根据需要对学生进行生命教育的引导。

（2）在阅读教学中，弘扬生命意识。首先，在朗读品味中欣赏生命的灿烂，感悟生命的辉煌；其次，在阅读教学中体会生命的价值，关注对生命质量的提升。成功的文学作品，大多是尊重生命，反思生命的典范。带着生命的视角审视这些作品，有利于达到生命教育的目的——唤醒生命意识，提升人的生命价值。

（3）引入课外活动，感悟生命的真谛。开展与生命教育有关的实践活动，能够让学生更直观地了解到生命的价值。语文教师可结合时代和社会发展的要求，适时引入鲜活的课外活动，注入新的内容，使教学内容不断丰富和发展。学生在学习的过程中能够受到优秀传统文化的浸润和熏陶，师生之间的关系会更加融洽与和睦，和谐美好的校园环境会重新建构。此外，还可以充分利用广播、电视、5G网络等现代化的教学手段，积极开展辩论、演讲、办手抄报、读书报告会、研究性学习等活动，让学生在活动中体验快乐，感悟失败，收获书本之外的人生经验。

（4）改变评价学生的方式，让学生得到整体的和谐发展。传统的评价机制是仅仅凭借学生学习成绩来定义教学的好坏，这不利于学生的生命成长。教育的目的是要培养有知识、有文化、有情怀、有温度的优秀人才，一个优秀的学生，除了学习成绩优异，还应热爱自然、热爱生命，对集体友爱，对他人温暖善意，对生命充满敬畏。因此，应改变评价学生的方式，语文教学中应该融入更加多样化的评价内容，如综合素质、个人能力等，激励学生更加全面地发展。

第三节 初中语文课堂教学特征与改革

一、初中语文课堂教学的特征

（一）教师教学的创造性决定语文教学的实践性

从审美的客体上而言，任何一篇文章都是一个美的对象，都是作者按一定的审美标准从事创作实践的产物；从审美的主体上而言，对课文的阅读、理解、品味都是一项美的欣赏实践。审美实践离不开审美感知力、审美想象力、审美情感体验力及运用语言的能力等。语文课是师生共同的欣赏实践，教师要交给学生欣赏的方法，帮助学生于体会中发现语言的特性，于阅读中发现文章的意蕴，于品味中再造丰富的形象。启发、诱导学生去揣摩语感、体味情感、发挥想象、理解思想、把握哲理，这些必须在教师指导下，由学生反复实践才行。与此同时，实践也包括教师引导学生在欣赏的基础上进一步从事美的创造，学生的写作就是美的创造的一个重要方式。

（二）语文学科的工具性决定语文教学的基础性

初中语文教学离不开字、词、句、段落、篇章的教学。学生必须掌握词汇，具有组词成句、联句成篇的能力。语文教学通过各类文章的阅读理解训练，不仅要让学生掌握语言技巧，更重要的是还要获得各种文化信息和美的信息，进而用以表达思想、交流情感，从而欣赏美、创造美。同时，字的构形、词的合成、句子的关系、段落和层次、篇章的结构，无不蕴含着深刻的美学内涵，对语言的感受也是审美能力的标志之一。学生对美的信息的获得，对美的手段的欣赏，对美的创造的完成，对美的观念的确立，无不与语文教学有着千丝万缕的联系。

（三）教材中作品的艺术性决定语文教学的吸引性

初中语文教材的文学内容是思想与艺术、内容与形式完美结合的高品位作品，它们是作者思想情感和审美理想的结晶，这些作品的美，美在它鲜明生动的人物形象，美在它曲折动人的故事情节，美在它震撼人心的情感力量，美在它启人深思的哲理思辨，美在它赏心悦目的自然景观，美在它引人入胜的绝妙意境，美在它灵动多姿的精美语言，美在它铿锵悦耳的音韵节奏。这一切无不吸引着青少年学生自觉地去阅读它、欣赏它，并沉醉于美的享受中。这种吸引力便是语文美育寓教于乐的特性。

（四）语文教材的选择与更新决定语文教学的综合性

我国现行的初中语文课文大多选自古今中外名家名篇，是集各种美的形态之大成。经过多年的淘汰和不断更新，这些篇章已经形成一个相对完整的美的系统，其内容包罗万象，涉及各个领域和各种类型，既有令人赏心悦目的自然美、催人奋发向上的社会美，也有引人心驰神往的艺术美、启发人才智的科学美；既有庄严宏伟的阳刚美，也有震撼心灵的悲剧美、诙谐幽默的喜剧美。这些各种各样美的形态为青少年打开了一扇扇无比丰富的美的世界的大门，展现了一个个绚丽多彩的美的天地，使人受到各方面的美的陶冶。

（五）语文课堂教学可以培养学生学习能力的求实性

求实是初中语文教师在课堂教学中应该做到的，教师在课堂上要端正教与学的态度，对学生知识的掌握要落到实处。语文课堂教学是一种大语文观，是语文与生活的积累和运用；语文的应用来自生活，并不是一个单一的学科所在，语文的教学就是求实，是学生对知识用于生活的积累的过程，是致力于培养学生的能力，重在培养学生的思维能力、分析能力和创新能力，是穿插于素质教育的新课堂教学。

（六）语文课堂教学可以训练学生思维能力的求变性

初中语文课堂教学的创新是知识再创造的过程，这种再创造就是求变，在课堂教学中是让学生的思维发散起来，让学生在学习中活跃起来，能说想说，敢说敢想。这就要求教师在课堂教学中求变，为学生设置展示他们思想的平台，让学生有放飞思想的空间。初中语文教师在课堂教学中要注重求变，就是创新的开放性。很多知识教师可以通过简单举例，让学生去思考，创新型教师的教学方法就是在不断地求变。

二、初中语文课堂教学的改革

随着社会发展对于人才水平要求的不断提高，我国全力推行教育改进，教育部门对于学校教育的教学质量有了更高的要求，在初中语文课堂教学中进行改革，"要将课堂改进与课堂教学内容相结合，充分发挥教学改进的积极作用，提高学生在学习中的积极性"[①]。

（一）初中语文课堂教学改革的意义

1. 促进学生成长与全面发展

语文是人生存和发展的基础。人正是通过听、说、读、写来不断丰富与完善自己的心灵世界，开拓精神的自由空间，开发无穷的想象力和创造力，并与外部世界进行着广泛的交流。语文教育在人的成长过程中有着特殊的意义，语文教育本质上是母语教育，母语对于人而言是一种本体性的存在，语言是人与世界联系的纽带。世界本质上是人化的世界，也即语言的世界。假如没有语言，就无法与世界发生任何"人"的联系，语言作为一种独立的体系，在人与自然、人与社会、人与历史、人与自我的关系中，维系着人的存在，成为人的本质之所在。因此，语言是人生的根基。语言使得"人"具有"人"所特有的一切：经验、精神、天性和技能。语言也是人的精神构成物，语言同人的生命的成长、人性的完善相伴始终。脱离开语言的精神和脱离开精神的语言，都是不可想象的，精神寓于语言之中。

语言构成了人的最重要的文化环境，语言成为人感知和理解世界的一种最重要的形式。人类使用一种语言就意味着进入一种文化，履行着某种文化承诺，人的精神世界与语言世界同生共长。初中语文课堂教育致力于培养学生的语言文字运用能力，提升学生的语文素养，为学好其他课程打下基础；为学生形成正确的世界观、人生观、价值观，形成良好个性和健全人格奠定基础；为学生的全面发展和终身发展奠定基础。因此，语文课堂教育与人的成长关系重大，它不仅仅是一种简单的工具性教育，更是一种个性化教育，一种健全人格的培养。在初中语文课堂教育中以人的发展为中心，并把人的全面发展视为教育的终极目标的教育观，体现了作为基础学科的语文在人的成长与全面发展中的重要意义。

---

① 邵海宏. 浅议对初中语文课堂教学改进的思考 [J]. 读与写，2022（24）：48.

2. 有助于提升学生整体素质

教育要面向未来，未来的社会是充满激烈竞争的社会，竞争的焦点是人才的竞争、国民素质的竞争。一个国家要立于竞争的不败之地，凭借的是大批高素质的人才和富于竞争力的高素质的国民。国民素质的提高要依靠教育，教育的主阵地是学校，语文教育是初中教育的核心。语文的特性决定了其在国民素质教育中的特殊地位，任何文化和科学，都是以语文为载体，靠语言文字来表达和传播，语言文字是民族文化和精神的载体。民族的母语是民族经验、民族思想和民族情感的历史记录，是特定民族文化思维与文化精神的真实写照。语言文字的兴亡是民族兴亡的重要标志。任何学段、任何专业的学生，都要能说流畅的普通话，具有较强的语言文字能力；纠正语文教学中重知识轻能力的倾向，注重提高学生的基本素质，是语文教育的首要任务。义务教育阶段要使学生具备掌握普通话和使用规范汉字的基本能力，初中阶段要使学生实现从普通话书面语向普通话口语的转变，并进一步提高语言文字的应用水平，普及民族共同语和实现语言文字规范化是提升全民族文化素质的重要前提。

3. 顺应经济全球化的发展趋势

当前整个人类的发展正逐步进入全球化时代。全球化以经济全球化为根本动力与基础，世界经济的发展使得人类在某种程度上已经结成一个"命运共同体"。经济全球化对汉语母语地位的负面影响日益凸显，经济的全球化必然带来不同文化的冲突与交融，经济上的主导力量使得文化也成为一种权势。保护母语应是语文教育者的使命，保护母语就是保护自己赖以生存的文化家园。正因为如此，世界上诸多其他国家都以立法的形式保护本国官方语言文字在大众传媒和公共领域的使用和主权地位，以此提升母语教育的地位。"母语不完全是一种交流工具，更是民族传统、文化观念、道德准则、思维模式的载体"[①]。在经济全球化的大背景下，语文教育作为中华民族的母语教育，既承担着传承民族文化知识、历练语文能力的责任，又必须以唤醒民族情感、唤醒民族精神为天职。因此，在经济全球化背景下，加强初中语文课堂教育改革是一个非常紧迫的话题。

（二）初中语文课堂教学改革的实践

1. 语文教材的编写

语文教材是语文核心素养的重要载体，也是语文课堂教学的主要凭借。语文教材的编

---

① 任翔. 中小学语文教育改革之意义 [J]. 语文建设，2013 (13)：22.

写主要包含以下方面。

（1）就教材的内容而言，要注意两点：①精选课文。要注意选文的经典性，选择文学经典，便于学生开展审美鉴赏与创造；选择文化经典，利于促进学生对文化的理解与传承。与此同时，还要注意时代性，尤其要选择一些科技类、新闻类的课文，以促进学生的思维提升与发展。还要适当选择一些非连续性文本，让学生在获取文本信息中训练思维方法，提高其思维品质。课文除了选文之外，还可以选择一些介绍语言文字、文艺鉴赏、形式逻辑、文化现象之类的知识短文。②巧设活动。无论是课后练习，还是综合性学习，都不应该只是就语言知识、技能来训练，而是巧设情境，以具体的任务来驱动，以利于在听说读写活动中促进语言、思维、审美和文化的融合，整体提升语文素养。

（2）就教材组织而言，以体裁来组织选文单元，容易导致教学时以枯燥的语言知识讲解和机械的语文技能训练为主；以主题来组织选文单元，又容易导致教学时忽视了"语言"的学习，二者均不利于语文核心素养的落实。目前的探索有以下两种合适的教材。

第一，初中教育阶段的语文"部编教材"，这套教材重视语文核心素养，与传统教材不同的是采用"双线组织单元结构"，按照"内容主题"（如"修身正己""至爱亲情""文明的印迹""人生之舟"等）组织单元，课文大致都能体现相关的主题，形成一条贯穿全套教材的、显性的线索，但又不像传统教材那样给予明确的单元主题命名；同时又有另一条线索，即将语文素养的各种基本因素，包括基本的语文知识、必需的语文能力、适当的学习策略和学习习惯，以及写作、口语训练等，分成若干个知识或能力训练的点，由浅入深、由易及难，分布并体现在各个单元的课文导引或习题设计之中。"内容主题"保证了审美和文化的落实，而"语言素养"的设计保证了语言和思维的落实。要做到两者有机地结合，首先，要精选主题，把最有利于培养审美能力的文学文本，把包含古今中外最精粹的文化元素的文本选入。其次，要重构语言知识技能体系，而目前我国语文学科中的静态知识较为陈旧，需要除旧纳新；动态技能较为零散，需要梳理已有的成果（尤其是过去一些语文特级教师在实践中总结出来的听说读写及其教学的方法和策略），借鉴优秀的经验（尤其是其他国家母语课程标准中所呈现的细致、具体、实用且成体系的听说读写技能），根据汉语汉文的特点重新建构。

第二，初中语文课标组设计的方案。传统的语文课程标准有学习要求而无具体的课程内容，课程标准应根据初中语文课程四项核心素养，必修课和两类选修课共同设计学习任务群，包括：语言积累与探究、整本书阅读与研讨、当代文化参与、跨媒介学习、实用性阅读与交流、思辨性阅读与表达、文学鉴赏与创作、现代作家作品研习、传统文化经典研习、外国作家作品研习、科学文化论著研习、现代作家作品专题研讨、传统文化专题研讨、跨文化专题研讨、学术论著专题研讨。这15个任务群能够在一定程度上解决语文课程标准中没有课程内容的弊端，其教材的组织就不再是单篇选文，也不是以"内容主题"和"语言素养"（不强调语文知识、技能体系的完整）为基本架构，而是通过情境设置、任务驱动来促进语文核心素养的综合四要素的融合。具体而言，首先，将15个任务群进行有机的排列组合，构成各册教材主线；其次，在任务群下设置若干专题（主题、情境、选文）；再次，根据这些任务、材料设计一系列语文实践活动，提供语言材料、数字资源；最后，师生进行反思与评价。这种"任务—情境"的设计思路无疑具有前瞻性，而且是落实语文核心素养的一条较好的途径。因为在初中前期阶段已掌握较为系统的语言知识和技能的基础上，再以任务群的形式组织教材可促进各种知识技能的综合运用，促进语言、思维、审美、文化的融会贯通。不过，任务群教学的任务较重、难度较大，对教师学生的知识、能力的要求都较高，在教材中呈现哪些内容、怎么组织也需要进一步探索。

2. 语文考试的改革

根据初中语文的特点，考试改革应包含以下方面。

（1）突出语文课程目标的整体性。初中语文课程目标具有整体性，它是从知识与能力、过程与方法、情感态度与价值观等维度确定的。语文考试要突出课程目标的整体性，除了知识与能力之外，过程与方法、情感态度与价值观同样不可回避。

（2）语文考试应加强综合性。学生的语文素养是综合的，涉及知、情、意、行等许多不同的侧面。具体而言，大致包括听、说、读、写的言语行为，支配这些行为的因素，参与和支配这些行为的直接心理因素，以及作为言语行为的背景要素等。因此，语文考试应力戒过去考试中常有的东拼西凑的倾向。语文考试有单项性测试与综合性测试，应进一步加强综合性测试。

（3）注重语感，知识的查考要尽可能地结合语境。语感是语文教学中一个不能回避的问题，它的培养和测试离不开语言环境。以往的语文考试，尤其是知识性考试往往是脱离语言环境考察孤立的知识，所以它容易走向偏题。

（4）主观式试题与客观式试题相结合。从某种意义而言，定量评价和定性评价在一份试卷中的区别，主要体现在客观式试题和主观式试题的不同编制上，这是因为语文考试的答案既有确定的一面，又有不确定的一面。一般而言，具有确定答案的容易量化，比较适用于编制客观式试题，而答案具有不确定性的则可以描述过程，比较适用于编制主观式试题。从题型的角度而言，关键在于合理的编制。根据语文学科的特点，语文考试中主观式试题的编制应该是主要的。以文学作品的阅读测试而言，它的重点是作品的形象、意境和语言，以引起感情的共鸣。在考试中，要考虑文学作品欣赏的特殊性。形象大于思维，文学形象的多义性,决定了人们对文学形象及其社会意义理解的不确定性,因此不能简单地用一个统一的固定答案评价学生,限制学生的思维。事物的正确答案往往不止一个,要鼓励学生不满足一种结论,提倡多角度地探索事物的本质。

(5)加强对语言文化积累的考核。语文学习是累积性的,一般而言不容易立竿见影,因此语文考试需要加强对经典、对语言文化积累的考核。考核语言文化的积累要体现语文学习的阶段性特点,不同阶段语文学习的内容不同、方法不同,考试评价的方法也要有所区别。而且,也不能把语言文化积累的考核简单地理解成只考查语言文学常识,做一些识记性的填空题、选择题。

第二章　　初中语文课堂教学艺术

第一节　　初中语文教学语言及其价值分析

一、初中语文教学语言的类型

"有效的初中语文教学语言，具有科学性、审美性和启发性的特点。教师在初中语文的教学中，应当不断转变教学理念，转变语言表达方式，不断提升自己的语言表达和驾驭能力，促进初中语文教学语言有效性的提升"[①]。

（一）导入语

语文课程正在向素养立意的教育目标转变，既要获得知识技能的外显功能，更要重视学科内外的隐性品质，要让学生在经历、体验各类启示性、陶冶性语文学习活动之后，逐渐将多方面素养进行综合、内化，成为一种思想品质、精神面貌和行为方式。在进行新的教学内容时，教师通常用导入语自然而然地引出新的教学内容，起到引入的作用，以培养核心素养为目标的课堂导入语要具有导引、启发课程的作用。导入语要自然，要讲究方法，导入语还要新颖、别出心裁，让趣味性和知识性相结合。

第一，在导入语的呈现方式上，应当尽量平等、友善，调动课堂氛围。语文课堂教学中导入语主要有两种类型：①"直接导入法"，这种方式直接进入课文主题；②"间接导入法"，如以讲故事的形式、各种游戏、以教师和学生的随意的生活聊天等展开一节课的教学。例如，在《雨的四季》的课文中，对雨进行了生动细致的描写，文中写出了四季不同的雨的景象，并通过比喻、拟人等修辞手法，将雨的特点表达出来，如春雨的美丽、娇媚，夏雨的热烈、奔放，秋雨的端庄、沉静，冬雨的自然、平静，这种生动形象的表达方

---

① 林秀兰.初中语文教学语言有效性探究[J].考试周刊，2018（52）：44.

式，能让学生身临其境，面对面地体会到雨的美好。整篇课文充满了作者对雨的爱恋和对生活的热爱，并且在很大程度上引导学生们发挥想象，激发创造能力。有利于教师创造性地理解和使用教材，引导学生在实践中学会学习，让他们获得初步的情感体验，感受到夏天、大自然的美好。

第二，在导入语的运用上，注重调动学生的积极性。目前，教师为了活跃课堂学习氛围，通过使用多媒体开展游戏教学等一系列的导入形式来活跃课堂氛围，但语文教学的课堂效果却无法达到其他学科的教学效果，导入效果并不明显。在实际的教学实践中，教师要对班级的学生有全面的了解，如果教师在课堂上能一下抓住学生的兴奋点，能让学生把注意力集中到课堂上，而不是让其思想游离于课堂之外，更加专注于课堂的教学内容则能达到事半功倍的效果。

第三，导入语的语言要全面设计，体现教师的个人特色。每一个教师都有自己的教学特色，是其他教师所取代不了的。相同的课堂导入语形式在不同教师的课堂中所达到的效果完全是不一样的。在实际的教育教学过程中，每一位教师在长期的教学实践中已经形成了区别于他人的独特的教学风格、教学个性。

（二）讲授语

讲授语是教师课堂教学语言的主体，也是教师课堂语言的精华。在课堂教学中，越来越注重学生的参与度，在进行讲授时教师不再是主角，课堂变成了学生自主探究语言文字运用的规律，增强对语言文字运用的敏感性，提高探究、发现的思维能力的场所。系统讲授加有效引导的语言体现教师在教学过程中的重要地位和教学才能，是学生获得知识的重要来源，也是学生素质全面均衡发展的重要媒介。

第一，从形式上而言，讲授要形象生动、富有感染力。生动讲授是指教师在讲授时能运用生动形象的语言、丰富多样的非言语表达以及饱满的热情使讲授生动有趣、充满吸引力。虽然语文学科是一门较为抽象的学科，教师在讲授具体的学科知识时，无法再现作者当时的情与境，但是语文教师可以利用自己的语言渲染教学情境，让学生充分感受到作者当时的心境，更快地融入课堂中。

第二，从讲授语的内容上而言，讲授要明确教学对象的特征。教师要关注学生的心理、生理等方面的特性，抓住学生在学习方面表现出来的一般性特征，同时还应该关注个别学生在学习以及生理、心理等方面表现出来的异于一般学生的特性，针对不同年龄和性格的学生，教师课堂讲授的内容都要做到十分清楚，使不同特点的学生清楚感知教学目的，清楚掌握教学内容，处理好整体与个别的关系。

第三，讲授语的选择要关注学生主体。学生在课堂学习中是学习者，在课堂中既有主动性又有被动性。教师都应该关注学生，关注学生的发展，尤其是对学生来说是获得知识的主要阶段的课堂讲授部分，教师更要关注到班级里的每个学生。教师的课堂讲授语就是把高难度的知识转化成易于理解和接受的知识的一个重要工具，以学生为主体。

第四，在讲授语的方法上注重多样性。教师在课堂中对讲授语形式的选择是自由的，且可选择的种类有很多，如重难点讲授法、顺序讲授法等。正确地进行讲授要做到讲授方法正确、教学目的界定清晰、重点突出、难点突破。教师在讲授活动中，要敏锐地辨析学生的反馈信息，帮助学生对这节课的重点、难点进行突破，对主要思想内容有所了解。因此，在实际的教学实践中，教师不要仅仅只局限于一种形式的讲授语的选择上，而是通过选择多样化的形式来帮助学生从不同的侧重点方面对这节课的内容做更全面、更细致的了解，要注意各种讲授语形式的综合、合理地运用。以指导学生理解词句为例，其方式就多种多样：或创设情境表演动作，或通过想象画面理解，或通过板画展示理解……这样多姿多彩的过程，既丰富了学生对词语的理解，又为课堂增添了无限的情趣。

（三）提问语

语言文字运用和思维密切相关，语文教育必须同时促进学生思维机制的发展与思维品质的提升，最有效的提升途径就是在思考和回答问题中进行提升。这里的提问主要指在讲解课文内容时所涉及的提问，不包括导入环节中使用的提问以及在总结环节中所提出的问题。语文课往往容易被高学段的学生和老师忽视，在课堂学习的过程中往往采取"满堂灌"。这样的课堂教学现状降低了学生学习语文的积极性，而造成这种现状的主要原因就在于教师忽略了课堂提问的艺术魅力。语文教育也是提高审美素养的重要途径，要让学生在语言文字运用的学习中受到美的熏陶，培养自觉的审美意识和高尚的审美情趣，培养审美感知和创造表现的能力。提问不只是一种教学方法，也是一种比较复杂的教学艺术。

1. 提问语要有思维的启发性

学生对每篇课文的学习，不是从一开始就感兴趣的，因此要针对学生的心理特点，采用不同的方法调动他们思考的积极性。通过对各位教师的课堂教学情况进行分析发现，课堂提问是教师在课堂教学中运用的最为普遍的一种手段，而且在课堂的整个教学阶段中几乎都用到课堂提问。教师在使用提问语的过程中，要注重提问语的连贯性。一堂课中，恰当的提问语要关乎课文的内容，而且严格按照课文的内在逻辑顺序进行设计。

2. 提问语在表现上要有创新

在提问语的表现上要创新。在传统的教学方式和教学理念中，课堂提问是推动教学进度、扩展教学过程的重要渠道和方式，然而，课堂提问的过程中往往存在着大量琐碎的问题，影响了教学进度的推进和课堂效率的提升。

初中语文教师在课堂教学的过程中，需要对提问环节进行有序的安排和设计，借此来推动教学进度的进行和教学改革的发展。通过教师"提问"可以将课堂教学的重心重新回归到课堂上来，加快课堂教学的进行，加快学生对文章的理解，引导其进行相应的思考。加快课堂学习的进度，从而节省更多的时间来进行深层次的课堂学习，营造以学生为主的课堂教学模式。

3. 提问语需要有教学针对性

根据不同学生选择运用提问语的具体形式，对不同形式的提问语的运用，一方面，低年级阶段的学生，各方面的发展都比不上高年级阶段的学生，所以在低学龄阶段的课堂中，教师提问语的表现形式多为简单提问；另一方面，在高学龄阶段的课堂中，教师提问语的表现形式受多个方面因素的影响。除了年龄之外，设置问题的目标也要针对中心点。设计课堂提问要根据教学目标，扣住重点，抓住难点，根据教师课堂提问的内容改变教师课堂提问语的表现形式，选择适合学生学习的课堂提问的形式，帮助学生更快、更容易地理解课文内容及其思想精髓。

课堂提问是教师在教学过程中最为基础的教学形式，但这简单的提问问答中却包含了教师对学生的教育和引导，课堂中的每一次提问都源自教师对教材的理解和解读。随着学生所处的年龄阶段的不同，教师在提问方式上也会有所改进和创新，课堂提问语在某种意义上反映了教师自身的教学智慧和对学科的理解。当然教师也要给予学生一定的空间，让学生能主动提出问题，自己思考并解决关于课文的疑惑，提升学生积极动脑的思维活动。

（四）点评语

语文核心素养需要在真实的语文学习任务情境中综合考查，教师的课堂评价语言既是教育理念的体现，也是教师对课堂教学结果的反馈信息。教师的点评语可以让学生更清楚地认识到自己在课堂中的表现，以及自己对课堂教学内容的把握，推动学习进程。教师要注意收集学生在语文实践活动中产生的各类材料，如测试卷、读书笔记、文学作品、小组研讨成果、个人反思日志等对学生进行全面的评价，在全面的评价的基础上，再具体针对课堂教学情况对学生使用恰当的点评语。

1. 点评语要注重个性化

每个学生在知识、信息膨胀的时代中成长起来，有着完全不一样的个性特征，完全不相同的行为表现方式。在课堂中，教师在针对学生的课堂行为进行点评时，一定要注意点评的"个性化"特征，了解每个学生，对每个学生的行为都给予不一样的回应，让学生感受到教师对自己的关注，激发他们的学习热情。

2. 点评语的表达要随机应变

发现学生身上的闪光点，要肯定孩子的优点。多采取赞赏、激励性的评价，这有助于保护学生的自尊心，激发上进心。每位教师的点评语风格都是其在课堂中结合自己的教学经验、考虑本班学生的能力素质等而综合形成的，因此点评语还有根据不同年级、不同性格、不同特点的学生表现出一定的差异性，例如，高年级阶段的学生，在生理、心理等各方面的发展也更加完备，教师在课堂中的可操作性的空间更大；初中低年级的学生心智还不成熟，应多用鼓励、表扬的话语。教师评价语言应该灵活多样，随机应变，让学生爱听、想听、百听不厌。

3. 点评语要敢于批评和指明方向

教师的评价不能只是一味地表扬，否定性的语言不会扼杀学生的灵性与智慧，也不是不尊重学生，语文教学要树立正确的价值观，照顾到学生的个性差异和主观体验。当学生的认识出现偏颇时，教师的评价要做到表扬与批评相结合，鼓励优秀，指出不足，激励后进，就是对学生在课堂中的表现给予半肯定式的点评。对学生有针对性的评价才是真正着眼于学生的发展的，如果教师没有准确客观地指出学生的长处及存在的问题，学生也就失去了一次"扬长避短"的机会。

4. 点评语不能忽视传统点评模式

如今，教师在课堂中对学生的语言行为的评价表现出很大的灵活性，这是一个好的现象，但是我们同样不应忽视传统的点评模式对课堂教学产生的影响。在传统的课堂教学中，常常出现教师对学生在课堂中语言行为的简单评价，如"很好""真棒"等，在一定程度上，它能增强学生的自信，让学生对自己在课堂中的表现感到满意与认可，同时以更高的热情参与到更加具有难度的课堂互动中。因此在以培养学生语文核心素养的教学中，当学生正确表达出简单行为时，教师也应该借鉴，利用一些简短的、传统的点评语对学生的行为进行总体评价。当然，这种简单的点评语不可多用，应更具针对性。

（五）指示语

指示语作为语文课堂的重要教学语言的一种，是指在课堂上教师发出的针对学生和教学进行管理的语言，明确学生在课堂中应做的事情，不应该做的事情，指导学生的课堂行为，从而保证教学顺利进行的语言。指示语最能体现教师在课堂中的应变能力以及在组织协调课堂秩序方面的能力。恰当的指示语应当做到既能让学生明确地知道下一步的行动，又不会感到过度的压迫感，乐于接受教师的指示，自主学习、快乐学习。

第一，在指示语的运用上，注重使用策略。指示语在课堂中的运用具有一定的普遍性，它可以将全班个性各不相同、智力不等的学生统一在教学活动中，有序地展开课堂教学活动，因此教师在每节课中要会运用一系列的策略来帮助学生明确本节课要完成的任务。在课堂教学中，教师往往会根据实际的教学状况制定不同的策略来引导学生进行学习。教师在教学中通常会采取三种教学策略，也就是直接策略、规约性间接策略和非规约性间接策略。所谓直接策略，就是通过教师向学生明确规定课堂中的学习任务和学习内容，采取直白的方式让学生直接参与到学习中去；而规约性间接策略也就是对课堂学习中学生的言行进行一定程度的规范；非规约性间接策略就是教师通过发散思维的方式让学生进行学习，寻求教学知识的主要内容。作为学生，在知识、能力等方面存在一定的局限性，所以需要教师站在一个制高点引导学生学习，通过采取直接策略和非规约性间接策略来帮助引导学生；当学生存在着课堂学习积极性不高，缺乏足够的自控能力和理解能力时可以采取直接策略和规约性间接策略。

第二，指示语的内容应注重结构安排，关注内容与规范。教师在制定课堂教学任务时，需要对所布置的内容有清晰合理的认识，既能包含所学的知识内容，也能够满足学生自我学习和成长的需要。优秀教师的课堂，既是学生获取科学文化知识的场所，同时又是学生社会化发展的一个重要场所。教师在课前已经明确这一节课的学习任务，更重要的是让学生学会按照规范要求进行自主学习，养成良好的学习行为和学习习惯。教师在课堂中所使用的指示语一类是教师对学生提出的关于文本的要求，也就是教师对学生提出的如何解读课文、如何更深层次地理解课文内容的要求，还有就是对课文以外的相关方面的拓展。

第三，在指示语的呈现上应注意表达的语气，要平和、活泼。指示语一般带有一定的强制性和不容更改性，所以教师在课堂中使用指示语时一定要注意发布指示语的态度与语气。教师应该清醒地认识到自己不是课堂的主体，学生才是课堂的主体，因此教师的指示语的语气应是亲切的，语言是柔软的，有助于营造良好的师生关系，拉近学生同教师之间的距离，加强二者之间的交流，促进师生感情的升温。通过营造良好的师生关系和学习氛围，有助于提升学生在课堂上的表现能力，避免其因为害羞而影响课堂的学习效率，有助于加强学生的自信心和课堂学习氛围的提升。教师在和谐的教学氛围中也有助于教师教学水平的发挥，清晰直观地向学生表达学习要求，让同学们更好地理解教师的思想内容和教学理念。在实际的教学过程中，教师强硬的态度已经在不经意间挫伤了学生学习的积极性，因此，在教学的实际过程中，教师要格外注意自身在发布指示语时的语气与态度。

（六）结束语

通过语文课本中语言文字作品的学习，学生懂得了尊重和包容、理解和借鉴不同民族、不同区域、不同国家的文化，吸收人类文明的精华。一节课的最大收获不仅仅是课本知识的掌握，而是让学生体会世界文化的博大精深、源远流长，增强文化自信，理解、认同、热爱世界文明，继承、弘扬优秀传统文化。

结束语以课堂教学结尾部分采用的语言形式呈现其独特的作用。语文课堂教学语言的结束语与其他课堂的结束语相比，有其特征，它起着承上启下的作用，教师也更加注重其在课堂最后情感性的表达、启发式的作用。

第一，结束语在表达上，不要以老师为主体，要兼顾学生的情感。结束语的表达多以师生互动协商式，这种表达方式体现了教师对学生充分的尊重，平等地对待学生和教师，体现了学生是课堂教学活动的主体，有利于培养学生主动学习的意识。

第二，在结束语的内容上，要兼顾情感和教学任务，不可偏废其一。教师在课堂中选择结束语的表达形式、表达风格等各方面时，绝不是思维的天马行空，随意乱造，而一定是根据某种科学的依据进行具体的设计并选择课堂结束语。教师不应该把眼光局限于某一种形式或内容，而是遵循以教学目标最终的实现为原则，兼顾个人及学生的情感进行结尾。

第三，在进行结束语的形式选择时要注重变换不同的风格。结束语的模式有：任务委托式结语、愿景期待式结语、抒情式结语。其中，任务委托式结语就是教师在课堂学习之后对学生所提出的学习任务的安排和布置，是对学生课后学习的一种激励；愿景期待式结语也就是教师在课堂学习结束之后，对学生们表达对未来的美好期许，对学生茁壮成长的期盼；抒情式结语是说教师将师生之间的情感进行讲述和表达。不同的教师选择的表达模式不一样，同一课程也会选择不同的表达方式进行综合。在实际的教学中，教师不应局限于结束语选择模式上的多与少，更重要的是要让自己的课堂充满生机，让学生在学习中体会到学习本该就有的乐趣，让他们有进一步主动了解和学习的欲望。

二、初中语文教学语言的价值

"教学语言是教师的专业语言，是教师根据教学任务要求，在特定的教学内容和教材规定下，针对特定的教学对象，在有限的时间内把知识传递给学生而需要使用的语言"[1]。在学科发展的视角下，研究语文教师课堂教学语言对强化课堂教学语言的培养意识、加强教育理念与教学实践的多角度融合、提升课堂教学语言的筛选能力、提升教师自身的语文核心素养、优化教师个性化的语言风格、加强教师思维品质具有重要的作用。

（一）初中语文教学语言对教学的价值

1. 提高课堂教学的效率

语文课堂教学是语文学习的最基本的形式，而语文教学语言则是完成语文课堂教学的重要手段和工具。越来越多的老师意识到培养学生自主、合作、探究的精神有利于提高语文课堂的教学质量。老师在课堂上要想更好地传授知识，就必须高效地使用教学语言，这会让课堂效率提高，并提高教学质量。

（1）教师的教学语言应该进行改变，从机械灌输性的语言转变为引导性的语言，尽量减少单方面的命令语言，以一种平等商量的语气同学生进行交流，使学生更容易接受，从而会积极参与到教学活动中来，通过独立思考懂得了自主、在相互交流中学到了合作，在努力寻找解答中做到了探究。

（2）部分教师在课堂教学中语速失调，有的讲话拖沓，有的讲话过快，这都会影响课堂教学效率，因此语文课堂教学中教师语言的规范性、准确性、生动性等，对提高学生接受知识的水平、调动学生的学习积极性、增加课堂互动等都起着至关重要的作用。

（2）教师所使用的经过精心的推敲和琢磨的教学语言，是学生学习知识的手段，是打开学生思维的方法，激发了课堂活力。课堂教学语言不同于日常生活中我们在与人交流时所使用的口头语言，也不是严谨的书面语言，语文教学语言要生动活泼、富于活力，引导学生积极地参与到课堂活动。

（3）教师的教学语言在课堂中不仅仅只是为了传递知识信息，同时，它也是组织课堂教学、维持正常课堂秩序的一种重要工具。教师发出的指示性教学语言或者指令性教学语言不仅有助于学生更快、更好地达到既定的语文教学目标，同时也是教师对课堂进行组织管理，维持教学秩序的一种有效的方法。

在初中语文课堂教学中，教师要善于利用课堂教学语言的这一意义，帮助教师更加自如地应对课堂中的各种情况，帮助学生更快地进入学习的状态。

---

[1] 沈芸. 初中语文课堂教学研究与实践 [M]. 长春：吉林大学出版社，2020：25.

2. 提高课堂教学的生命力

语文课堂的语言不能等同于日常生活语言，应该具有专业性的特点，好的教师课堂语言对优化课堂教学结构、提高语文课堂的生命力起着很大的作用。

首先，语文教师在教学的实际情境中，应结合学生的学习实践和生命体验，运用课堂教学语言对教学背景进行创设，使得教学情境更加富有生命力，更加富有理性力量。生活化教学情境的创设有助于帮助学生提高学习的活力，积极主动探究学习的乐趣，使学生养成自主、合作、探究的学习方式。其次，刚入职的年轻教师主要是模仿优秀的教师，逐步形成自己的教学风格。语文教师依靠独特的语言风格，或准确完美，或幽默风趣，或生动形象来吸引学生的，凝聚学生的注意力，提高学生的积极性。最后，担负母语教育任务的语文教师在语言的表达上需要带领学生在富有生活化气息的情境中学习语言、感悟语言、积累语言、发展语言，渲染浓厚的课堂学习氛围。

形成一节富有生命力的初中语文课堂必须要有优美的教师课堂教学语言。教师可以用自己优美流畅、饱含激情的教学语言给同学们营造一个轻松和谐的课堂氛围，使他们感到身心愉悦，使整个语文课堂洋溢着浓厚的民主气氛。

（二）初中语文教学语言对教师的价值

1. 完善教学组织，提高管理水平

初中语文教师的课堂教学语言是否高效直接影响课堂管理的有效性，决定着课堂教学质量的高低。教师要顺利完成课堂教学的完整过程，有效的课堂管理是基本的保障。把课堂管理简单化地理解为维持课堂纪律，认识上比较肤浅，把课堂仅仅看成是单一的教学活动，忽略了管理的存在。课堂管理目标是保障课堂教学的顺利进行，课堂教学的目标是完成教学任务，实现学生的全面发展。通过运用行为管理的一般原理、原则和方法，促进课堂管理行为的规范化外，教学语言是一切管理目的得以实现的关键。

教师的教学语言是教师素质的重要组成部分，教师一定要学会组织课堂教学语言，增强语言表达的科学性、针对性、准确性，做到清晰精练、重点突出、逻辑性强。在传统的课堂管理中，教师处在管理者的权威地位，主宰课堂，师生之间的关系是"教—被教""管理—被管理"的关系，恰当的教学语言可以创造良好的课堂气氛，改变这种被动的关系，能使学生学得轻松，开阔学生的思路。积极、良好的课堂氛围应该是教师全身心投入，学生全神贯注，师生之间交流融洽，学生思维活跃，教学效果良好。当学生出现错误的言语时，教师是及时化解者，而不应用过激的言语打压学生的积极性，教师要用智慧的语言化解课堂危机。教师利用有效的教学语言通过一定的方式方法，营造出一种民主、和谐的课堂氛围，进而促进课堂组织和管理，提高课堂管理的效率。

2. 增进师生关系，促进教学相长

教师的语言表达能力不仅仅对学生的影响非常大，对教师自身的成长也至关重要。初中语文教师是语文教学的主导者，起引导的作用，学生才是语文课堂的主体，我们的教学语言应当杜绝嘲笑、训斥，应平等地与学生进行语言交流，通过委婉、友善的语言构建和谐平等的新型师生关系，建立和谐的师生关系还能促成教学相长。

（1）教学过程是师生双方交流互动的过程，教学语言是教师与学生平等交流的工具。语文教师在课堂教学中适时、适量地使用交际性语言，可以建立和谐的课堂气氛，有助于学生积极性与主动性的发挥，增进师生关系。此外，教学语言还可以帮助老师在课堂上针对所学课文的深层思想内容进行总结和解释，通过优美的语言将其表达出来，帮助学生更好地理解所学内容，并且引导学生们使用自己的语言来表达课文的思想。

（2）通过营造一个自由平等的课堂氛围，进一步拉近老师与学生的关系，促进师生关系的和谐发展。这种宽松的课堂氛围，为师生创造了畅所欲言的平台，让新颖观点更容易产生。通过积极的讨论，来了解课文的内涵，达到完美的教学效果。

（3）一个语文教师如果想要提升教学效果，需要在课前做大量的工作，包括知识的积累、道德的修养等方面。所以说语文教师课堂语言的完善不仅能提升他的语言能力、教学能力等，还能加强他的专业学识、拓展知识，促进教师的专业成长。

（4）幽默轻松的教学语言可以创建轻松活泼的教学心态，让学生在课堂中感到安全，自由地表达自己的思想，有利于教师与学生建立良好的师生关系。语言能力的提高，实际上正是一个厚积薄发、博采众长的过程。教师应该多熟悉和背诵一些名言警句，并随时运用到课堂教学中，经过长期的积累自然会提高语言的运用能力。

（三）初中语文教学语言对学生的价值

1. 激发学习潜能，激起学生求知欲

语文课堂中的教学语言最主要的功能是传递知识信息，同时促进学生智力的发展，好的语文课堂教师语言就可以引起学生的兴趣、引发学习动机，做到寓教于乐。

与传播知识相比，让学生学会学习，主动学习，有终身学习的愿望和能力是基础教育更重要的目标和任务。教师用爱的语言也会激发学生想学的激情。在课堂上善于捕捉学生的闪光点，用爱的语言加以肯定和赞许会有意想不到的惊喜。学生的学习兴趣会空前高涨，学习动机也会增强。教师的教学语言要简单、明了，帮助学生认识自己语文学习习惯的优缺点。另外，还可以明确语文学习习惯的改进方向，强化学生的改正意识，导引他们养成良好的语文学习习惯。

2. 活跃学生的思维，培养学生个性

语言是思维的工具，思维又是语言的内容，两者相互依存，相辅相成。教师的语言尤其是课堂语言对引导学生思考、开启学生思维之门，培养学生个性具有十分重要的作用。

在教师讲解之前，应该给同学们留有足够多的时间，让他们去熟读课文，对文章所讲述的内容和表达思想有一个大致的思考，并明确学生们自己的疑惑之处。在课堂上，应该让学生们自己发表见解，不论见解是否到位，即使是浅显的见解也是值得肯定的。教师不应该执着于学生回答的准确或者见解的深入，而应该重点激发学生们回答问题的欲望，激发他们的主动性，用鼓励和赞赏推动学生们提出独到的见解。教师要鼓励学生大胆表达自己的意见与看法，相信学生的见解，对独立的见解应给予鼓励，对有价值的见解要充分肯定和赞扬，教师用肯定或赞许的评价性语言给予学生的反馈也就是肯定了学生的个性思维。这样就会让每个学生展开想象的翅膀，在探究中有所发现，创造性思维能力也会逐渐提高。当学生对所讲的内容有异议而又有道理时，教师要给予高度的评价，鼓励学生的创造性思维。

此外，在课堂提问的设计上，少一点约束多一点开放，对学生的发言，进行开放式的评价，在多种思想观念的碰撞下达成共识。学生的评价也能很精彩，更重要的是，生生间的评价让学生学会倾听他人的回答，学会欣赏与分享他人的精彩，点燃他们积极参与课堂教学的激情，为他们提供展示自我的舞台。板块教学的单项性通过生生评价使得课堂变成了多向性，真正由"线"走向了"块"。这种开放性的教学形式，能激发学生的活力，不断引起学生理解、认知、探索、发现以及想象和表现的欲望，从而最大限度地提高课堂教学效率。学生的这种创造性思维是在学校学习时解决新课题、新问题的过程中得到孕育和发展的，教学中不仅要重视知识的最终获得，还要重视帮助学生理解知识的形成过程，更要重视学生获取知识的探究过程。

3. 引导学生的审美，提升道德水平

教师的课堂教学、教导语言在这一阶段会对学生的道德水平以及审美能力产生很大的影响。教师对学生的影响是广泛的，语文老师只要开口说话，他自己的一些价值观念、思想情感就已经影响到了学生，通过自己的课堂语言，来向学生们传授正确的三观，指导学生们认识正确的道德标准，提高自身的思想素质，知道善、恶。通过潜移默化的言传身教，引导学生们树立良好的道德价值观念。

好的教师教学、教导语言是能提高学生的审美能力和提升他们的道德水平的。例如，在《春望》一课中，诗一开头便紧贴题目，作者所处年代的时局让人感慨万千。诗意反复跳跃，含蓄深沉，既朴素自然，又曲折有致。教师可以根据意境描述一段文字，很快地把学生带入了杜甫当时的心境中，丰富了他们的审美情感。同时他们的审美鉴赏力和审美创造力也得到了提升。想要成为一名优秀的语文教师，必须学会利用课堂语言来营造课堂氛围。如灵活运用修辞手法，活化所学课文，创造一个引人入胜的课堂教学，吸引学生的兴趣。通过良好地运用课堂语言，提高教学效率，来让学生的学习效果更加明显。还能通过充满美感的课堂语言，引导学生们加深对美的理解，提高审美能力。

第二节 初中语文教学的课堂导入与提问艺术

一、初中语文教学的课堂导入艺术

教学艺术对语文教学的作用非常大，教学导入应该考虑语言的艺术性。如果一堂课的开始想要扣人心弦，让学生能够开拓思维，导入就一定要讲究教学艺术，平淡无奇的导入是很难抓住学生的内心的。要做到语言的艺术性，首先是语言的准确性，语言还要讲求科学和思想。其次，导入的语言应该考虑到学生的接受能力。不同的导入方法应该采取不同的教学艺术，如创设情境导入、直观演示、新旧知识连接或者是设置悬念，这些不同的导入都需要运用不同的语言艺术，这样就能体现教师高超的教学艺术。

（一）导入设计，为目标达成埋下伏笔

1. 导入设计突出重点

一堂语文课的数十分钟有较强的目的性，要紧扣教学目标，教学重点难点，教学的段落、层次都要相互衔接起来，短短的数十分钟，需要分秒必争，每一个重难点都要落实，时间要很好地进行分配，因此，课堂的目的性是十分重要的。教学导入所用的内容一定要结合学生的特点，不可以脱离教学实际，课堂导入一定要把握好时间，因为一堂课的内容有时候会很多，所用导入应该显得简洁且有针对性。因此，对导入方法的要求就一定要简洁，要把本堂课所要学习的重点、难点、意义和要求在一开始的导入中就显示出来，能够把学生的思维从课堂一开始就导入到新课的情境中去，让学生能够对本堂课要学习的内容

有一个认识上的需要。

2. 导入设计紧系目标

导入课程的方式是多种多样的，但导入的原则和原理一定是高度统一的，既不可以浪费太多时间冲淡教学，也不可以使导入内容离题太远。有时，可能教师为了调动学生兴趣而说一些与教学内容不相关的内容，切记不可以脱离教材，导入的作用是为了让学生能够感知和体验未知的知识，应该是将课堂所要教授的教材内容和一些有趣的事例相结合，它们之间一定是紧密相连的，一定要紧扣教学目标、教学重难点、教学内容来设计导入，如果导语能够在一开始为文本埋下伏笔，就能使学生注意力集中、饱含激情、调动积极的思维，因此埋伏笔可以从以下角度切入。

（1）"根据课文的中心内容进行导入设计，在进行备课时，可以将本篇课文所要讲述的内容，重点、难点全部罗列出来，然后进行筛选、思考，根据课文的内涵罗列出一些有意思的问题供学生在课堂上进行思考，学生整堂课都有一条主线，能够把握课堂的重点，激发学生的思维，再和学生已知的一些熟悉的知识点联系在一起，经过加工，设计出别出心裁的新内容"[1]。

（2）根据课文的外延，丰富的课外知识能够延伸到课堂中来。每一篇课文都有广阔的外延知识，可以涉及许多方面的知识点，并且和文章中的知识相关联，所以课堂导入一开始可以从课外延伸的知识入手打开缺口，根据课文之间的衔接进行导入，每一堂课之间都有一定的联系，因此在导入阶段，教师应既能够使学生巩固之前已经学习过的旧知识又要给讲新课进行导言。任何系统的学科知识都是有一定联系的，新知识一定是在旧知识的基础上发展起来的，教师要善于引导学生通过巩固旧知识导入新知识，避免学生淡忘已经学习过的东西，因此教师在导入的时候一定要设计出能够承上启下的导语。

（二）设计导入形式，促进学习迁移

1. 设置悬念，深思问题切入角度

如果导入采用设置悬念的方法时，教师的语言应该能够引导学生思维，能够启发他们的思维，并且这样的悬念能够让学生深思，这时候启发学生的思维就显得尤为重要，需要在一开始就勾起学生的求知欲。随着现代化教学的引入，导入的途径和方法也向多样化发展，根据特定的教学内容，设置问题，制造出与文本观点冲突的悬念，引导学生积极发展思维力，产生一种思辨能力，可以让课堂气氛活跃起来。

---

[1] 杨世平. 新课改下初中语文教学艺术谈 [M]. 长春：吉林人民出版社，2019：51.

设置悬念的方法要基于对教材的充分考虑上，要生动有趣，能在课堂一开始使学生产生强烈的求知欲，让学生有一种"梦里寻他千百度"的探究欲望，等到得出答案时又有"蓦然回首，那人却在灯火阑珊处"的愉悦感，从而让学生乐于探究疑问，积极思考问题。针对导入时的提问语言，可以有很多角度的切入，如文本的内容、文本的手法及作者的写作意图等角度进行提问。

2. 甄选导入材料，避免逆负迁移

若新学习的材料与学习者的原有信念相一致，新的学习使自己的原有信念得到证实和支持，会带来满足感，由此则会激励进一步学习的动机；反之，若新的信息与学习者原有信息相冲突，他会对新观点持怀疑、否定的态度，这样他就不会仔细钻研新教材，甚至不愿意去听和读新材料，由此阻碍了对新材料的学习。促进学习迁移指的是一种学习对另一种学习的影响，一般指运用已有知识经验对学习产生的正影响，是把以前学过的经验知识，或者概念原理，或是方法技巧等的变化运用到新的学习情境之中。学习的迁移分为多种，有正迁移和负迁移、顺迁移和负迁移、特殊迁移和一般迁移之分，还有横迁移和竖迁移之分。

在初中语文课堂上提倡正迁移和特殊迁移、顺迁移和一般迁移，通过这样的手段来提高语文课的教学效果。学习迁移还包括情感方面的迁移，通过对已经学习过的课文所蕴含的一系列情感引发对新课文的情感迁移，学生对新学习的内容就有了情感准备。教师在课堂导入的时候如果可以利用情感的感染作用作为导入新课的切入点，让学生感到既熟悉又陌生，对已学过知识的学习结果做一个验证会有一种说不出的喜悦感，这样就给了学生一种动力，激励他们自觉地去获取新的知识，进一步充实自己的内心。

二、初中语文教学的课堂提问艺术

语文课堂的提问艺术，是一项随语文教学活动发生的教学技能艺术，这一领域的研究对语文教学有很强的现实意义。教师提问能起到设疑、解疑和反馈的作用，能指明方向、承上启下、启发思维和调节气氛。因此在教学过程中，提问成为联系师生思维活动的纽带，开启学生智慧之门的钥匙。课堂提问具有很强的技巧性。在全面推进素质教育的今天，探究与素质教育相适应的课堂提问艺术，促使全体学生全面、主动地发展，显得更加重要。语文课堂提问是课堂教学中引导学生学习知识，发展思维、技能、情感等的重要手段。所以，每一位教师都应当精心设计每一个提问，做到恰如其分，提高课堂教学的质量。但是，提问不是课堂教学唯一的手段。现代教育思想强调学生的主动发展，所以提问的前提应当是学生充满兴趣、信心地自主学习，质疑解疑。提问最关键的是"问什么"和

"怎么问"，讲究提问的艺术，自然就应该在"问点"和"问法"两个方面做出努力。

（一）提问"问点"的选择

所谓问点，就是问题的切入点。针对任意一篇课文，都可以提出若干问题，但并不是所有问题都有价值，因此在教学设计过程中需要精心选择问点。综合以往经验，可将问点选择经验归纳为"五点十处"。"五点"即重点、难点、疑点、兴趣点、思维点。"十处"即关键处、空白处、疑难处、模糊处、含蓄处、矛盾处、变化处、重复处、对比处、延伸处。这里主要阐述关键处、空白处和反复处。

第一，关键处。关键处是指对学习的重点、难点等极其重要的地方，在关键处设问能揭示重点、突破难点，直抵课文的核心。语文教材中的关键处是指不易理解或对理解课文内容、体会思想感情有着重要作用的字、词、句、段，尤指那些关键词、核心句。例如"将相和"一课中通过一个"撞"字把蔺相如的勇敢表现出来，通过对真撞和假撞的讨论，将蔺相如的智慧凸显出来。

第二，空白处。文本存在的空白可以丰富和拓展读者的想象，也可以作为课堂提问的突破口，现代教学理论也指出，知识的学习是由学习者自我建构的过程。在这里，空白处是指语文教材中对某些内容故意不写，或写得很简略，留给读者无限想象空间和思考余地的地方。空白处巧妙设问，可以适时激发学生的想象力和思考力，通过填补空白让学生建构自己的意义。

第三，反复处。反复处是指课文反复出现的地方。反复作为一种修辞手法，经常使用在诗歌和童话中，通过使用反复的手法可以积蓄人物情感、深入刻画形象、点明文章主旨。

总而言之，问点的设计要注意：一是问点要着眼于突出教学重点。在教学重点处设疑能紧扣教学目标，使课堂不至于随意发散。二是问点要着眼于突破教学难点。教学难点是学生掌握知识、理解内容的障碍所在，抓住难点设问，能化难为易。三是问点要有思维价值，能激发学生兴趣。如果所设问题过于简单，仅停留在简单的是非选择上，学生的思维能力很难提高。此外，课堂常常在工具性和人文性两个端点游走；除了兼顾两者，还需要切切实实考虑学生兴趣，将学生放在心中。

（二）提问"问题"的表述

恰当有效的提问表述是指教师提问的语言准确、清晰、明了，使学生能正确地理解教师提问的意图。有效问题具有良好的结构，一般由三个要素构成：①引导性词语，如……

是什么,为什么……,怎么样……;②良好的认知操作,如回忆、描述、叙述、概述、比较、对照、分析、综合、总结、评价、推测、想象;③问题提出的内外情境,问题在提出或表述时应从课文的内在情境或外在方法层面给出提示,使学生获得一些解决问题的线索。三个要素放在一起,教师就可以构建出有效的初始问题。

第三节 初中语文教学的情境创设与情感教育艺术

一、初中语文教学的情境创设艺术

情境能够起到吸引注意、唤起兴趣、提供例证、引发思考、强化体验等多重作用。课堂教学是语文学习的重要途径,学生通过教师的课堂教学、自身的课堂学习来丰富知识、发展能力,甚至是培养正确的价值观,形成完善的人格。正是由于语文课堂教学的重要性,所以语文教师都在不断地学习,不断地探寻优秀的教学方法,以此来提高课堂效率,但在素质教育的大背景下,最大限度地发挥学生的主动性,尊重学生的主体地位,真正地关心学生的内在发展需要才是更加重要的。在初中语文教学中,情境创设艺术的实施策略具体如下。

(一)创新直观情境

情境教学具有形象直观性,教师要深深地抓住情境教学的这一特征,在课堂教学时善于把抽象的内容变成具体的可感、可视、可听、可触摸的形式,呈现给课堂中的学生,使学生理解起来更容易。教师创设直观的情境是为了让学生从直观到抽象、从理论到实践地产生自己可以感受、可以表达的表象。直观的情境在初中语文教学中可以看成是教师通过"艺术"的途径来创设情境,如图片、视频展示、音乐渲染等多媒体辅助的情境和学生亲身参与的角色扮演、比赛、游戏等,这样形式多样的情境往往比课文中的文字带给学生的感染力与冲击力更强。学生对这些直观的情境比较感兴趣,同时初中生处于身心发展的关键时期,他们也比较渴望多接触、多看、多见,而且教师在创设这种直观情境的时候也可以进行联合,如果课文的体裁与内容允许,就可以采用多种方式结合,吸引学生的兴趣,激发他们的求知欲,从而成为语文的乐学者。

(二)丰富想象情境

语文课堂教学活动是学生自内而外的意义吸收和思想表达,当他们走进课文的情境时，会根据自己的体验产生无数的想法，想要去表达。在学生的世界里，可以说，学生的想象力是他们产生想法的源泉，当他们接触一些新的事物、新的知识的时候，会联想起自己原有的、已知的经验，再经过大脑的再创造从而产生新的形象。想象的好处就是可以创造出现实生活中没有的东西，在语文课堂教学中利用这一点，为学生创设想象情境，并且再加上教师对这个想象情境的不断丰富，如果学生的想象空间越大，想象力越丰富，越会提出对课文更深刻更有内涵的见解。因此，教师在利用学生的想象力创设想象情境的时候，要多研究挖掘出一些利于学生想象力发展的因素，让学生在情境中尽情地想象，从而深入文本。

所谓创设想象情境，就是通过学生的想象活动，在根据课文内容的基础上加之学生原有的已知经验，将原有的表象重新组合的情境。课文中的字、词、句、段提供的信息是静态的，学生单单从这些字词句段来分析存在一定的局限性，对其的理解也只能是表面的、浅显的，更不能激发学生的内在学习动机。基于这些因素，教师在进行课堂教学时，创设合情合理的想象情境，学生可以透过现象看本质，使他们不仅仅局限于对课文内容的简单理解，而是可以通过想象看到隐藏在深处的内涵。创设想象情境的关键在于找好学生进行想象的切入点，这样才能使课文中所带给学生的画面不断扩大，细节不断增多，重新组合成一幅又一幅新的画面，在这些新的画面中不断激发学生的联想，从而觉得趣味盎然。

创设想象情境一定不能脱离课文内容，要通过课文内容激发学生的想象，通过想象再现课文内容。例如，诗歌体裁的课文，篇幅短小精悍，具有鲜明的形象，常常是言有尽而意无穷。在学习诗歌的过程中，创设情境，利用学生的想象力可以说是非常有效果。

二、初中语文教学的情感教育艺术

情感教育在语文教学中占据着重要位置，对于初中学生而言，正确的价值观念还在形成之中，此时就需要教师在教学中运用现有资源，深刻挖掘教材中的情感，在新课标理念的指导下，培养学生的语文素养。

（一）挖掘不同文体的情感因素

文学即人学，不同的文体所蕴含的情感也有所不同，有的含蓄，有的内敛，有的思辨性强，有的哲理性强，这就需要教师在教学中注重深刻挖掘不同文体中的情感因素。

1. 记叙文的情感因素挖掘

记叙文主要是写人、记事、写景、状物的一种文体，语言上多是平铺直叙，在平易中见真情，让学生在一遍遍的阅读中去感受作者在每个字中向我们传达的真情。记叙文不管是何种类型的内容，都离不开情感的铺垫，作者在写文章时，或是抒发自己对人生的感悟，或是自己的亲身经历，在创作过程中都掺杂了自己的感情，使读者读起来心情愉悦，读到动情处难免会产生共鸣。例如，在学习《永久的悔》时，通过让学生跟随作者去回忆家庭往事，感受作者再也无法报答母亲恩情的那种"永久的悔"，体会"树欲静而风不止，子欲养而亲不待"的深刻含义。让学生通过本篇课文的学习，能更加珍惜亲情，孝顺父母。对于记叙文中的情感挖掘，除了教师设计教学情境，最重要的就是让学生阅读，在阅读中感受文章的美，体会文章的情，以阅读为纽带，架起学生与作者情感沟通的桥梁。也只有对词、句、篇、章有了深刻的理解，学生的情感才能自然流露，才能领略到语文的魅力。

2. 议论文的情感因素挖掘

初中教材中选用的议论文多是为了表达自己对事物的一种看法和认识，作者在写作的过程中加入了自己的情感，如果教师在讲解过程中把重点放在了议论文的论点是否明确、论据是否充分合理上，显然只是注重了知识目标和能力目标，而没有把情感目标落到实处。因此，教师在讲解的过程中应注重对议论文这种文体的情感挖掘，在分析和论证时以理智的情感来面对，这样才能调动学生的思维，训练学生的逻辑思维能力，培养学生掌握议论文的写作技巧，让学生懂得如何在论据与论据之间紧扣的同时，还能抒发自己的感情，将自己的见解在写作中能有所体现。

例如，在学习《最苦与最乐》时，就可以让学生自由讨论他们认为人生中最苦和最乐的是什么，然后再依据文章中所体现的"最苦"和"最乐"做对比，进而利用本文的教育价值，帮助学生树立对他人、对社会、对自己的责任感。

3. 说明文的情感因素挖掘

说明文在内容上多以举例子、讲道理、摆事实为主，很多学生认为说明文学起来枯燥乏味，让人提不起兴趣，基于这种情况，就需要教师去挖掘说明文中的情感，虽然说明文逻辑性较强，但作家是独立的个人，是情感的发出者，作者在写文章时，或多或少都会夹杂着自己的情感在其中，不管是批评的还是褒扬的，喜爱的还是厌恶的，都可以从文章中的字里行间所体现出来。说明文中一般都包含着丰富的科学文化知识和对祖国优秀建筑、工程的介绍，可以激发学生对祖国人民优秀智慧结晶的赞叹，培养他们刻苦钻研的精神。

例如，学习《苏州园林》，第一课时，教师可以先让学生初步感知苏州园林的美，体会叶圣陶先生对苏州园林的赞叹和眷恋之情；第二课时，就可以让学生从文中的字里行间去感知园林的画意美，体味苏州园林深厚的文化底蕴。让学生在苏州园林曲曲折折的回廊中感受到我国古人"曲径通幽"的审美观。

（二）语文课堂中注入情感力量

教学的每一环节可以说是环环相扣的，每一环节有每一环节的妙处，每一环节都需要创设一定的情境来激发学生的情感。

1. 教学过程——情感饱满

一堂优质的语文课，离不开优秀的教学设计，在教学设计中一般分为导入、教学过程、课堂小结板书设计等环节。其中，导入部分是一堂课的开端，也能最先调动学生的兴趣，只有教师重视课堂导入部分，在上课前唤醒学生沉睡的心灵，才能传授给学生更多的知识。我们只有用真情、真心才能打动一个人，教师在设计导语时也应该注重用真挚的情感、质朴的语言去感染学生，在导入部分投入自己的感情，注重激发学生的情感，创设一种情感交融的学习氛围，让学生沐浴在真情和爱之中。在教学过程中一般又包括作家作品介绍、初读课文、划分段落层次、课堂练习等，每一部分之间的衔接可以说是环环相扣的，有利于帮助学生更深入地了解课文。

当然，这些教学环节之间没有固定的出场顺序，是随着教师在教学过程中的需要而有所变动，整个教学环节贯穿于整个教学过程，目的是为了激发、推动、强化和调整学生的认知活动、情感活动和实践活动，在教学的全程发挥作用。

例如，在学习郑振铎的《海燕》时，教师在教学设计时，就可以一改以往的教学模式，不再是先介绍作家作品、写作背景，而是将写作背景放到教学中，让学生更好地理解作者为什么会要离家万里远赴欧洲，了解时代背景，也就能深刻地感受到作者把海燕误看作故乡小燕子的那种深切的思乡之情。

2. 教学语言——情感充沛

教学语言不仅是指教师在教学过程中的讲授，还包括对学生在学习中一言一行的语言评价。在学生的一生中，对学生影响最大的就是教师，教师的一言一行对学生的影响是如此深远，学高为师、身正为范是每个教师应该牢记于心的教学信念。在教学过程中，教师也正是通过语言向学生传授知识，它要求教师在讲授知识时，语言要准确生动，要幽默、有趣，在对学生进行评价时，语言要发自内心，要有真情实感，要有针对性地对学生的优点和不足进行表扬和批评。教师的美的语言可以激励学生勇攀知识的高峰，可以帮助学生解开人生的困惑，可以启发学生点燃心中的情感之火。

3. 教学方法——激发情感

随着新课标的不断实施，很多教师在教学过程中也在积极贯彻落实新课程理念，转变

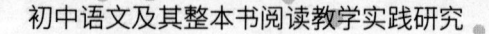

陈旧的教学模式，不断改变教学模式，启发诱导学生的思维，不断创设教学情境。例如，在学习《地毯下的尘土》时，教师除了可以让学生分角色扮演朗读故事中的人物，还可以分小组合作探究小姑娘米妮的优秀品质，让学生发挥自己的想象，设想一下如果是自己遇到这种情况又会怎么做。除此之外，还可以让学生分小组讨论在童话故事中还有哪些可爱、美丽的人物和小米妮一样勤劳、善良，以此发散学生的思维，激发学生的想象能力和联想能力，让学生不拘泥于课堂环境，充分发挥自己的主观能动性，不断增强自己对语文学习的情感。只有教师对教学内容有自己的认识和见解，才能带领学生去领略教材中所出现的丰富多彩的世界，才能依据不变的教材，灵活采用多种教学方式，和学生发生情感上的交流碰撞。

第三章 初中语文教学设计策略

第一节 初中语文教学设计及其技巧解读

一、初中语文教学设计的依据

（一）初中语文教学设计的理论依据

理论是行动的先导，依据现代理论进行教学设计，是教学设计由经验层次提升为科学理论层次的一个基本前提。语文教学设计是运用系统的方法，把系统理论、传播理论、课程理论、教学理论和学习理论转换成教学目标、教学内容、教学方法和教学评价等环节的具体计划，是创设教学系统或程序的思维过程。

1. 学习理论

教学设计的目的是促进学习者更有效地学习。因此，教学设计必须充分地研究学习者的学习，即根据学习者的学习需求，制定目标，研究策略，选择媒体。这也就决定了学习理论在教学设计中的基础地位。学习理论是教育学的一门分支学科，它是指描述或说明人和动物学习的性质、过程、动机以及影响学习的方法和策略等各种因素的学说。

学习理论主要描述和说明学习是怎样发生的以及学习开始后会发生一些怎样的情况。因为人们对学习认识的不同理解对教学实践产生影响。通过解释学习的发生和发展过程，学习理论对有关学习法则的大量知识加以归纳和概括，使其进一步系统化、条理化和规范化，从而揭示学习的基本规律。因此，学习理论也必然是教学设计的基础理论。

2. 系统理论

系统论原理是人们认识世界和改造世界的重要方法论之一，系统理论的核心思想是系统的整体观念，其强调，任何系统都是一个有机的整体，它不是各个部分的机械组合或简单相加，系统的整体功能是各要素在孤立状态下所没有的。系统中各要素不是孤立地存在着，每个要素在系统中都处于一定的位置，起着特定的作用。要素之间相互关联，构成了一个不可分割的整体。要素是整体中的要素，如果将要素从系统整体中割离出来，它将失去要素的作用。系统论的基本思想方法是把所研究和处理的对象当作一个系统，分析系统的结构和功能，研究系统、要素、环境三者的相互关系和变动的规律性，并用系统观点看问题。世界上任何事物都可以看成一个系统，系统是普遍存在的。

现代教学倡导以系统论思维指导教学。用系统观来考查教学，教学活动也可以看作一个由众多教学要素构成的复杂的动态系统，各要素间存在着密切的联系和多种作用形式。将系统理论应用于语文教学设计，就是把语文教学看作一个由相互关联的要素所组成的具有特定功能的整体，并立足于整体，把各种教学要素放在课堂教学系统中来考查，在认识各要素的地位和作用以及它们之间的相互作用的基础上，对教学做出最优的安排。例如，对一篇课文进行教学设计时，不仅要着眼于课文内容本身，考虑讲授本篇课文的教学时数、教学理念、教学目标、教学内容、教学方法、教学手段、教学过程、教学评价、教学问题、课后作业等，还要看这篇课文处在何种主题内容的单元板块中，同单元中几篇课文彼此之间所处的位置关系和体现主题的功能作用，在整册书的编排体系中所处的位置及作用，甚至追溯到课程设置对此类内容的基本要求等。基于这样的系统思考，可使教学各要素之间相互协作、相互支撑、和谐统一，实现最佳的组合，从而为教学过程最优化奠定坚实的基础。

3. 传播理论

传播是指社会信息的传递或社会信息系统的运行，是人与人、人与社会之间通过有意义的符号进行信息传递、信息接收或信息反馈的总称。从美国传播学者施拉姆提出的有意义信号的传播和接受模式来看，有效的传播不仅是发送信息，还要通过反馈途径从接受者那里获取反馈信息，以便据此调整发送出去的信息。

传播理论对教学设计产生了重要的影响。因为教学过程就是信息的传播过程，传播理论首先指出了教学过程的双向性，强调了信息传递者和接受者都是传播过程中积极的主体，接受者不仅接收信息、解释信息，还要对信息做出反馈，传播是一种双向的互动过程。传播过程要素是构成教学设计过程的基本要素，其相应的领域如传播内容分析受众分析、媒体分析、效果分析等研究成果也在不同程度上被教学设计中的学习内容分析、学习者分析、教学媒体的选择以及教学评价等环节所吸收，对教学过程系统中各要素之间的动态联系及相互关系的把握和处理，为教学设计者进行教学设计提供了理论依据。

因此，进行语文教学设计时应基于信息发送和反馈的需要，对学生这个信息接收者进行分析，了解其原有的经验、兴趣和动机，以便确定需要发送信息的内容和方式，并通过反馈，了解新的需要，调整教学信息传递速度的快慢、数量的多少、内容的难易、媒体的匹配程序等，使传送的教学信息更科学有效。目前，传播学的研究仍在不断发展，相信其研究的新成果会给教学设计注入新鲜血液，使教学设计得到更好的发展。

4. 教学理论

教学理论是教育学的一个重要分支，它既是一门理论科学，也是一门应用科学；它既要研究教学的现象问题，揭示教学的一般规律，也要研究利用和遵循规律解决教学实际问题；它既是描述性的理论，也是一种方法性和规范性的理论。教学理论是人们在思考教学中所形成的旨在探讨、解释和预测教学现象的观念体系，是人们对各种教学现象及隐藏其后的各种教学关系和矛盾运动的自觉的系统的反映。教学理论是教学设计的直接理论来源，教师只有自觉学习和运用科学的教学理论，并以此指导教学设计，才能使自己的教学设计由经验层次上升到科学理性的层次。

（二）初中语文教学设计的现实依据

1. 教学实际的需要

教学设计是一种教学活动的设想，但不是脱离实际的幻想。换言之，教学设计就是为满足教学实际需要服务的。因此，教学活动的实际需要是教学设计最根本的依据。教学活动的实际需要具体体现为教学内容、教学环境条件、学生实际等因素。所以，教师在进行教学设计时，首先，要确定符合教学实际的教学目标，明确教学任务；其次，要围绕教学目标分析和处理教材，确定教学内容；最后，要根据教学环境、教学条件等各种教学因素综合考虑设计教学活动、选择教学策略和确定评价手段，使教学设计立足于满足教学实际的基础上，发挥它对教学活动的指导作用。

2. 教师的教学经验

从一定意义上而言，教学设计过程是语文教师个体创造性劳动的过程，任何一个教学设计方案都凝聚着教师个人的教学经验、智慧和风格。教师丰富的教学经验、智慧和风格是形成个性化教学及教学艺术化的重要基础，是促进课堂教学丰富多彩、开放活泼的基本条件。好的教学经验是语文教师在长期的语文教学实践中总结出来的规律性知识，可以帮助教师获得好的教学效果。所以，教师的教学经验是教学设计的基本依据之一。在教学设计中，虽不能完全依据经验实施教学，但也不能排斥教学经验的作用。只有将科学的理论、方法与好的教学经验结合起来，才能使教学设计既有共性，又有个性，并最终达到科学性和艺术性的完美统一。

3. 学生自身的特点

教学活动是教与学的双边活动。以学生为本位的教学活动是让学生有可能根据个人实际需要展开学习活动,"教"的任务就是组织和促进学生学习。因此,学生的学习基础、学习能力、学习兴趣、思维特点等,就成了教师教学设计的出发点。从这个角度看,所谓教学设计,就是从学生的问题出发,为不同的学生设计出符合他们需要的学习方案。这就要求教师在教学设计过程中,必须把学生身心发展的特点和规律作为教学设计的一个重要依据加以认真对待。换言之,教师作为教学活动的设计者,在决定教什么和如何教时,应当全面考虑学生学习的需要、认知规律和学习兴趣,着眼于辅助激发、促进学生的学习。

(三) 初中语文教学设计的学科依据

1. 语文教材

不管是传统课程的教学,还是新课程的教学,总是离不开教材,教材是教与学的凭借。我们凭借教材教学科知识教学科学习的方法,凭借教材让学生在学科学习实践过程中形成并提高学科学习能力,凭借教材培养学生的科学精神和人文素养。教材的重点、难点是我们制定教学目标的重要依据。语文学科是一门人文学科,它的教材内容与教学目标的对应不像自然学科那么明显。我们在分析教材设计的教学目标时,要抓准教材的重难点,充分利用教材的特点,落实课程标准中相应的目标要求。目前,初中语文教材有人教版(人民教育出版社)、苏教版(江苏教育出版社)、北师大版(北京师范大学出版社)等版本,这些教材既体现新的语文课程观、语文素养观和语文教学观的共同点,又各自拥有独特的教材编排特色。语文教材内容非常丰富,具有实践性和综合性特征。从文体上分,有记叙文、说明文、议论文、诗歌、散文、戏剧等;从教学内容上分,有识字写字、阅读、写作、口语交际和综合性学习五个板块。教材编排特点和内容直接决定着教学设计的价值取向。

2. 语文课程标准

语文课程标准是由国家教育行政部门制定和颁发的,是规范语文教学实践的指导性文件,它是语文课程的总体设计,从整体上规定语文课程的性质,揭示其在课程体系中的地位,为语文课程的设计、语文教材的编写和语文教学的实施都提供了依据。语文教学设计中大到设计的基本理念,小到教学设计中的各个因素,无一不受到课程标准的制约。语文教学设计要依据工具性和人文性相统一的学科性质,在把握新理念的基础上,深刻理解课程标准,把握课程标准的精神实质。以课程标准为参照,把学生的学习需求作为教学活动的真正起点，设计出符合课程改革理念的教学设计。

二、初中语文教学设计的意义

"语文教学设计是语文教学理念的具体化，是语文课堂教学的基础，也是语文教学评价的重要依据，它最直接的意义是为语文教师实施教学提供一个指导性的计划，帮助教师调控教学行为及过程"[1]。同时，初中语文教学设计本身就是一个特殊的认识加工过程，具有以下重要意义。

（一）有利于语文教师的成长及发展

语文教学设计是一个非常复杂地对教学多种因素协调加工的心智过程。在这个过程中，教师由原来的"教书匠"变成了教学的"设计师""研究者"，这种角色的转变，是需要用现代教育理论来武装的，这就促使教师要不断地学习新的教育理论，更新教育观念，学会在现代教育教学思想理论、语文课程新理念等指导下实施设计。语文教师在进行教学设计时，要主动学习语文学科的新知识、新经验，把握语文学科的前沿动态，这些都有利于教师不断地更新完善自己的专业知识结构，增强自我反思和科研能力，促进自己的专业成长与发展。

（二）可以增强教学工作的科学性和有效性

语文教学设计是以教育哲学、教育心理学、语文教育学、语文课程与教学论、语文课程标准等为理论基础的，这就充分保证了教学设计在教育教学理论思想指导中的正确性、时代性和先进性；从微观角度讲，一节语文课的教学设计内容主要有教学目标、教学方法和手段、教学过程和内容，教学实施和评价等。其中，每一个因素设计得是否科学全面、是否合理恰当，难易和数量是否适度，定位和表述是否准确等，都在某种程度上关系着教学工作是否科学有效。另外，语文教学过程，从本质上而言，是一个以全面提高学生语文素养、促进学生个性全面发展为目的的师生交往过程。这一过程涉及一系列复杂多变的因素，需要从整体上统筹规划、环节上合理安排，才有可能取得最佳效果，达到既定目标。

（三）帮助发挥师生双方的主动性与创造性

现代教学理论认为，教学活动是教与学的互动，教师和学生都是教学过程中的中心人

---

[1] 刘金生，张莉敏，杨兰萍.初中语文教学课堂设计探究[M].长春：吉林人民出版社，2020：7.

物，教师和学生分别是教学过程中的"教育主体"和"学习主体"。学生是学习的主体，对学生的"学"来说，教师是学习活动的组织者和引导者。

教学设计是建立在对学生全方位的分析和新型的师生关系认识上的，着眼于培养学生独立自主的学习能力。从这个意义上讲，教学设计的本质就是如何组织学生学习。以学生为本的教学设计的最终目的，是让学习者有可能从个人实际需要展开学习活动。当学生充分认识到自己是学习的主人、学习是自己的事情的时候，学生就会在思想和情感上摒弃依赖和被动，进而积极地主宰自己的学习行为，监控学习过程，制订学习计划，安排学习内容和进度，创造性地学习知识和形成多种学习能力，注重学习过程的监管和学习方法的科学有效性，培养正确的学习情感、态度和价值观，进而实现个性完美的发展，全面提高语文素养，逐渐由"知之者"转变为"好之者"，升华为"乐之者"。

同时，语文教学设计活动本身就是语文教师集主动性和创造性于一体的、从无到有的思维创造过程。语文教师在教学中，处于教材和学生的中介位置。教材必须通过他们的理解、设计转化为由浅入深、由知识到能力的科学的教学载体，通过他们的体味，加工转化为易于学生接受的、富有吸引力的内容，这就需要教师细心了解每个学生的学习品质，预设每个学生的学习变化，做到胸有成竹，并根据教师自身教学风格，酝酿和选择最佳的教学设计。教学设计过程中，教师不仅仅要考虑某一方面的内容，还要在逐一分析的基础上进行综合多项的取舍，以此确定最佳教学设计。所以，语文教学设计充分发挥了教师的主动性和创造性。

三、初中语文教学设计的技巧

（一）初中语文教学的备课技巧

语文教师上课要想取得较好的教学效果，必须课前认真备好课。备课是语文课堂教学的一种预先设计，有了这个预备过程，才能把语文课上好。因此，再优秀的语文教师，在上课之前都要做一番准备工作。

1. 厘清备课类别

（1）学期备课。学期备课是指在学期开始之前，教师在通览整册教材（通常是一学期一册书）和钻研教学大纲或学科课程标准的基础上，制定出整个学期的纲要式教学打算。这是每一个教师在新学期开始时必须充分准备好的一项工作。

通览教材是学期备课不可缺少的基础性准备工作。通览教材对于提高学期备课的质量具有十分重要的作用，具体来说有三点：一是可以明确整册教材内在的逻辑系统，有助于理清整个学期的教学思路；二是可以明确教学内容的重点，有助于在讲课时突出重点；三是可以明确整册书的难点和关键之处，有助于了解教学的困难所在，以便有针对性地找一些参考书和准备一些必不可少的教具、制作一些多媒体课件等。通览教材当然要看整册书，并且仅仅看一遍是不够的。在通看一遍之后，还应进行必要的分析和思考；要摸清编者的总体意图，准确地把握整册书总的教学目的；要弄清楚教材中各个部分在整册书所占的地位，区别重点和非重点；在阅读教材内容的同时，还应考虑如何利用这些知识载体来培养学生的学习能力和发展他们的智力。

学期备课在某一学科整个学期的教育教学工作中起到宏观指导的作用，它包括：①确定教学目的，即在整个学期中，教师想要通过课堂教学达到什么样的教学效果；②提出教学要求，即向学生说明在整个学期中应该怎样和教师一起完成教学任务；③明确教学重点，对于教学中的重点与非重点内容，要正确处理好其间的关系；④安排教学进度，要对各单元内容所占用的教学时间进行合理的分配。

(2) 单元备课。各科教材通常根据教学内容的不同特点分为若干个单元，每个单元由类型相仿、结构相似、教学要求相同的几部分内容构成。单元备课是学期备课之后、课时备课之前教师必须做好的一项承前启后的工作，是对本单元的教学内容如何在课堂教学中加以实施的总体考虑。单元备课的基本要求有以下四点。

第一，对本单元的教材内容在浏览的基础上进行分析研究，着重体会本单元编排的目的和意图，以确定本单元的教学目的和教学要求。

第二，了解和掌握本单元教材的难点、重点和关键之处，确定各部分教学内容地位的主次、顺序的先后以及不同的详略程度。

第三，要根据上述两点来安排各部分内容的具体授课时数，要注意突出重点与兼顾一般相结合，如即使让学生自学的内容，教师也应安排一定的时间加以指导。

第四，要根据本单元内容的具体特点和基本教学要求，确定教学时采用的基本教学方法，同时也要考虑好其他各种辅助性的教学。

(3) 课时备课。课时备课就是写教案，这是教师教学工作中最基础的一项，也是学期备课及单元备课的最终体现形式。一节课的时间是固定的，也是有限的，教师要根据不同的教学内容，在备课时将要讲授的内容合理安排在一节课的时间内，对于一节课不能完成的内容，如语文课文、数学公式推理等，则可以将其分成两节或多节课。

不过，虽然教学内容整体是连贯的，但是教案是以一节课的课时为单位的，因此，每一节课都应当有其各自的主要内容和教学任务，这些都要在备课时逐一写清楚。对于需要分为两节或多节课的内容，教师在备课时应注意课与课之间的过渡与衔接，例如，在一节课结束之后可以布置一些问题，让学生在下课后不会完全中断对这一内容的思考，带着问题对下一节课的内容进行预习，在下一节课刚开始的时候，可以对上节课所讲的内容进行简单回顾，然后再继续本节课的内容。这样做的好处在于，能够使学生温故而知新，对分散的内容能够做到完整而牢固地掌握。

好的教案来自优质的教学设计，而优质的教学设计则必须以清晰的教学步骤为基础。因此，弄清楚基本的教学步骤是十分重要的。通常情况下，教学设计包括以下五个步骤。

第一，确定教学目的。以学科课程标准为基本要求，从教学内容出发，依据学生实际的学习基础和能力，确定科学合理且相对具体的教学目的。

第二，处理教学内容。要妥善处理好教学内容中重点、难点和一般内容的关系，对既重要又有难度的内容要多加注意，同时对非重点的一般性内容也不可忽略。

第三，安排教学流程。要使一堂课成为一个有机的整体，就要充分了解其中的各个环节，对于环节的内容、先后次序以及它们之间的关系与转换方法都要进行合理安排，使整堂课既具有整体性又富有节奏感。

第四，选取教学方法。要根据教学内容选择合适的教学方法，做到能够引起学生的兴趣、清晰地讲解知识点，化繁为简，寓教于乐，在日常教学中培养学生的能力。

第五，选编合适的练习。无论是挑选还是编写练习题，都必须做到两点：①习题要起到帮助学生巩固所学知识的作用；②能够使学生举一反三，并做到把知识转化为能力。

教案是课堂教学的实施方案，也称课时计划，它是教师进行课堂教学的主要依据。教案虽然没有固定的格式，但通常包括以下一些内容：章节课题（如语文科的某篇课文）；教学目的（教学设计部分相关内容具体化，需要强调的是重视能力培养和思想性与科学性相结合）；课的性质（是以系统教授新知识为主，还是以复习巩固旧知识为主）；课的结构类型（是单一课，还是综合课）；教具和板书准备等（教具要注意必要性和有效性，板书要集中书写，一堂课一个版面要成型）；教学重点（包括课堂练习和家庭作业）；教学方法（以一种为主，同时辅助其他方法）；效果检查（包括口头提问和书面测试等）。

除了以上所述基本内容外，有的教案还附有"教学说明"。"教学说明"是教案的补充，主要讲述自己的备课思路：结合学科课程标准和教学内容实际，说明自己进行教学设计的依据、重点和特色；具体分析教学步骤，着重阐明自己设想如何一步一步地完成教学任务，最后达到预先确定的教学目标。"教学说明"不必面面俱到，要写得简明扼要，把自己的备课思路清晰地呈现出来。

（4）课前备课。在完成教案后，教师应当再认真阅读一遍，对教案中的内容进行最后的补充与改正。在阅读过程中，不仅要留意教学内容的错误之处，还要留意课堂教学流程环节等的安排是否合理。如发现问题，要在慎重思考后进行修正，使教学计划能够尽可能呈现出完美的课堂效果。以上整个过程就是课前的备课过程。课前备课的主要内容包括以下四个方面。

第一，内容方面：以教学标准的要求审视教案中的内容，看所要传授给学生的内容是否全面，知识是否遗漏，讲解是否清晰，重点是否突出。同时，还要了解自己对这些教学内容是否真正理解，能否准确地传递给学生，是否经得起学生的质疑等。

第二，方法方面：仔细思考教案上所使用的教学方法怎样在实际教学过程中发挥出最好的效果，在这一过程中，是否还有更好的方法。如果有多种选择，可以进行分析对比，从而挑选出效果最佳的方法进行使用。

第三，情感方面：教学的情感主要指的是教师的精神状态，在课前是否将自己的心态调整到了最佳状态，是否充满信心，是否带着愉悦的表情面对学生。建议在课前半小时放下手中其他的事情，专注于接下来的课程，避免分心。

第四，语言方面：要精简自己的语言，以教学内容为出发点考虑语言的使用方式，做到简洁明了、通俗易懂。

（5）课后备课。正如走进教室前，教学过程就开始了一样，一堂课的结束也不意味着教学内容的结束。课后备课也是整个教学过程中必不可少的环节，有了课后备课，教学过程才具有完整性。在一堂课或一项教学内容结束后，教师要对整个教学过程进行复盘，一边梳理教学过程，一边进行更加深入的思考，对课程中较为成功和需要改进的地方都要做出实事求是的评价，这个过程就是课后备课。课后备课的主要目的在于肯定优势，改进劣势，不断完善教学内容与方法，把教学工作推向完美。课后备课工作要着重把握以下内容。

第一，简要回顾课堂全过程，也就是要把在课堂上发生的所有场面在脑海中再回想一遍。建议这项工作要在课程结束后的24小时之内进行，因为24小时之内的记忆场景最为清晰，时间久了可能会影响回顾的效果。

第二，对照课前备课的相关计划，例如教学目标、教学内容、教学步骤等，看看这些计划是否在课堂上得到了完整的实施，并实现了应有的效果。如果与预设的计划有所区别，那么要看看是更加出色还是有待完善，并针对这一认识进行总结。

第三，收集并整理教学反馈，这些反馈信息包括在课堂上教师所观察到的听课状态、在课后向学生征求意见时学生表达的内容、学生的课后作业与练习中所透露出来的信息，对这些信息教师要进行认真的分析研究，并做出相应的调整与改进。

第四，进行教学质量综合评价，评价内容包括主观感受（是否感到顺利和满意）和科学评价（任务是否完成、目的是否达到、环节是否完整、学生是否收益）两个方面。

2. 把握备课内容

对一节课内容的全面掌握、理解是备好一节课的基础，教师还要把握以下内容。

（1）把握重点。备课的时候要注重分析，不能平均用力，对不同的知识点、不同的情况要采取不同的方式，要有侧重点。在备课的时候要抓住重点，而对于重点这一概念，主要是从两方面出发，首先是教材的重点，即教材中的基础知识、重点知识；其次是教学重点，一堂课的时间有限，所以在教学过程中就要确定课堂教学的重点，着重教学，帮助学生掌握知识技能。

对重点的确定主要是从三个基础要求出发：基本概念、基本理论、基本方法。三个方面的共同之处就在于基础二字，而基础的内涵就是根本、本质。换言之，学习重点知识的意义，不在于获得这些知识，而在于掌握知识的基本内涵，将知识内化于心，理解透彻，牢牢掌握之后才可以学习其他的知识内容。方法的学习比知识本身的学习意义更大，作用更显著，俗话说"授人以鱼，不如授人以渔"，将学习方法传授给学生比直接将知识灌输给学生更有用，这样既能够解决当下学习过程中遇到的困难，也能够在之后的学习中更得心应手。传授新知识，要将主要精力放在教学内容的介绍上，要将知识体系阐述清楚，讲课要严谨，要将重点放在错误分析上。

教材的重点要根据具体的教材来确定。在学习过程中，一般情况下，最基础、最本质的知识内容结构都存在于教材中。不同的知识在各个教材中的占比不同，重要的知识，占比自然就大；而次要的知识，所占篇幅就要小一些。教学重点就是在课堂教学中，教师着重讲解，而学生着重关注的内容。教学重点和教材重点之间既相互联系却也存在着不同。教材重点是在教材中明显表示出来的，可以根据内容篇幅的大小区分出来，而教学重点不仅局限于书本上的内容，还要由教师对外部知识进行扩展，对内部知识进行总结，对知识进行筛选，二次组合之后，重新筛选出来的重点。教师在上课时，必须逻辑清晰，讲清楚教学内容。教学重点包括教材重点，却不仅局限于教材重点。教师要根据学生的接受情况和接受程度，制订课堂计划，进行备课。

（2）抓住难点。知识点的内容有难有易，而每一节课也有难有易。对那些难点的定义，就是指大部分学生不能够快速掌握的知识，是一些较为复杂，较难理解，掌握起来不太容易的内容。通常来讲，那些较为抽象的知识点，对于学生来说，都是较难掌握的难点。教师在备课时，遇到这样的难点，首先自己要理解透彻；其次要从学生的角度出发，思考作为学生要如何理解这一知识点。对较为复杂的问题，教师要更有耐心，用较为简单的方法，帮助学生进行区分，区别那些混淆性的问题。可以用比较的方式，罗列出不同的知识点之间的共同之处和不同之处，帮助学生加深理解。

难点通常来源于三个方面：首先是教材，教材中较为抽象的知识、复杂度较高的知识、模糊度较高的知识，都是难点；其次是学生，学生的社会经验不足，教师在教学过程中要时刻从学生的角度出发，从学生的知识水平和理解能力角度去解释问题，要从多方面去评判教学内容是否可行，是否难度较高；最后难点来源于教师，教师自身的教学素养也是一个难点，不同的文化水平、自身涵养、教学业务水平、思想水平等都会影响教师的教学素养、教师对课堂的把握程度，充分影响课堂效果和教学知识的运用。

难点和重点的确定方式不同，重点的确定是教学内容的基础，知识点是教学内容的基础，掌握了这些基础知识后，也可以将其运用到别的教学情境中。而难点则需要多方面的考虑，从学生角度出发，主要考虑的是这些知识点对学生来说是否是易于掌握的，是否是可理解的。从难点中总结相应规律，帮助学生掌握具体知识，使其用规律解决问题，从而可以避免一些问题的产生，也可以提高解决问题的能力。

（3）寻找关键。备课备关键中的"关键"有两方面的含义：①教材内容的某一个"关节处"，如果在这个地方卡住了，便不能迅速、正确地理解整个部分内容的意思；②在课堂教学过程中某一至关重要的环节（或是教学方法转换之时，或是学生听课情绪起伏之际），如若处置不当，则会影响课堂教学活动的顺利进行。要真正做到备好关键也必须从教材内容的关节处和教学过程中至关重要的环节这两个方面去考虑。

对于备教材内容中的关节处，教师应当先把握某一教学内容的整体意思，根据具体的教学要求，看其中哪一处具有如果不弄懂这些知识则会影响学生学习这一教学内容中的其他知识的特征（先看重点、难点，也可能不是重点、难点）；然后自己加以分析，注意找出这些知识在联系上下文和联系新旧知识中所起的特殊作用，以供课上要求学生注意"关节处"时用；接着再利用教学参考资料和自己平时积累的教学经验，对"关节处"做化难为易的工作，只要求学生必须理解掌握的"关节处"清晰地凸显在他们面前；最后还应准备一些让学生课后练习用的思考题，以促使他们牢固地掌握这些内容。

对于备教学进程中至关重要的环节，一是要注意从整体上加以把握（整堂课准备怎样上，其中特别要学生注意的是哪一个环节），以促使学生了解这一环节的重要性之后，能加以特别关注；二是当这个环节出现之前要有铺垫，要做适当的提示（如教师讲某一例题，整个运算过程写在黑板上之后，要着重分析不同的解题途径及从思维方法角度分析，因为不少学生只会用传统的固定模式，解题之前就要做必要的说明）；三是估计上课时会出现不利于教学过程顺利展开的局面，事先应仔细分析原因（其中主要是学生的心态、情绪等），准备一些切实可行的具体措施，以避免尴尬场面的出现（如组织学生进行课堂讨论时，就要抓住如何避免出现有些学生不发言这些至关重要的环节，着重准备如何召集各组组长会议的有关内容）。

（4）备课方法。在明确教学任务和教学目的基础上，考虑采取何种门路和程序把知识传授给学生，启迪学生的心智，这确是一个值得每个教师备课时考虑的问题。方法有"巧"与"笨"之分，巧方法事半功倍，笨方法事倍功半。不管是"巧"方法，还是"笨"方法，其实际效用如何，还得看用得合适与否——用得恰当，"笨"方法也能收到好效果；用得不适当，"巧"方法也没有多大用处。几种方法交替使用，搭配得好，效果会奇佳；搭配得不好，效果就极差。因此，教师在备课时应当精心加以准备。

第一，注意教学方法的多样性。语文课并不是教师一人一法，通常情况下，在一节课上，至少需要三种不同的教学方法进行转变，这样才不会使课堂产生枯燥乏味的陈旧感，但这并不代表要平均分配教学方法的时间，而要根据实际情况采取不同的教学方法，分配不同教学方法的时间。同时再加以其他教学技巧的运用，让课堂变得更富有活力。

不同的教学内容，不同的教学目的，选择的教学方法就不同。这一堂课，是想要传授知识，还是要训练学生知识技巧，不同的目的就要在备课时考虑不同的教学方法，要将知识进行概括和总结，将知识系统化、框架化，突出重点。而如果本节课的重点是训练学生的技巧，那么就应该将重点放在学生的实践上，要准备更多的例子，在课堂上进行讲解，让学生参与其中，供学生参考学习。如果课堂是以传授新知识为主，那么重点就在于教师的宣讲，要用富有趣味的教学，吸引学生的更多关注度，也可以适当地提出一些问题，让学生参与讨论，进行回答，调动学生的积极性，提高学生对知识的理解程度。

第二，考虑学生的年龄特征。不同年龄阶段的学生的心理状况、心理年龄都不同，对于不同年龄阶段的学生来说，就要采取不同的教学方法，学生对教学方法的适应程度和接受程度也大不相同，因此就要采取因材施教的方式进行区分教学。如果采取一概而论的平均教学，那么效果一定是十分糟糕的。教师在备课的时候，就应该考虑到这一情况，低年级的同学相比于高年级的同学，自我控制能力较弱，抽象思维能力也不好，在备课时就需要考虑到类似的因素。要更系统、更完整地讲述教学内容，争取照顾到更多不同的学生，才能收获较为理想的教学效果。

第三，注重富于变化的教法。教学方法不能一成不变，教师要善于将课堂展现得更富有活力和朝气，要将学生的注意力吸引到教学内容上来。有变化的教法，更能够吸引学生的注意力，从而使对课堂的专注度更高。教师在备课时，要根据不同情况采取不同的教学方法，要注意到不同类型的教法的课堂效果，甚至是相同类型的课，也可以灵活地调整教法。一方面，一节课中可以选择不同的教学方法（特别是连续进行的几堂课），以避免学生产生单调枯燥的感觉，使他们对教学内容保持一种新鲜感；另一方面，选用的方法尽管相同（如同样选用教师讲授、学生练习和师生问答三种方法），但最后程序不一样，同样能使学生产生颇为新鲜的感觉。

（5）预备问题。教学思路均应遵循这样一条思维路线：提出问题—分析问题—解决问题。教学目的由此得到贯彻，学生会更好地获得知识和增长才干。学生带着问题学，教师带着问题教是课堂推进和深入的动能。因此，预备问题是备课过程中不可缺少的一个环节。

问题备得好，教学思路一下子就会变得清晰，整个教学过程便会变得通畅，课堂教学的效果便会是相当理想的。然而要真正备好问题，必须具备三个前提条件：一是必须把教材内容钻深钻透，在这个前提下，重点考虑一些问题：教材的基本内容和重点，这些知识点对于学生来说是否是可以接受的，是否是可以理解的。而对于这些有疑问的地方，要采取怎样的方式帮助学生消除疑惑，明确学习重点，如何快速掌握知识的基本内容。二是要结合教学内容，结合教材，讲课堂流程罗列框架，明确教材编写者的目的和编写意图，在这个基础上，要如何加深学生的理解。三是要对学生的兴趣加以引导，全面了解学生的意图，在准备的基础上，开展更受学生欢迎的教学内容，加强互动，避免填鸭式教学。

在问题的准备上，要安排好问题的出场时间和出场方式，例如，要在何时提出哪些问题，要给学生多久的思考时间，要在哪一个知识点之后提出这一问题。如果在备课阶段就将这些问题准备好了，那么在上课时具体实施起来就没有问题了，教师也就避免了很多麻烦。

教师在备课过程中，要设想学生可能会提出的问题，并且对于设想的问题，给出相应的解答。在课堂中，可以在讲述完知识之后，提出"有的学生可能会疑惑……"，类似这样的语句，这样可以掌握课堂的主动权，把握课堂的节奏，也可以有效解决学生在学习过程中可能会遇到的问题，还可以使整个课堂节奏更加紧凑，更加丰富。但这也不能一概而论，不是所有的问题都适用这样的方法，有的问题要由多个学生参与到问题讨论中来。对于预先设问的方法，只有三种问题适合：首先是学生们普遍会存在的问题，普遍都会感到疑惑的问题；其次是这些问题的内容不及时解决会影响到教学内容的讲解；最后是这些问题的答案，同时都不是教材的侧重点，教师可以不用让学生花费大量的时间在这些问题的探索上，学生也可以将时间投入到更有意义和价值的问题上。

3. 进行集体备课

集体备课基于个人备课，是同年级或不同年级的同学科教师坐在一起，围绕课改内容和要求，就教学内容、授课方式、教学目标、组织学生实践活动等内容进行探讨，多角度、全方面想学生之所想，疑学生之所疑，从而制定出本学期内或者某堂课的教学方案，共同解决教学中遇到的各种问题。下面就集体备课的过程进行简单探讨。

（1）初中语文集体备课的准备工作。

第一，准备丰富的课程资源。语文课程标准是教师教授学生的重要标准，是教材内容的主要来源，但课程资源不应仅局限在教材中，教师更应该在合理利用教材的基础上，引进类似新闻媒体、网络媒体、户外媒体等资源信息到课堂教学中，以丰富课程资源的内容，拓宽学生的知识层面，让学生在学校里接受社会知识的教育，实现教育在校园和社会环境之间的接轨。

第二，制作高效的课件。课件是一种重要的信息化教学资源，是在一定的教学与学习理论的指导下，根据教学目标设计，体现某种教学策略和教学内容的形式。高效的课件一定集合了教师的心血和无数次修改，对于教师本人来说，制作高效课件的过程就是教师不断提升自己信息水平、知识储备的过程，就是教师对自己的教学水平和教学能力，甚至是对教学内容不断挖掘和再认识的过程，通过直观、立体的画面传输，为学生营造了声情并茂的听课环境，为教学提供了逼真的表现效果，拓展了学生的感知空间。制作高效、精美的课件需要以教师个人对教学内容的理解为基础，同时，参考其他网络课件资源的优势，如页面设计精美、教学角度新颖、引用网络数据或者资料等，取长补短，使自己的教学课件得到优化，进而提升教学水平和学生的听课质量。

第三，预演学生的"可能"。课堂教学过程中，教师要充分尊重学生的主观能动性，调动他们的积极性去思考问题，分享体会，培养学生的独立人格和良好道德品质。但在集体备课阶段，预演学生的"可能"意味着既要考虑学生思考能力的培养，为其在适当的教学阶段预留时间和空间，让学生独立思考或者以小组为单位进行探讨，又要考虑不同学生对于同样教学内容的不同反应，在集体备课阶段制定有效的应对措施，让教学活动顺利地进行下去。

（2）初中语文集体备课的方法。

第一，集体备课是以教师团队合作精神来实现教学资源共享的过程，而要想使团队的力量发挥到极致，就需要一个核心的灵魂人物作为主导，就课程内容、授课方法、课程重点、课后阅读及作业设置等内容，结合其教学实践和生活体验，提出个人的课程设计方案，供整个教师团队协商、探讨、丰富和完善。

第二，集体备课的内容可分为两部分：一是上周教学实践的问题及总结；二是下周的教学内容和教学目标。无论是哪一部分，都需要整个教师团队合作研究，总结问题，找到改进方法，明确教学重点，创新授课方式，以达到预期教学效果。

第三，课堂教学既需要教师的主导，又需要学生的高度参与，只有二者相互配合，教学才能得以推进，教学效果评价才能得以完成。所以在集体备课过程中，就可以引入学生意见，以其更具前沿性、探讨性的知识储备和热点触觉，来丰富教师备课的方式，改善传统备课方式中因忽略学生主观能动性而引起的备课内容不完善的问题，引导学生积极参与集体备课，从而促进教学质量的提升。

第四，试讲是在有限时间内，教师通过口语、形体和其他教学方法相结合的方式开展教学活动，它不同于正常的课堂授课，面向的是集体备课团队中的所有教师，由核心发言人就集体备课的课程、形式、课后布置等内容，按照正常授课形式进行提前讲演，其他教师要在试讲过程中查漏补缺，取人之长，补己之短，并就试讲过程中的问题展开新一轮讨论，找到解决问题的方法，完善授课内容，提升整体教师团队的教学质量。

(3) 初中语文网络资源与集体备课工作。在备课中，拥有必要的、更多的资源和信息，经验和借鉴十分重要。现代互联网资源十分丰富，而且随着网络发展，一些组织和个人专门在互联网上创办专业网页，其中不乏好的语文专业知识和备课资源，这就给教师提供了无限广阔的空间，去吸取多方面的知识，成为提供备课资料的一位好帮手。

第一，利用网络资源备课的重要意义。

一是实现多种教学资源共享。教师备课其实就是加深对教材内容的理解，深度挖掘教学内容的过程，而网络资源具有开放性，可以共享更多先进的网络教学资源，学习其他教师的教学设计，优化个人备课内容和授课方式，以提高课堂教学质量。

二是实现共同合作、整体提升。传统备课方式以教学参考书为基准，多数教师过度依赖教学参考书，往往忽略了自己独到的见解和灵感，闭门造车，备课内容多带有教学参考书的影子，所以同一学科、不同教师的备课方案往往大同小异。依托网络资源的集体备课，通过不同教师畅所欲言和互动交流，让多种创意灵感相互碰撞，丰富了教学内容，让其更全面、更丰富，对于提升教师个人的教学水平以及整个教师团队的素质都很有意义。实现课堂教学效果显著提升。在网络教学资源下形成的备课内容，不再单单是一个教师备课的内容，而是集体智慧的结果，集合了参与集体备课教师的独特见解，是被优化后的教学内容，对于促进课堂教学效果提升影响巨大。

三是实现教学资源的深度挖掘。网络备课可以节省备课时间，让教师有更多时间去深度挖掘和探讨教材内容和教学方法，有利于教师个人能力的提升和教学责任感的培养。

四是实现先进教学理念的引入。网络资源具有全面性、开放性、先进性等特点，依托网络资源学习名师教学经验和教学理念，合理运用到教师的个人教学中，对于完善教学方案，提升教学质量，培养高素质、全方面、新型人才作用明显。

第二，网络资源在备工作课中的具体运用。

一是利用网络熟悉课程标准，掌握教学内容。网络在拥有知识资源的同时，也给教师提供了探讨的功能和空间。在网上，多名有识学者对各门学科的大纲要求进行了深入探讨，对其优越性和不足都提出了各自的观点，其他教师可以赞同，更可以反对，自己的意见可以及时反馈到网上。在没有网络资源的情况下，若是遇到知识上的盲点，其探讨的范围是有限的，利用网络在网上提出疑问，诸多解释即会纷至沓来，同时会有大量的信息传来，使问题迎刃而解。

二是利用网络掌握教材目的、要求和重点。同是一本教材，同是一个年龄段的学生，由于生活环境的不同，这三点势必会有所改变，网络恰好给教师提供了一个了解学生的渠道，这为教师进行知识、能力、品德的教育提供了方便。网络把文字、图形、影像、声音、动画等先进技术有机地融合在一起，在历史、艺术、科技、新闻等方面对于学生的冲击力和感染力是极大的，也使他们对于知识的了解、认识上比以往的学生接受得更快、更多，这为如今的教师在确定教学目的、要求、重点时多了一点，即正确引导学生的是非观、人生观、价值观已成为当今教育的重中之重，在开放的网络时代，"德育"二字变得尤为重要，这也是教师在备课时所不可忽视的重要方面。

三是利用网络研究和掌握教学方法。备课中，对教学方法的选择，要遵循教学规律，贯彻教学原则，使学生循序渐进地掌握知识，发展智力，形成正确的思想观念。先进的教学方法在网络时代得到了极大限度的共享，为教师对教学方法的准备和研究提供了广阔的空间。

四是利用网络编写教案、制作课件。语文学科以前的教案无非是识字、阅读、分析、巩固，使得整堂课乏味、平淡。网络提供了大量的素材，大量的历史、科技等最新资料可以使学生更好地理解教材，认识文章背景，为德育的实施提供了环境，同时激发了学生的兴趣。网上优秀教师的教案更给教师提供了大量的参考，为优化教案、转换思想提供了依据。网络资源提供了大量有益的可借鉴的教学图片和课件，下载改善课件，应用到备课中来，教学效果也有明显的提高，达到事半功倍的目的。

（二）初中语文教学的授课技巧

课堂教学的过程是师生共同参与、相互作用的一个复杂的双边活动。在初中语文教学中，教师授课与学生自主学习相结合，正确地反映了教与学的关系，是语文教学整体改革深入发展的结果，而作业是促进教学发展的重要手段。

1. 发挥开讲作用

在一节课的开端，教师要把握好课堂教学的基本内容，通过高效且有益的方法来提高学生学习的积极性，激发学生对知识的渴望，从而让学生产生学习的动力。同时教师要让学生知道学习的目的，并且要把注意力都放到学习的内容上，这些就是语文课堂教学艺术。与此同时，通过不同的艺术方法让学生们产生美的感受。

开讲对于整堂课发挥着重要的作用，作为一个优秀的教师要把握好开讲的节奏，这样才能对学生的学习起到帮助。开讲对学生的学习起到很大的作用，它可以在很短的时间内把学生的注意力集中在课本上，学生因此可以知道本节课要学的内容，也明白这节课的重要性。

开讲还有其他作用，如总起下文，对应全文。如果教师能够把握好开讲的艺术，就能够减少学生的阅读障碍，还能让学生更好地阅读文章。由此可见，一个好的开讲确实可以为学生了解文章奠定基础。

（1）开讲常用的方法。教育对象的不同以及教学内容的不同，导致了开讲内容的不同，同时开讲的方式也都不一样。在教学中最常见的开讲方法有以下四种。

第一，开门见山和解析课题的方式。对于一篇文章来说，最重要的是题目，它是文章的眼睛，精确地提炼出文章的主题是非常重要的。开讲前应先分析文章题目，帮助学生把握文章主旨，体会作者的思路，还可以让学生更好地把文章内容与主旨联系起来。通过这种方法可以在课堂开始就提出和课文有关的问题，并且激发学生的学习积极性，为学生提供学习思路，激发灵感，提供思考方向。

第二，变换刺激和引发兴趣的方式。兴趣在学生学习中发挥着很重要的作用，它是学生认识外界事物的基础。可以通过挂图或者实际操作等方式来教学，这些有利于提高学生的学习兴趣，开阔其思维。这样一来教师开始讲课就能让学生们进入学习状态，集中注意力，达到更好的课堂效果。

第三，情感熏陶和创造佳境的方式。在开讲时，教师可以创造出和课本内容有关的意境，通过情境的熏陶来激发学生的情绪，这样他们的感情才会和文章产生共鸣。

第四，投石激浪和巧设悬念的方式。学习来源于思考的过程，而思考又来源于对世界的怀疑。在开讲的时候设置悬念，可以让学生产生好奇心，提高学习的积极性，进而开放学生思维。所以通过设置悬念的方式，可以促使他们更努力地学习文章。

（2）开讲时的注意事项。

第一，切题要结合实际。教师在教学时一定要掌握教学内容，并且也要了解学生的实际情况。当教师完全理解课文后，就可以根据文章内容来确定如何去开讲，这样一来学生更容易进入教学所要求的境界中。学生掌握课文后，教师在教学中就能够有针对性地教学，并充分地调动学生的积极性。

第二，导入得有针对性。开讲的设计要因文（教材、教学内容）而异；因人（学生与教师）而别；循情（学情及教学时机、气氛）而变；循需（教学目的）而发。只有深思熟虑，各方面照应，才能有的放矢，富有成效，真正做到"新""活"而且"实"。

第三，教师所用到的语言最好要精练。教师在讲课时要注意组织好语言，开讲的语言一定要简洁明了。最好不要过长，要清楚、生动形象。语言是一门艺术，掌握好语言的表达方式可以吸引学生的注意力。

第四，思维要得到启发。在开讲时要启发学生的思维，尽量让学生产生思维上的矛盾冲突，并且激发学生的好奇心，这些都是成功开讲的必要元素。如果教师开讲具有启发性，那么就能够促进学生的想象力，提高学生学习的积极性。

第五，教师在开讲时可以采用形象多样的方式。教师在讲课时一定要多使用生动的事例，当然也可以使用声光和色彩等来提高学生的主观感受。同时还可以采用生动形象的教学方式来教授新知识，从而把抽象的理论具体化，使抽象枯燥的内容容易理解，并引起兴趣，同时，教师准确、生动富有感染力的语言表达亦会使学生进入学习的佳境。

第六，立意应讲求新颖。导入要有设计，有立意。要考虑具有新的信息，具有新颖灵活的形式。要引起学生的兴趣，引导和促进学生去接受新材料。切入的角度要灵活多变，可以从课题切入，可以从主要内容切入，也可以从旧知切入等；方式方法要新颖多样，可采用叙述式、描写式、抒情式、议论式、说明式、图映式、问题悬念式、讨论式等。

总而言之，作为一名语文教师，应该使每一节课的开讲做到言简意赅、丰富多彩、精妙生动、切题有趣，从而为后面讲析课文形成一个良好的开端。

2. 把握上课节奏

（1）整节课的课堂节奏。教师在组织每节课教学时要保持恰当的节奏。所谓"恰当"，指的是这种节奏要适合全班大多数学生的心理，紧张和舒缓交替出现；既要使学生的注意力高度集中，让他们参与起来毫不费力，又不至于因神经持续高度紧张而引起过分疲劳，对学习活动产生厌倦心理。教师在授课刚开始时定好"基调"（视本堂课的教学难度而定，内容简单的可紧凑些，内容复杂的可舒缓些）很重要，但同时也应该注意随着教学活动的进行，根据变化着的具体情况随时加以调节（如有些内容虽较复杂，但由于教师准备充分、学生全神贯注而进行得比较顺利，则节奏可紧凑些）。

（2）授课速度节奏。授课速度的快与慢，也对节奏感的形成有着较为重要的影响。好的授课节奏应该是快慢交替、富有动态变化的。一般说来，授课速度快与慢，要根据学生注意力集中情况而定：他们的注意力较为集中（对教学内容比较感兴趣）时，可适当放慢速度，对教学内容做出较为深入的探讨；而在他们的注意力较为分散（或将要分散）时，则应适当加快速度，以吸引他们对教学内容的注意。

学生在学习活动中思维的"张"与"弛"，也对节奏感的形成有着相当重要的作用。所谓"张"，即是紧张，指教学过程到了高潮阶段时，学生的思维状态处于最紧张、最兴奋的状态，在这种精神状态下，学生能既迅速又准确地掌握知识与技能。所谓"弛"，即松弛，一般是教学过程处于休整、停顿阶段时，学生的思维处于相对舒缓、不那么兴奋的状态。在这种状态下，他们会有时间对教学内容进行思考和回味，这对更深刻地理解教学内容是很有好处的。

（3）授课内容的节奏。授课内容的节奏一般是教学内容的详略和分布等，就是课文中的信息含量和流速。在特定时间里，学生的大脑工作能力是有限的，同时学生的理解能力和对课文的掌握能力也是有限的。除此之外，学生在生理和心理上也是不同的，因此语义信息量的流速要符合学生的实际情况。

所以教师要了解学生的情况，并对教学内容有深入理解，根据上述情况来把握教学内容的语义信息流动节奏。有经验的教师总是会根据学生的实际情况，对教学内容进行剪裁与安排，调整顺序，做到由浅入深，在认知需要上合乎学生的思维规律；由易到难，在心理上也合乎学生的接受习惯；由快到慢，在节奏上又合乎学生的审美体验。这样，既增加了学生学习的信心和兴趣，又为前后两部分教学内容的节奏寻觅到一个和谐的音阶，并为学生的审美奠定了基础。

（4）授课语言节奏。语速、语感、语言本身都是语言节奏的要素。抑扬顿挫，激情洋溢，平铺直叙，言简意赅都可运用到语言节奏的调控上。教师可以根据教学内容，课堂结构的具体需要来加以确定。教师优美的有节奏的语言是给学生最美的教育享受，课堂教学语言应有抑扬顿挫，节奏变化，做到直观生动，富有艺术性。应多一点优美动听，和颜悦色；多一点荡气回肠，激情洋溢；多一点娓娓道来，语言精练。寓情于理和寓理于情的语言，能够消除学生的重重疑惑。用语言去发蒙、去启智、去激励、去引悟、去赞美、去督促。教师的语言节奏美是实现伟大的教育功能的基本途径。

就一般意义上讲，有这样的一种模式；开课稍快：精彩，少套话、废话，切入正题，放慢但语调可高昂些；展开讲解：要快，形成"小高潮"，烘托起愉悦的气氛；转入下一个问题：稍慢；结束：稍快，干脆利落，戛然而止，或为下一节课铺垫，或练习，做作业。必须处理好导入，展开，高潮，结尾四环节，注意首尾照应自然，高潮设置及时，过渡衔接得当，以体现教学结构的和谐美，曲线美和整体美。这种课堂宏观节奏，同学们的心理和生理运动曲线恰好成反向趋势，能解决学生的"疲劳区"的问题。

（5）书面语言（板书、板画等）节奏。讲述是教师用字音说话，板书、板画、影像则是用字形、图形、影像说话，也都同样存在着节奏的处理问题。板书、板画是一种视觉语言符号，动漫是视觉与听觉结合符号。它除了要动用人的大脑思维等系统外，还要使用人的其他动觉系统眼、手、耳等才能出现语义信息的传送，因此，它传输速率是比较缓慢的。所以，在一堂课里，对影像，尤其是对板书、板画本质的处理、安排，要有一个合理的层次节奏。

在板书、板画的处理上，应注意层次分明，重点突出，能少写的绝不多写，并根据课堂教学内容和教学结构的需要，让板书、板画分层次、有节奏的出现，并注意板书、板画和口语交叉处理，同时进行的"交叉节奏形式"，其审美效果也是独具优势的。此外，板书在讲究字迹工整、美观，行列安排适当的基础上，还要注意书写的速度即节奏问题，教师的板书速度应该略快于学生书写的速度。否则，就会使学生产生"延长视听"的感觉。让学生处于写—等待—写—等待……这样一种节奏中，在生理和心理上形成不和谐的循环。

总而言之，课堂教学的节奏美，可谓无处不在，无时不有，教学重点突出，详略得当，活动循序渐进，由浅入深，过程张弛有度，动静结合，环节过渡自然，层次分明，教师字字珠玑，起伏有致，疏密相间的课堂结构，启发诱导，虚实相生的教学方法，教学内容内在的科学性，与教学外在表达的形式构成的艺术等，均是课堂教学节奏美与艺术美的集中体现，是初中语文课堂教学生动、高效的催化剂。

3. 注重教学过渡

初中语文课堂教学活动进程中的过渡与文章中的过渡同样重要。文章的过渡一般有三种方式：过渡词语、过渡句子和过渡段落。无论是过渡词语、过渡句子，还是过渡段落，它们所起的作用是相同的，都是把各个部分的内容连成一篇文章。教师在课堂教学过程中的过渡与文章中的过渡相仿，也要运用过渡语、过渡句子，把一堂课的各个零星碎片连成一个有机整体的作用。在一堂课进行的过程中，通常不会是由教师从头讲到尾的，学生应该是课堂学习活动的主体；教师也不会机械地只用一种教学方法，而往往会交替使用多种教学方法；课堂教学内容既有新的，也会有以前学过的。总而言之，一堂课是由许多零星的"碎片"集合而成的，"碎片"之间的过渡是不可少的。

课堂教学过程中的过渡通常包括两个方面的内容：一是课上讲授的教学内容各个部分之间的过渡，这种过渡起着承上启下的作用，过渡得好，能使教学活动的展开流畅地进行；二是不同教学方法、不同讲课方式之间的过渡，这种过渡能适时地引起学生的注意，使学生能较快地适应教师接下来要采用的那种教学方法和教学方式。无论是哪一种过渡方式，对于课堂教学活动顺利进行而言，都是十分必要的。

（1）过渡的主要要求。

第一，实现自然过渡。一堂课的教学内容是一个整体，由若干个部分组成，教师在教学过程中应在一个部分与另一个部分之间插入适当的话语使之自然地衔接起来；生硬、不自然的过渡会影响教学思路的贯通，影响学生对学习内容的接受和理解。要较好地做到"过渡自然"，教师在讲授中必须要注意这样两个方面：一方面要注意把握住部分与部分之间的内在逻辑联系；另一方面要注意或者运用富于变化的语句，或者采用不同的方式方法使之衔接起来，实现不同学习方式的过渡。

第二，在过渡中引起学生的思考。从节奏角度看，过渡经常发生在由紧张转入舒缓这一时刻，这客观上也就为启发学生进行积极思维提供了某种可能性。因此，教师此时表达的过渡性语句不应仅仅满足于连接前后两个部分的内容，而应具有启发性，让学生在进行一番思考的基础上，引发学生对接下来的学习任务进行思考。

第三，注重不同过渡方法运用。不同的课应采用不同的过渡方法，因为各课堂的具体情况都不一样。如果采用固定的方法加以过渡，显然是不能取得满意效果的。例如，以教师讲授为主的课与以讨论为主的课也不大一样。以教师讲授为主的课，过渡时要强调、突出重点内容，以引起学生的重点关注。

（2）过渡的方法。

第一，提问式过渡。教师在备课时，先设计好本堂课进行的几个阶段（从教学内容角度分析，也可称为"几个部分"）。为了使这几个阶段（或"几个部分"）衔接得自然而又颇具有启发性，可结合具体的教学内容提出一些问题来。前一个阶段快要结束、后一个阶段快要开始时，教师引导学生把注意力集中到这些问题上，便能较为自然地完成前后两个教学阶段的过渡。

第二，讨论式过渡。教师在讲解一些在学生看来比较抽象的概念（因为与他们的生活实际有一段距离）或比较复杂的内容时，为了使他们对教学内容有比较正确的认识和鲜明深刻的印象，可以提供一些学生感兴趣的、能引起他们争论的材料，组织他们进行辩论。用这种过渡方法，有利于学生学习较为复杂的内容，有利于激发他们探究的欲望。

第三，联系式过渡。如果教师讲授的教学内容与学生的生活经验或以往所学习的知识、文章有某些联系，那么，在把教学内容做大致介绍后，要求学生联系自己的生活实际，练习以前所学习过的内容来学习教材上的知识。这种过渡方法有利于引发学生的学习兴趣，增强他们的求知欲望，因而很容易收到比较理想的教学效果。

（3）过渡语的巧妙运用。课堂过渡是通过过渡语来实现衔接和过渡的，所以教师对过渡语的使用要巧妙、合理，并实现它的价值和功能。

第一，过渡语应体现自然顺畅的上下联系。一节课所讲授内容是几个段落或层次，教师可以在段落与段落，层次与层次之间抓住期间的内在联系或共同特点进行过渡。这样前后一致的过渡方式犹如穿针引线，一贯到底。

第二，过渡语应适度激发学生的学习热情。在过渡语言的运用上不要只考虑衔接的顺畅，还要考虑其语言的激发功能，引人入胜、启迪益智、激发兴趣都是过渡语应该追求的效果。

第三，过渡语应巧妙体现评价的价值尺度。通常评价的功能往往是评价语所实现的，但教师也要注意到过渡语也有评价功能，要注意过渡语的评价功能，防止因过度需要而产生评价误差。

第四，过渡语应成为学生学习语言的载体。好的过渡语可以加强学生的长时间记忆，可以给人美感，是学生学习语言的载体和途径。过渡语中包含着大量的语言和美的信息，教师要让学生在过渡语中捕获，转变成学生自己的语言能力，提升语文能力。

4. 适时进行举例

（1）举例的主要作用。举例在教学过程中有着相当重要的意义。在初中课堂教学时，教师讲授教学内容时会（也应该）举些具体的例子，以帮助学生更快、更好地理解、掌握知识。教师在向学生讲授新知识时，特别是这些知识比较抽象、比较深奥，学生一下子难以理解时，举一些具体形象的例子加以阐明更是必不可少的。如果教师结合教学内容适时地举一些相关的例子进行形象"诠释"——由于例子一般都是比较形象具体的，如若所举的例子又与学生的生活实际十分接近——那么原本比较抽象、比较深奥的教学内容会一下子变得十分具体、十分形象，原本难以理解的知识也会一下子变得容易理解。不仅如此，由于学生花费较少的气力就能比较轻松地学得知识，很容易使他们的心理获得极大的满足，产生极强的愉悦感受，这样，他们也就很自然地对学习活动产生比较浓厚的兴趣，这对于他们自觉地把全部精力放在教师要求他们关注的教学内容上和提高学习效率上，是十分有利的。

（2）举例时的注意事项。

第一，举例要实际。具体的例子比比皆是，与教学内容有联系的例子也为数不少，但并不是所有的例子都可以不加选择地拿来阐述教学内容的。因为不同年龄段的学生，其生活经验的贫乏和丰富程度不同，他们的理解能力也不同，并不是所有的例子都能较好地为他们所理解。教师在举具体例子来阐明某个概念或某个原理时，要尽可能考虑到不同年龄段学生的不同经历和不同程度的理解水平。

第二，举例要适当。在课堂教学过程中，举一些具体形象的例子是必不可少的。讲课不能没有例子，但也不能一下子举好多例子。要知道，课堂教学的一个重要目标是学生获得发展，让他们在接受、理解的基础上牢固地掌握知识，而教师在讲授时适当地举一些具体形象的例子仅是一种帮助学生更迅速、更准确地理解和掌握的手段。例子不一定要举很多，只要所举例子能说明（或阐明）某项教学内容就行了。

第三，举例要适时。"适时"主要以两点为标准：①要看有无必要，如果讲授的知识学生理解起来完全不觉得有什么困难，那么就不必举例（此时举例会浪费宝贵的教学时间，有时还会分散学生对教学内容的注意力）；反之，学生对教学内容理解起来较为困难，那么就必须要在此时及时地举一些例子。②根据学生的不同年龄确定举例时间的先后顺序。例如，有教师在给七年级的学生讲对比时，举几篇文学作品中的例子是有必要的，但如果语文教师还要在九年级的讲台上不厌其烦地讲，就没有必要，因为学生已对对比的表现手法接触很多，已能在自己的作品中熟练运用，所以，教师的举例就成了多余。

第四，举例要贴切。贴切，是指措辞要恰当、确切。在课堂教学过程中，不是所有与学生的生活实际有联系的例子都可以用来阐明教学内容的。与教学内容无关的例子，无论它们如何生动、形象，如何能引起学生的兴趣，一概不能举；与教学内容虽有些关系但联系不太密切的例子尽可能不举，即使要举也要尽可能简洁些，只能"点"到为止。要举就应该举与教学内容密切相关的例子。这"密切相关"的含义是：为了把这一教学内容阐述得清楚明白，非得举这个例子不可，如若不举这个例子，学生很难准确地理解其实质。

第五，举例后要阐述。要把例子和教学内容有机联系起来。因为举例是为了帮助学生更好地理解教学内容，如果教师不揭示原理和例子之间内在的、本质的联系，那么举例只是流于形式，不能真正起作用。例如，有教师在讲诗歌的意象时，只是列举诗歌中的意象是"什么"，而没有详细阐述意与象之间是如何巧妙地组合的。这样，学生对于"意象"也只是了解到一个笼统的概念和几个"说不清、道不明"的例子，并没有透彻地掌握好意象这一诗歌教学中不能回避的知识。

5. 把握提示时机

（1）提示的主要作用。在课堂教学过程中，学生在做习题时或者在回答问题时往往会遇到难题，这时教师的指导会发挥很大的作用，这也可以被称为提示。每个老师讲课的方法都不相同，所以会有许多授课方法，如讲授法和演示法等。这些方法都有其相应的价值，提示法则是万能的一种。在讲课时，老师运用提示法起到的效果是非常明显的。

第一，提示能降低学生的思维难度。当教学内容对部分学生而言难以理解时，这些学生会觉得枯燥无味,他们的学习兴趣就会逐渐减弱乃至完全消失。教师的提示将问题难度降低,让部分学生能较轻松地学到知识,使他们的内心获得较大的满足和产生较强的愉悦感受,因而他们也会对学习活动产生比较浓厚的兴趣。

第二,提示能为学生的思考指明正确的方向。当学生对教学内容的理解有困难时,教师不应当把现成的答案告诉学生,而应要求他们进行一番思考,与此同时适当地做一些必要的提示,以使学生知道应该朝哪个方向思考,这样既有利于启发学生的思维和情感,又可避免学生浪费学习时间。

第三,提示能提高学生的思维质量。有质量的提示能训练学生的思维。如果教师经常在课堂中采用质疑法组织教学,那么也会使学生学到如何质疑的方法;如果学生受到这样的思维训练,那么他们的质疑思维水平会很容易得到提高。

(2) 提示时的注意事项。

第一,提示要掌握好最佳时机。提示的最佳时机是学生在学习过程中遇到困难且最需要教师给予适当帮助的时候,因为这时如果教师不提示便会影响他们进一步的思考,而一提示便能使他们的思路得到畅通,思维也会变得活跃起来,更容易获得最佳的思维成果。

第二,提示要有利于学生的思考。提示要具有一定的思考价值,能拓宽学生的思路,能令学生的思维因教师的提示而变得异常灵敏和活跃。教师的提示不仅能使他们较快地找到所思索问题的答案,更重要的是能激起他们的思维热情,使他们能多方面、多角度地进行思维,思维质量明显得到较快的提高。教师提示的重点应放在较为常用且颇有启发性的思维途径以及思维方法上。这样,提示不仅会使学生获利,更能使他们终身受益。

第三,提示要具有一定的层次性。要根据具体情况的不同(主要是要求学生思考内容的难易程度和学生对这一内容理解时的思维难易程度)来调节提示的程度。一般而言,内容难度和思维难度均较大的,应提示得明确些;内容难度和思维难度均较小的,则应提示得含蓄些;对那些靠一次提示尚不能全部解决问题的内容,则应加强提示的层次性,由浅入深地进行数次提示,以便使学生在教师的一步步引导之下,较为顺利地完成学习任务。

(3) 提示的常用方法。从明确程度看,课堂提示可分为明示和暗示两种。

第一,明示是指教师进行提示时,比较明确地向学生指出正确的思维路线(思维目标明确,大致路线较为清晰,能使学生信心增强,有利于他们迅速获得成功),有时还要告诉他们用什么方法去思考。这样的提示便给学习能力较弱的学生指明了方向。

第二,暗示是指课堂教学中教师在向学生做必要的提示时,只是比较笼统、隐蔽和含蓄地把教学意图透漏给学生。通常暗示的方式有:言此意彼——说"此"的目的是想告诉"彼",但又不直接说"穿";言小意大——说的虽是"小"事,但从中可以悟出"大"意来；言实意虚——说的是"实"事，而一旦探究便能体察出"虚"。总而言之，暗示要紧紧围绕教学要求和教学内容，让学生从中受到启迪，而不要故弄玄虚。

6. 发挥结讲功能

课堂的结讲是每堂课的重要环节，在一节课将要结束的时候，教师要组织全体学生或对本节课的结构、内容要点作小结，或对课文的结构、中心、写作方法作小结；有时还要以此为基础作延伸，对学生进行联系实际的教育；同时，还要安排练习，布置作业。目的是帮助学生巩固记忆和运用所学知识，培养能力，使之受到感染和教育，激发继续学习的兴趣。语文教学过程的艺术不仅要求导入引人入胜，中间高潮迭起，而且要求结讲更加精彩、画龙点睛，余味无穷。

（1）常用结讲方法。常见的结讲艺术方法主要有以下六种。

第一，总结法。在结讲阶段，教师用准确精练的语言，对教学内容的重点、难点提纲挈领地归纳总结，以使学生明白知识线索，巩固知识内容，加深理解，强化记忆，并上升到新的认识，这种结讲方法概括性强，有利于学生把握问题的精髓，起到强化和深化的作用。

第二，悬念法。在下课前结合下节课所要讲的内容，提出一些富有启发性的问题，造成悬念，激发学生的求知欲，并为下节课的开讲创造条件。不但预示了下节课的教学重点，诱发学生预习的欲望，而且使前后课巧妙衔接，自然过渡。

第三，对比法。在课文教学的结束阶段，从思想内容、篇章结构、语言表达、形象塑造等不同方面，有所侧重地把课文与以前学过的一篇或几篇文章进行对照比较，从而使学生把握特点、总结规律，加深对课文的理解。通过比较学生加深了对课文的理解，更清楚地掌握了说明文的特点。

第四，评论法。结尾时，在对课文主旨进行概括、提炼的基础上，再对课文的内容或写法的某一方面进行评论。采用评论法结尾，要注意评论恰到好处，实事求是，不可随意夸大或缩小。运用评论法有助于学生全面、准确地把握课文内容，并有助于培养学生善于思考、大胆质疑的创造精神。

第五，延伸法。在课堂教学内容结束后，根据讲课内容引导学生由课内向课外延伸、扩展，使之成为与第二课堂联结的纽带，这种结讲方法使教学内容从课内延伸到课外，拓宽学生的知识面，并有利于培养学生创造思维能力。

第六，练习法。上完新课，布置适当的练习让学生做，以检查他们对所学内容掌握的情况，及时发现和解决问题，复习、巩固所学知识，并做到举一反三、触类旁通。这样，既了解了学生对课文人物的把握情况，同时，又训练了学生快速思维能力，口头表达能力。运用练习法结讲，一方面要抓住重点和关键问题精心设计练习；另一方面要恰到好处地启迪和引导。

（2）结讲时要遵循的原则。如果想要学生在开讲时就有深刻的印象并且对文章内容更加了解（不仅让他们获得对文章美的感受，还能够促进他们对知识的渴望），一定不要忽略下面三个元素。

第一，完整性。要对整堂课的内容作简要的归纳，勾画出一个大致的轮廓（有时可结合板书进行）。这样收尾有利于学生对本堂课基本内容的理解和记忆。收尾切忌丢三落四、残缺不全，以至于学生下课时稀里糊涂，不知道本堂课哪些内容是必须深刻理解和牢固掌握的。

第二，针对性。收尾当然要注意"完整"，要回顾这堂课的整个教学进程，但并不是说不分轻重主次地把这过程平铺直叙地复述一遍。收尾要针对学生听课的实际情况，要突出重点。这里所说的"突出重点"，包含两个方面的含义：一是要突出要求学生本堂课必须掌握的那些最基本的教学内容；二是要突出那些在教学进程中大部分学生理解较为困难的地方，这样收尾能加深他们对重点内容和难点内容的理解。

第三，启发性。收尾时教师用概括的语句把本堂课学习的主要内容加以归纳整理，以帮助学生更好地理解和掌握这些教学内容当然是很有必要的，然而仅仅做到这一点还是很不够的。好的收尾应该是富有启发性的，教师不但把结论告诉学生，更要让学生了解和掌握得到结论的途径和方法，以便他们今后在学习类似的知识时能灵活加以运用。

第二节 初中语文教学设计的策略分析

一、初中语文教学内容的选择策略

初中语文教学内容的选择策略应该综合考虑学生的认知水平、兴趣爱好、年龄特点以及教育目标。以下是初中语文教学内容选择的一些策略。

（一）教学内容须注重基础知识和概念

初中语文教学的内容选择，是整个教学过程中的重要一环，需要充分考虑学生的认知特点、兴趣爱好以及教育目标。在这个过程中，基础知识和核心概念的选取是至关重要的，这一方面确保了学生获得必要的文学素养，另一方面也为他们的未来学习奠定了坚实的基础。

在初中阶段,学生正处于认知发展的关键时期,他们的学习能力和兴趣都在逐渐成长。因此,在选择教学内容时,首要的任务就是确保基础知识和核心概念得以全面覆盖,这包括了文学史上的重要时期、主要流派、代表性作家以及其代表作品等,这些基础知识和核心概念,不仅有助于学生对文学作品的整体认知,也能够帮助他们在以后的学习中更好地理解和分析文学作品。在初中语文内容选择的过程中,需要关注以下方面的策略。

第一,要紧密结合课程标准和教学大纲,明确学生需要掌握的核心知识点。这有助于确保内容的针对性和系统性,让学生能够在有限的时间内掌握重要的文学知识。

第二,应根据学生的实际情况,选择易于理解和感兴趣的内容。初中学生的心智发展尚未完全成熟,因此选取的文学作品应当尽量避免过于复杂或抽象的内容,以免让学生望而生畏。

第三,根据学生的兴趣和实际生活经验,选择能够引起他们共鸣的内容。学生更容易对与自己有关的主题产生浓厚的兴趣,通过引入与学生实际生活相关的文学作品,能够更好地激发他们的学习热情。除此之外,也应当注重在教学内容中融入跨学科的元素。文学与历史、哲学、社会等多个学科有着紧密的联系,通过将不同学科的内容融入文学教学中,能够帮助学生更好地理解文学作品的背景和意义,培养他们的综合素养。

第四,充分考虑学生的学习阶段和发展需求,适时地引入一些经典与现代相结合的文学作品。这不仅有助于学生了解传统文化,也能够让他们更好地理解当代社会和文化。

综上所述,初中语文教学内容的选择应当兼顾基础知识和核心概念,着重优先选择那些涵盖基础知识和核心概念的文学作品,这样的选择策略有助于确保学生建立起必要的文学素养,为他们今后的学习和发展打下坚实的基础。同时,也要根据学生的认知特点和兴趣爱好,巧妙地设计教学内容,让学生在丰富多彩的语文世界中茁壮成长。

(二) 内容选择需要经典与现代的结合

初中语文教学的内容选择是一个既要传承经典,又要贴近现代的重要任务。在这个过程中,将经典与现代相结合,可以丰富学生的文学视野,培养他们的综合素养。这种策略在内容选择中的应用有着重要的意义。

首先,选择经典作品是传承文化、培养学生文学素养的必要途径。经典作品代表了历史的积淀和文化的传承,通过让学生阅读古典名著,他们可以了解古代社会背景、道德观念以及文化传统。这有助于培养学生对传统文化的尊重和理解,让他们在浩如烟海的文学世界中找到方向。其次,引入现代作品可以激发学生的兴趣,使他们更好地理解和关联当代社会。现代作品反映了当今社会的变革和思潮，通过选择现代作品，学生可以更容易地将文学作品与自己的生活、社会问题联系起来。这有助于激发学生的思辨能力，培养他们的现实思维和社会责任感。在内容选择的过程中，可以考虑以下方面的策略。

第一，选择经典作品中具有代表性和影响力的文学作品。这些作品不仅有助于学生对古代文化的了解，也能够培养他们的鉴赏能力和审美情趣。例如，选取古典名著如《红楼梦》《西游记》等，可以帮助学生理解古代社会风貌和人性特点。

第二，选取现代作品中具有时代特色和现实关联的文学作品。这些作品可以涵盖当今社会问题等多个方面，能够引发学生的思考和共鸣。例如，选取现代小说、散文、诗歌等，可以让学生更好地了解当代社会和文化。同时，可以通过对比分析经典与现代作品，让学生更深入地理解文学的发展和变革。通过对比不同时期的作品，学生可以感受文学的多样性和发展轨迹，从而更好地把握文学作品的内涵和意义。

第三，根据学生的兴趣和需求，适当引入一些文学评论、研究成果等，帮助学生深入理解作品背后的文化、历史和思想内涵。

综上所述，初中语文教学内容的选择需要经典与现代相结合。这种策略不仅可以帮助学生传承古典文化，也能够引导他们关联现代社会，培养综合素养和思辨能力。通过这种内容选择策略，学生可以在探索古今中外的文学世界中获得更为丰富的知识和体验。

（三）内容选择须多元文体和不同题材

在初中语文教学的内容选择中，确保选择不同文体和题材的作品是非常重要的，这可以满足学生多样的审美和兴趣，丰富他们的阅读体验，以及培养他们全面的文学素养。

在选择不同文体的作品方面，可以包括古诗、散文、小说、戏剧等。这样的选择可以让学生体验到不同文体的独特魅力，帮助他们更好地理解文学的多样性。古诗可以培养学生的韵律感和修辞意识，散文可以激发他们的抒情和感悟，小说可以让他们沉浸在故事情节中，戏剧可以让他们亲身感受人物形象的塑造和情感表达。

在选择不同题材的作品方面，可以涵盖人物、情感、社会问题等多个方面。这有助于学生从不同的角度理解文学作品，培养他们多元的思考和理解能力。通过接触涉及不同题材的作品，学生可以更好地把握作品的主题和意义，从而拓展他们的审美视野和思维深度。

在教学中，可以通过引导学生分析不同文体的特点，比较不同题材的作品，进行讨论和写作等方式，帮助学生更深入地理解和体验文学作品的魅力。同时，也可以根据学生的兴趣和需求，引导他们在个人阅读中选择自己喜欢的文体和题材，从而培养他们主动学习和探索的能力。

(四) 注重语文教学内容的跨学科融合

初中语文教学的内容选择应当跳出狭隘的文学范畴,而是要融合多个学科领域,使学生能够在学习语文的同时,拓展对其他领域的认识和理解。这种跨学科融合的策略可以培养学生多维度的思维能力,提升他们的综合素养。语文作为一门综合性的学科,具有广泛的交叉性。通过将历史、哲学、科学等学科的内容融入语文教学,可以达到以下方面的效果。

第一,能够丰富学生的知识储备。选择涉及历史、哲学、科学等多个学科领域的文本,不仅可以让学生了解文学作品中蕴含的历史背景、哲学思考,还能够引导他们探索科学现象和技术应用。这样,学生可以在阅读文学作品的同时,拓展更广阔的知识视野。

第二,能够培养学生的跨学科思维能力。通过对不同学科领域的文本进行分析和比较,学生可以培养将不同知识点进行联结、综合和应用的能力。这有助于培养学生的综合分析和解决问题的能力,使他们能够更好地应对未来的挑战。

第三,跨学科融合还可以增加学生的学科兴趣。对于一些学生而言,单一的学科内容可能显得枯燥乏味,而通过将不同领域的内容融入语文教学,可以增加学生的兴趣和参与度。例如,通过阅读描写科学发现的文章,可以激发学生对科学的好奇心,进而激发他们对学习的热情。

第四,跨学科融合也能够培养学生的综合素养和批判思维。在探究不同学科之间的关系时,学生需要运用批判性思维,分析各个学科的观点和理论。这有助于培养学生的分析能力、判断力和综合素养,使他们能够更好地理解世界的复杂性。

综上所述,初中语文教学的内容选择应当注重跨学科融合,将历史、哲学、科学等多个学科领域的内容融入其中。通过这种策略,可以丰富学生的知识储备,培养跨学科思维能力,增加学生的学科兴趣,提升综合素养和批判思维。这将为学生未来的学习和发展打下坚实的基础。

(五) 关注社会时事和现实问题的内容

在初中语文教学的内容选择中,将社会时事和现实问题纳入教学范围,是培养学生社会责任感和批判性思维的重要途径。通过选取与社会时事、现实问题相关的文学作品,可以激发学生的兴趣,引导他们深入思考社会问题,以及从不同角度审视问题的能力。社会时事和现实问题的内容选择策略有以下重要的方面。

第一，选择具有代表性和影响力的作品，这些作品能够涵盖当前社会热点、重要议题，引发学生的兴趣。例如，选择描写环境保护、人际关系、教育制度等主题的文学作品，能够让学生更好地理解和思考这些社会问题。

第二，注重选取能够引发学生共鸣的内容。通过选择与学生日常生活和经验紧密相关的作品，可以让他们更容易产生情感共鸣，进而引发他们对社会问题的思考。这有助于增强学生的情感体验和参与意识。

第三，通过文学作品的讲述和情节，引发学生深入思考社会问题的多面性。文学作品往往能够以独特的视角切入问题，让学生从不同的角度看待同一个问题，培养他们的批判性思维和多元思考能力。

第四，可以通过讨论、辩论等活动，引导学生深入探讨社会时事和现实问题。通过小组讨论、角色扮演等形式，学生可以分享自己的观点，听取他人的意见，培养合作和交流能力，同时也能够更深入地理解问题的多样性。

第五，在教学中引导学生关注社会变革和发展，培养他们的社会责任感。通过分析文学作品中所揭示的社会问题和矛盾，引导学生思考如何为社会做出贡献，成为具有社会责任感的公民。

（六）选取经典的名著阅读和创作实践

在初中语文教学的内容选择中，经典名著的选取具有重要的价值，这不仅有助于培养学生的文学鉴赏能力，还能够通过创作实践锻炼他们的写作和表达能力，为学生的综合素质提升提供了有益的途径。

第一，选取经典名著是培养学生文学鉴赏能力的有效方法。经典名著蕴含了丰富的文化内涵和人生智慧，通过阅读、分析和讨论，学生可以深入理解作品中的情节、人物性格、主题等要素，培养他们的审美能力和文学鉴赏能力。例如，通过解读《红楼梦》中的人物形象和情感描写，学生可以感受到其中的深刻性格塑造和情感表达。

第二，通过创作实践，可以锻炼学生的写作和表达能力。选取经典名著作为创作的素材，可以激发学生的创作灵感，帮助他们更好地运用语言表达自己的思想和情感。通过模仿和改编经典作品，学生可以探索不同的写作风格和表达方式，提升写作技能。例如，通过对名著中的某一情节进行改编，学生可以锻炼改编和创新的能力，同时也增加了他们对原作的理解。

第三，选取经典名著还可以培养学生的批判思维能力。通过对经典作品中的主题、道德取向、人性思考等进行深入分析，学生可以从不同角度审视作品，培养批判性思维和独立思考的能力。这有助于他们更好地理解作品的复杂性和多面性。

在创作实践方面，可以通过写作课堂、作文竞赛等方式，引导学生运用所学的文学鉴赏知识，结合自己的观察和体验，进行创作。同时，可以为学生提供写作指导和反馈，帮助他们逐步提升写作水平，培养自信心。

（七）内容选择应引发学生的情感共鸣

在初中语文教学的内容选择中，确实应该注重选取那些能够引发学生情感共鸣的作品。通过这种方式，学生可以更深刻地体验人生的情感和体验，从而更好地理解文学作品的内涵和意义。情感共鸣的内容选择策略有以下重要的方面。

第一，选择具有情感深度和情感表达的作品。这些作品往往能够描绘人类的情感体验，让学生在阅读时能够感同身受。通过读懂文学作品中的情感内核，学生可以更好地理解人类情感的复杂性和多样性。

第二，注重选取与学生年龄阶段和生活经验相关的作品。学生正处于青春期，他们正在经历情感、友谊、家庭等方面的变化。因此，选取那些能够与学生的生活经验产生共鸣的作品，能够更好地引发他们的情感共鸣。

第三，可以通过分析文学作品中的人物性格、情感冲突、生活境遇等，引导学生从不同角度思考和感受作品中的情感。通过讨论、写作等活动，学生可以将自己的情感体验与文学作品中的情感进行联系，从而更深入地理解作品的主题和情感。情感共鸣的内容选择还可以培养学生的情感体验和共情能力。通过学习和感受文学作品中的情感，学生可以培养对他人情感的理解和共鸣，从而提升他们的人际关系和情感智力。

第四，情感共鸣的内容选择策略还可以让学生在文学中找到情感寄托，缓解情感压力。在青春期，学生常常面临情感波动和挑战，文学作品可以成为他们情感抒发和情感调节的出口。

（八）提供个性化学习和相关选修内容

在初中语文教学的内容选择中，提供一定的选修内容确实是一个很有价值的策略。这种方式可以充分尊重学生的兴趣和需求，让他们有机会根据自己的喜好选择适合自己的深入学习内容，从而更好地激发学习动力和发展潜能。选修内容的策略具有以下重要的方面。

第一，通过提供多样的选修内容，可以满足学生的兴趣多样性。每个学生的兴趣爱好都有所不同，有些可能对诗歌感兴趣，有些可能喜欢小说，还有些可能对戏剧或传记等有兴趣。通过提供多样化的选修内容，可以让每个学生都有机会深入学习和探索自己感兴趣的领域。

第二，选修内容可以激发学生的学习兴趣和主动性。学生在选择自己感兴趣的内容时，会更加投入和积极地参与学习。这种自主选择的学习方式能够培养学生的学习主动性，提升他们的学习动力。

第三，选修内容也可以促进学生的深度学习。学生在自己喜欢的领域深入学习时，往往能够投入更多的时间和精力，从而获得更深层次的理解和掌握。这有助于培养学生的思辨能力和问题解决能力。

第四，选修内容还可以培养学生的自我管理和组织能力。学生需要根据自己的兴趣和时间安排，制订学习计划，进行独立学习和探究。这有助于培养学生的自我学习能力和时间管理能力，为他们今后的学习和生活打下坚实基础。

二、初中语文教学环节的设计策略

初中语文教学环节的设计策略需要综合考虑多种因素，以提高学生的学习兴趣、深化理解和培养综合素质。下面以初中语文知识讲授和讨论环节的设计策略、阅读与分析环节设计策略、文学鉴赏和欣赏环节设计策略、创作实践和表达环节设计策略为例进行阐述。

（一）知识讲授和讨论环节设计策略

初中语文知识讲授和讨论环节的设计策略应该充分考虑学生的认知特点和学习需求，旨在激发学生的兴趣、提升他们的理解能力，并培养他们的批判性思维。知识讲授和讨论环节设计策略主要包括以下方面。

第一，多元化教学资源：利用多样化的教学资源，如文字、图片、音频、视频等，以满足不同学生的学习风格和兴趣。这可以通过多媒体课件、在线学习平台等方式实现。

第二，引发兴趣：在知识讲授环节，可以引入有趣的案例、故事或问题，激发学生的兴趣和好奇心，引起他们的关注。这有助于提高学生的学习积极性。

第三，生活化联系：将所学知识与学生的日常生活联系起来，让学生能够更好地理解和应用所学内容。通过实际例子，让学生看到语文知识在实际生活中的应用和重要性。

第四，启发性问题：在讲授过程中提出启发性问题，引导学生思考、讨论和探究。这可以激发学生的思维，培养他们的自主学习能力和探究精神。

第五，小组讨论：在讨论环节，组织学生进行小组讨论，让他们共同探讨课堂内容，交流各自的观点和想法。这可以促进学生的合作能力和交流能力。

第六，角色扮演：利用角色扮演的方式，让学生身临其境地体验文学作品中的情节和人物。这有助于加深对作品的理解，同时培养学生的情感共鸣能力。

第七，对比分析：将不同作品、不同时期的文学作品进行对比分析，让学生能够更好地把握文学的发展变化和内涵。这可以培养学生的比较和分析能力。

第八，引导性提问：通过提问引导学生思考问题的多面性和深层次。有针对性的问题可以激发学生的思维，帮助他们更好地理解和吸收知识。

（二）阅读与分析环节设计策略

安排学生阅读文学作品是初中语文教学中不可或缺的环节，通过这一过程，可以引导学生深入了解作品的情节、人物、主题等要素，培养他们的文学鉴赏能力和批判性思维。为了更好地实现这一目标，可以采用多种策略，如小组讨论、角色扮演等方式，让学生从不同角度深入探讨作品的内涵。阅读与分析环节设计策略具体如下。

第一，在阅读文学作品后，可以组织学生进行小组讨论。将学生分成小组，让他们共同探讨作品中的情节发展、人物性格、隐含的意义等方面。通过集思广益，不同学生的观点和见解可以相互补充，帮助他们更全面地理解作品。

第二，角色扮演也是一个有效的策略。选取作品中的一个场景或情节，让学生扮演其中的角色，亲身体验人物的感受和情感，从而更深刻地理解作品。这可以增加学生的情感共鸣和沉浸式体验，让他们更加投入到作品中。

第三，可以设置引导性问题，帮助学生深入分析作品要素。例如，针对情节，可以询问学生关键事件的发展、高潮和结局；针对人物，可以探讨主要人物的性格特点、成长变化等；针对主题，可以引导学生思考作品所传达的核心思想和人生哲理。为了更好地促进学生的深入思考，教师可以在讨论和分析过程中充当引导者的角色，鼓励学生提出问题、分享见解，并适时提供指导和反馈。这有助于培养学生的批判性思维和分析能力。

（三）文学鉴赏和欣赏环节设计策略

文学鉴赏和欣赏是初中语文教学中的关键环节之一，它有助于培养学生对文学作品的深刻理解和情感共鸣，提升他们的文学鉴赏能力和情感表达能力。以下是关于文学鉴赏和欣赏环节的设计策略的扩展。

第一，引导学生进行情感共鸣和价值观反思。教师可以通过让学生描述作品中的情感，让他们想象自己在类似情境下的感受，从而与作品中的人物产生情感共鸣。此外，还可以引导学生思考作品中所传递的价值观、人生观等方面的信息，帮助他们理解作品的深层含义。

第二，分析作品的情感表达和修辞手法。教师可以与学生一起探讨作品中的情感表达方式，如比喻、拟人、对仗等修辞手法，帮助他们更准确地理解作品中所表达的情感和意义。通过分析这些修辞手法，学生能够更深入地领略作品的美感和情感。

第三，设计互动性的讨论和活动，鼓励学生表达个人见解。例如，可以就作品中的某一情节或人物提出问题，引导学生分享自己的看法和感受。这种互动性的讨论可以让学生更加主动地参与，培养他们的表达和交流能力。

第四，为学生提供一定的自主选择权。在教学中，可以设立一些选修内容，让学生根据自己的兴趣选择欣赏的作品，从而更加投入和积极地参与鉴赏活动。

（四）创作实践和表达环节设计策略

创作实践和表达环节是初中语文教学中的重要组成部分，旨在培养学生的创作能力、表达能力和思维发展。以下是有关创作实践和表达环节的设计策略的扩展。

第一，安排学生进行写作练习，涵盖不同文体和主题。可以设计各种类型的写作任务，如议论文、记叙文、说明文、诗歌等，让学生在不同的写作情境中锻炼自己的表达能力。通过多样化的写作练习，可以培养学生在不同文体中的表达灵活性。

第二，鼓励学生通过创作表达个人情感、思考和观点。引导学生将自己的真实情感和内心体验融入作品中，让他们学会用文字表达自己的情感和思想。这有助于培养学生的情感表达能力和自我认知能力。

第三，引导学生在写作过程中注重细节和意境的营造。教师可以引导学生注意描写细节，塑造生动的场景和人物形象，让读者能够产生身临其境的感受。同时，通过合理运用修辞手法，培养学生创造性思维和文学表达能力。

第四，创设开放性的创作题目，鼓励学生发挥想象力和创造力。提供多元化的话题选择，让学生能够根据自己的兴趣和体验选择创作方向，从而激发他们的创作潜能。

第五，设计互动性的写作分享和反馈环节。学生可以在小组内分享自己的作品，互相交流意见和建议。同时，教师也可以提供具体的反馈，帮助学生发现自己的优点和进一步提升之处。

第六，教师可以为学生提供一些写作技巧和指导，帮助他们克服写作难题，提高写作质量。同时，也要鼓励学生持续练习，相信自己的创作潜力，逐步提升写作水平。

第三节　初中语文教学中的项目式学习策略

项目式学习，从字面意思来理解，就是"在具体教学活动中，把学习任务当作一个项目，按部就班地完成教学任务的教学方法"①。具体而言，项目式学习是学生通过完成与真实生活密切相关的项目进行学习，是一种充分选择和利用最优化的学习资源，在实践体验、内心吸收、探索创新中获得较为完整而具体的知识，形成专门的技能并获得发展的实践活动。换言之，项目式学习能让知识和技能镶嵌在具体的情境中，重在学习语言运用，让个人与生活联系起来。同时它可以促使教师改变教学方式，实现由教课文到用课文教语文的转变，且能促进教师在这个过程中更关注个体差异，满足不同学生的学习需要，激发学生的学习积极性，培养学生掌握和运用知识的态度和能力，使每个学生都能在实践中得到充分发展。由此可见，项目式学习在很大程度上能够提高教学质量，能为学生核心素养的培育提供最大限度的支持，在一定程度上帮助教师走出误区。初中语文教学可以通过项目式学习提高教学质量。初中语文教学中的项目式学习策略具体如下。

一、创设问题情境，有助于学生自主思考

情境模式教学法，创设问题情境是教师经常用到的教学方法，这一教学方法简单且有效，不仅能够让学生掌握所要学的知识，还能培养学生的自主思考能力，可谓一举两得。在初中的语文教学中，如何更好地应用创设问题情境，以初中语文课文《济南的冬天》教学设计为例，教师可以在教学环节的设计中，适当减少讲解的分量，而把课文中学生自己能读懂能体会的内容和问题留给学生，让学生通过自主学习理解这篇文章。学生在自学过程中遇到重点难点，教师可以对学生进行针对性地引导，帮助其理解。这也是项目式教学中要求的隐含生成问题。

以对课文情感理解为例，创设问题情境后，应在语文教学环节中加入小组合作学习，运用合作教学法强化学生的学习效果。可把学生提前分成若干小组，以小组为单位对自学过程中产生的问题进行讨论。小组讨论可以促进学生自主思考，逐渐形成轻松愉快、扎实高效的学习氛围。然后教师将讨论的结果，让学生派小组代表以演讲的方式进行呈现。教师根据学生们的回答情况从旁加以指导，以促进语文教学课堂的目标达成。教师利用自己

---

① 南芳. 项目式学习在初中语文教学中的策略研究 [J]. 科学咨询（教育科研），2022（12）：173.

的教学方式，促进学生在语文课堂中能够做到项目式学习，使学生在一个欢快的氛围中独立自主进行知识学习，提升自己的各方面能力。

二、开设互动化课堂，提高语文教学质量

初中阶段的学生尚处于心智发展阶段，学习兴趣是主要动力来源。因此语文课程不能太枯燥乏味，这样直接会影响其语文学习体验。因此，教师可以适当开设带有互动性质的课堂教学环节，与他们的年龄特征相契合。例如，在进行外貌描写的写作练习时，可以采用"你说他猜"的互动形式，让一位同学描述某人的外貌特征，班上的同学根据他的描述猜此人是谁，帮助学生了解外貌描写的方法是要抓住人物的突出特征。又如，在《背影》的教学设计中，先确定核心主题为"模仿父亲买橘子"，接着分析活动目标，创设模仿、评价的学习情境，引导学生通过阅读课文相关人物描写，模仿父亲买橘子的过程，并请其他同学以课文为依据对同学的模仿进行评价。在这些教学过程中，教师给学生下达任务，宣布规则，学生在过程中，通过自身实践收获语文能力，这正是项目式学习的魅力所在。

三、教学与生活结合，激发学生学习热情

项目式学习需要将学生与实际生活相结合，以促进学生知识与技能的全方位提升。生活本身就是一门艺术，它蕴含着许许多多的知识，其中就包括语文知识。因此，初中语文教学还要与实际生活相结合。例如，教师在设计以"我与校园"为主题的写作训练时，可以带领学生一起走出教室，用心观察校园。学生在日常生活中所见校园与以写作为目的观察校园，必然存在诸多不同，引导学生带着真挚的情感、明确的角度，更清晰更细致地进行观察，帮助学生切身感受到生活中处处都有语文素材，语文来源于生活，并在此基础之上让学生对语文产生更科学、准确、深刻的认识，纠正语文枯燥无味的错误想法，消除学习语文的抵触情绪，激发学习语文的热情。

四、开展实践活动，在实践中选语文素材

理论来源于实践，实践是检验真理的唯一标准，运用到语文中也是如此，语文学科也离不开实践活动，特别是语文素材方面，语文中的很多知识都是来源于生活的，因此要想提升语文的教学质量，就必须使语文教学深深地融入生活中。

学生的语文学习能力是在具体学习实践过程中，通过自己的所知所思所感形成的成果。因此，教师在语文教学中要注重创设实践情境，让初中学生在实践情境中认识到语文的重要性。例如，在《大自然的语言》的教学过程中，教师制定任务，开展实践活动，让

学生讲述自己接触过的大自然，与文中的大自然做比较，并找出最能产生共鸣或者最能展开想象的句子，进行充分分析与挖掘，促使学生将自己熟悉的家乡景色或物候特征、旅游过程中难忘的自然风光或自然现象等与课文进行比较，在比较中充分感受大自然的美丽和神奇，感受语文的巨大魅力，激发学生的学习积极性。

综上所述，项目式学习是教师完成教学活动的重要教学方法之一，把教学任务当作项目，把学生置于特定的教学环境与教学情境之中，让学生把学习作为一个克服项目任务的过程，激发学生的求知欲与探索欲。

第四章 整本书阅读教学策略分析

第一节 初中语文整本书阅读及其教学策略

整本书阅读的概念是指"以一部经典或一个核心人物为中心，根据学生在一定的年龄段可能达成也应该达成的语文能力或者语文素养进行有目的、有计划的阅读与研究，最后写出研究性文章（含写作、展示、评价、反思等环节）的过程"[①]。整本书阅读不同于文选型教材中的单篇短章阅读，它更强调学生的主体性、全面性、深度性和情感性，能够拓展学生的视野，积累学生的经验，陶冶学生的情操，传承优秀的文化，提升学生的核心素养。整本书阅读是新课改的趋势和要求，也是语文教学改革的重要方向。

整本书阅读是一种高层次的阅读能力，它不仅要求学生能够读懂整本书的内容，还要求学生能够对整本书进行批判性的理解和转化性的写作。为了达到这个目的，整本书阅读需要遵循以下要求：①坚持原生态阅读。原生态阅读是指读者直接对文本进行解读，厘清文章的关系脉络，把握作者的写作意图，感受文本的语言魅力，体会文本的思想情感。原生态阅读是整本书阅读的基础，它能够保证学生对整本书有一个完整和准确的认识，为后续的深入阅读奠定基础。②培养批判性理解。批判性理解是指在读的过程中产生自己的见解和思考，提出疑问并且通过查阅资料和反复阅读来解决疑惑的过程。批判性理解是整本书阅读的核心，它能够激发学生的主动性和创造性，促进学生对整本书进行多角度、多层次、多维度的分析评价，形成自己独立的思想和观点。③注重转化性写作。转化性写作是指在理解整本书的基础上，运用自己掌握的语言表达技巧和写作策略，将自己对整本书的理解和感受转化为有价值和意义的文字输出。转化性写作是整本书阅读的延伸，它能够检验学生对整本书的理解程度和深度，锻炼学生的语言表达能力和写作水平，提升学生的核心素养。

---

① 马闯. 初中语文整本书阅读教学策略研究 [J]. 国家通用语言文字教学与研究, 2023 (4): 73.

一、初中语文整本书阅读的重要意义

（一）拓宽学生的阅读视野

通过整本书阅读，学生可以接触到不同类型、不同体裁、不同风格的优秀作品，了解不同时代、不同地域、不同民族的文化背景，感受不同作者、不同人物、不同主题的思想情感，丰富学生的阅读体验和文化底蕴，这样，学生就能够突破单篇短章阅读的局限性，拓展自己的认知范围和视野，增强自己的文化自信和文化素养。例如，通过阅读《红楼梦》这部经典名著，学生就能够深入了解清代社会的风俗习惯、礼仪制度、家族制度等，欣赏曹雪芹的高超艺术技巧和深刻思想感情，体会贾宝玉、林黛玉等人物的性格特点和命运悲剧，从而提高自身的审美鉴赏能力和思辨判断能力。又如，通过阅读《小王子》这部现代名著，学生就能够跨越国界和时空，与小王子一起探索不同星球上的奇妙世界，感受作者对友情、爱情等主题的独特见解和深刻寓意，从而培养自己的想象力和创造力。因此，整本书阅读有助于拓宽学生的阅读视野，让学生在阅读中获得更多的知识、更深的理解、更广的视角和更高的境界。

（二）提升学生的阅读能力

通过整本书阅读，学生可以掌握有效的阅读方法和技巧，如预测、理解、分析、评价、创造等，运用多种阅读方式，如精读、泛读、略读等，进行深入浅出的阅读。同时，学生还可以对自己的阅读过程进行自我监控和自我评价，培养学生的自主阅读能力和习惯。这样，学生就能够提高自己的阅读效率和质量，增强自己的阅读信心和兴趣，形成自己的阅读风格和品味。

例如，通过阅读《三国演义》这部古典名著，学生就能够运用预测策略，根据故事情节和人物性格，推测接下来可能发生的事情，激发自己的阅读动机和好奇心；运用理解策略，抓住故事中的重要信息点，厘清故事的发展脉络和人物关系；运用分析策略，分辨故事中的真实历史和虚构艺术，揭示作者的创作意图和价值取向；运用评价策略，对故事中的人物行为和事件结果进行主观判断和评论，表达自己的观点和态度；运用创造策略，根据故事中的素材或灵感，进行想象和创作，如写一篇续写或改编的文章等。又如，通过阅读《哈利·波特》这部现代名著，学生就能够运用精读方式，在教师的指导下，对书中的某一章节或片段进行深入细致的阅读，把握作品的语言特点、文化内涵、思想寓意等；运用泛读方式，在同伴的交流下，对书中的某一部分或整本书进行快速概括的阅读，把握作品的主题思想、情节发展、人物塑造等；运用略读方式，在个人的选择下，对书中感兴趣或不感兴趣的部分进行跳跃式或扫描式的阅读，把握作品的大致内容或细节信息等。因此，整本书阅读有助于提升学生的阅读能力，让学生在阅读中掌握方法、提高技巧、培养习惯、形成风格。

（三）培养学生终身阅读习惯

阅读习惯是指在阅读中形成的稳定的心理倾向和行为方式，是阅读能力的重要组成部分，也是终身学习的基础。开展初中语文整本书阅读教学，有助于培养学生终身阅读习惯，具体表现在以下两方面。

第一，培养学生自主阅读的习惯。整本书阅读需要花费大量的时间，无法在课堂上由教师组织完成整本书阅读，这就需要学生能够自主地在业余时间，尽可能多地阅读书籍，完成整本书阅读的任务。教师可以通过提供课内外读物的建议、设置阅读目标和计划、开展阅读分享和交流等方式，激发学生的阅读兴趣和动机，引导学生主动选择适合自己的书籍，安排合理的阅读时间，形成自主阅读的习惯。

第二，培养学生多样化阅读的习惯。整本书阅读不仅要求学生多读书、读好书、读整本书，还要求学生掌握多种阅读方法和策略，运用不同的阅读方式和目的，进行深入浅出、广泛精深的阅读。教师可以通过介绍不同类型和风格的书籍、示范不同层次和角度的解读、组织不同形式和内容的活动等方式，拓宽学生的阅读视野和范围，提高学生的阅读效率和质量，形成多样化阅读的习惯。因此，开展初中语文整本书阅读教学，能够培养学生终身阅读习惯，让学生在阅读中享受文化熏陶、思想启迪、心灵成长。

二、初中语文整本书阅读的教学策略

（一）选择适合学生的整本书资源

教师在选择整本书资源时，要考虑学生的年龄特点、认知水平、兴趣爱好、阅读需求等因素，选择与课内教材相衔接、与学生生活相贴近、与社会现实相呼应的优秀作品。教师可以利用课内教材中的推荐名著、课后阅读等板块，引导学生阅读经典名著、现代名著、外国名著等不同类型、不同体裁、不同风格的整本书，丰富学生的阅读体验。

为了选择适合学生的整本书资源，教师应做到：①调查了解学生的阅读现状和需求，根据学生的阅读水平和喜好，提供不同难度和风格的整本书供学生选择；②关注社会热点和时代变化，引入与学生关心的话题和问题相关的整本书，激发学生的阅读兴趣和思考能力；③结合语文课程标准和核心素养的要求，选择具有文化价值和审美意义的整本书，培养学生的文化意识和审美情趣；④注重整本书阅读与单篇阅读、群文阅读的衔接和互动，形成完整的阅读体系，提高学生的综合阅读能力。

（二）设计多样化整本书阅读任务

教师在设计整本书阅读任务时，要明确阅读目标，激发阅读动机，引导阅读过程，检测阅读效果。教师可以根据不同的作品特点和教学目标，设计不同层次、不同形式和不同难度的整本书阅读任务，如预测任务、理解任务、分析任务、评价任务和创造任务等。教师还可以利用多媒体技术、网络平台等手段，为学生提供多种呈现方式和交流方式，如视频导入、图片展示、音频朗读、图文结合、思维导图、角色扮演、小组讨论、网络分享等。

为了设计多样化的整本书阅读任务，教师还应做到：①考虑整本书的结构和内容，设置合理的阅读节点和时间安排，让学生有序地完成整本书的阅读；②根据学生的认知水平和兴趣差异，提供不同选择和支持，让学生能够自主地选择适合自己的整本书阅读任务；③关注学生的阅读过程和策略运用，及时给予反馈和指导，帮助学生解决阅读中遇到的困难和问题；④鼓励学生进行多元化的表达和展示，让学生能够充分地表达自己对整本书的理解和感受，与他人进行交流和分享。

（三）注重过程性整本书阅读指导

教师在指导整本书阅读时，要关注学生的阅读过程，帮助学生掌握有效的阅读方法和技巧，培养学生的自主阅读能力和习惯。教师可以根据作品的结构和内容，分段、分层地进行导读和引导，让学生运用精读、泛读、略读等不同方式进行深入浅出地阅读。教师还可以通过提问、点拨和示范等方式，引导学生进行批判性思维和创造性思维，让学生对作品进行多角度、多层次、多维度的分析评价。

为了做好过程性的整本书阅读指导，教师应做到：①调动学生的阅读积极性，让学生主动参与整本书阅读。教师可以通过介绍作者背景、作品特色、名人推荐等方式，激发学生对整本书的阅读兴趣。教师还可以通过设置预测问题、设计情境任务等方式，激发学生对整本书的探究欲。②关注学生的阅读策略和方法，让学生有效地完成整本书阅读。教师可以通过示范、讲解和演示等方式，教授学生如何利用序言、目录等信息了解整本书的框架和结构，如何根据自己的目的和需求选择合适的阅读方式，如何运用浏览、略读和精读等方法获取关键信息，如何运用标注、摘录和记录等方法整理归纳信息。③指导学生的阅读反馈和评价，让学生深化对整本书的理解和感受。教师可以通过提供反馈表、评价表等工具，让学生对自己的阅读过程和效果进行自我检查和评价。教师还可以通过组织交流分享、展示成果等活动，让学生与他人进行沟通和互动，听取不同的观点和看法，拓展自己的视野和思路。

总而言之，整本书阅读是一种高层次的阅读能力，是培养学生终身阅读习惯和素养的重要途径。教师应根据整本书阅读教学的目标，遵循整本书阅读教学的原则，采用多样化、灵活化、个性化的教学策略，激发学生的阅读动机，引导学生深入理解和欣赏文本，培养学生的批判性思维和创造性表达能力，促进学生的综合素质和人文素养的提升。本文从整本书阅读教学的概念、要求、意义和方法入手进行了分析和探讨，旨在为相关教师提供一些参考和借鉴，也期待更多的教师做出相关的教学研究，共同提升初中阅读教学的效率和质量。

第二节　初中语文教学中的任务型阅读策略

任务型阅读是一种教学方法，即"通过'任务'落实语文阅读教学，是任务型教学法与传统语文阅读教学方法的结合"[①]。将任务型阅读教学应用在初中语文教学中，适度创新初中语文教学模式，对激发学生的阅读动机有很大帮助，能够培养其语文思维，促进其展开深度学习。在当前初中语文教学中，任务型阅读教学的应用愈发广泛。因此教师要积极探究应用方法，打造耳目一新的阅读教学活动，让学生乐学善学。

一、初中语文教学中任务型阅读的主要优势

（一）激发学生阅读动机

应用任务型阅读教学，有助于在初中语文教学中激发学生的阅读动机。阅读教学结果难达预期的很大一部分原因是学生缺乏足够的阅读动机，"阅读枯燥""阅读需要很长时间"等想法先入为主，降低了学生的阅读学习主动性。而应用任务型阅读教学，教师可以将一次语文阅读教学活动拆分成多项阅读任务，将教学总目标解构、重组为多个任务目标。这样学生对"阅读之难"的感知会降低，能够有效减少畏难情绪，增强阅读动机。此

[①] 孙爱玲. 任务型阅读教学在初中语文教学中的应用 [J]. 学周刊，2023 (15): 133-135.

外,基于"任务"的阅读教学,具有一定"闯关"色彩,学生每完成一项任务,都能获得如游戏闯关一般的成就感,这对激发其阅读动机也非常有帮助。

(二) 培养学生语文思维

初中语文任务型阅读教学,是培养学生语文思维的重要手段。在新课程改革与素质教育广泛普及的背景下,初中语文教学重在培养学生的学科核心素养,语文思维是学科核心素养的重要组成部分。任务型阅读以任务为导向,以学生为中心,倡导独立探究和自主学习,在任务型阅读教学的应用下,学生能够一改被动阅读、通过教师之口得知文章大意等语文学习状态,而是开展独立阅读,自觉思考文章内涵,这对其语文思维的形成和发展无疑是一种很好的锻炼。任务型阅读教学应用得越广泛,这种锻炼就越多,学生的语文思维就越能得到进一步发展。

(三) 促成学生深度学习

任务型阅读应用在初中语文教学中,有促成深度学习之效。当前初中语文教学以帮助学生实现深度学习为主要目的,教师不仅要在教学中让学生学到知识,更要培养学生会学习的能力和爱学习的品质。而在应用任务型阅读教学时,学生需要独立解决大部分语文阅读问题,这为培养其学习能力创造了很好的机会。在此基础上,学生能够通过自主解决问题来优化学习体验,增强学习成效,从而潜移默化地形成乐学品质,让深度学习目标更易达成。

二、初中语文教学中任务型阅读的应用路径

(一) 关注课前预习任务,提高语文课堂教学效率

在学习过程中要预先谋划。在初中语文教学中应用任务型阅读教学,教师需要关注课前预习任务,如搜索资料、预读课文、识记新词、梳理问题等。以收集资料为例,教师可以根据课文特点,向学生安排不同的"搜索资料"任务,例如,当课文为现代文时,任务以搜集作者信息、了解事件背景为主;当课文为文言文时,任务以收集作者生平、时代历史背景为主,这样就可以让学生在阅读之前,达到知人论世的境界。又如,梳理问题任务。在预读课文、了解课文基本信息的基础上,教师可以引导学生探究"课文结构为什么要这样安排""作者在某一段的用意是怎样的"等问题,使其提前明确需要在阅读中解决的困惑,分清阅读重点与难点。之后,基于学生预习的情况展开课堂教学,利用预习任务

中对课文形成的初步认识推进课堂阅读活动，从而提高课堂教学效率，促进学生阅读由"浮于表面"到"鞭辟入里"的转变。

（二）设置课堂多样任务，优化学生阅读学习过程

课堂是初中语文教学主阵地，课堂任务多样与否，是决定任务型阅读能否在初中语文教学中充分发挥优势的关键因素。教师要在初中语文课堂教学中，设置丰富多样的阅读任务，以此优化学生的阅读学习过程，使其在不同任务的衔接和促进中，取得更广泛的阅读学习收获。

1. 问题反馈的任务

基于学生在预习中的问题探究，教师在初中语文课堂任务型阅读教学中，首先可以设置问题反馈任务，鼓励学生交流预习问题。这就要求教师应树立"翻转课堂"认识，积极转换师生角色，尊重学生在阅读学习中的主体地位。教师要将学生视为课堂的主人，给予学生自由提问的权利，培养学生提问的勇气和热情。例如，在导入新课时，教师可以创设"我的预习日记"等话题情境，引导学生讨论记忆深刻的预习过程，感悟颇多的预习发现，并且可以参与到学生的讨论中，与其分享教师预习课文的过程（即备课），将在备课中遇到的难题分享出来，询问学生："你们在预习时，是否遇到这样的问题。"这样自然而然地引出"预习中的问题"等讨论话题，让学生围绕自己在预习中遇到的问题展开更多交流。学生交流越来越热烈，能够增强与教师的亲近感，从而敢于反馈问题，将在预习中梳理的问题一一道来，主动向教师寻求帮助。在此基础上，教师将问题进行分类整合，找准教学重点和难点，从而有针对性、有侧重地为学生后续的任务型阅读活动提供指导，使教学取得更好的效果。

2. 自主阅读的任务

在明确课堂需要解决的问题后，教师可以为学生设置自主阅读任务，以学生的问题为载体，带动其自主学习。这要求教师对学生提出明确的自主阅读要求，并在不影响课堂秩序和教学进度的前提下，最大限度地减少对学生课堂自主阅读的干涉和约束。在这一过程中，教师要给予学生必要的阅读提示和辅助学习资源，防止学生陷入与预习阶段相似的阅读困境。例如，"情景再现"提示，教师可以通过互联网搜索与课文描述的场景相近的图片、动画或视频，将其通过多媒体进行展示，让学生实现"融文于景"式的自主阅读，在大胆想象和直接观察的结合下理解课文内容，说一说获得了哪些预习时没注意到的阅读收获。又如，"微课"辅助学习资源，教师可以根据以往教学经验预判学生可能存在的问题，

坚持"具体问题具体分析"的原则，针对"学生可能存在的问题"制作不同的微课视频，进而在基于学生不同问题推进课堂自主阅读任务时，出示不同微课，让学生在微课的支持下降低自主阅读难度，消除预习中的困惑，保障其自主阅读的有效性，从而为后续的任务型阅读教学奠定基础。

3. 协作探究的任务

一些初中语文阅读难题需要学生合作解决，如学习作者的写作艺术、表现手法，找出课文立意，理解作者的情感态度和价值观等。由这些难题生成的阅读学习任务，具有一定的综合性和复杂性，学生如果独立探究，极易忽略一些关键信息，造成对任务的片面理解。因此，教师在应用任务型阅读教学时，可以设置协作探究任务，让学生分组协作，合力探究综合性、复杂性学习任务，尝试在协作中解决阅读难题。以"找出课文立意"为例，教师可以在学生完成自主阅读任务后，询问学生"如果现在让你评价这篇课文，你认为它的立意是什么？好在哪里"，而引出学生的不同观点。随后，教师总结学生的观点，提出建议"看来对于课文的立意，同学们的观点不是十分一致。接下来与你周围的同学讨论一下吧，看看课文的立意到底是怎样的"，引导学生自由进行小组讨论，协作探究课文深层立意。学生以小组为单位展开讨论，先在小组中统一观点，然后在小组交流中分别说明立场，说服他人或完善本组与个人的观点，这样就有效规避了课堂集体讨论的混乱现象，能够快速突破阅读难题。

4. 解决问题的任务

问题是促进思考和阅读理解的关键，想要让学生在初中语文阅读中持续思考课文内容和情感，必须不断提出问题，使其产生"解决问题"的积极性。因此，在课堂自主阅读、协作探究以及其他教学环节，教师都可以渗透解决问题任务。而在设置问题时，教师不仅要聚焦课文本身，还要关注学生状态。

以初中语文经典课文《三峡》为例，为使学生达成深度学习，在学生自主提问、自主阅读、协作探究的基础上，教师可以聚焦课文中"自三峡七百里中，两岸连山，略无阙处。重岩叠嶂，隐天蔽日，自非亭午夜分，不见曦月"等内容，设置"三峡的山有哪些特点？找出相关语句进行简单概括""三峡的水在不同季节各有怎样的特点？课文中的哪些语句把它们写了出来"等问题。每一个问题对应着一个任务，学生要想圆满完成任务，既可以独立思考问题，也可以围绕问题进行合作探究和交流。同时，教师要关注学生在自主学习和合作探究中的表现，及时走近学生，了解学生的"新疑惑"，针对这些"新疑惑"设置集体讨论问题，生成以"集思广益"为主要完成形式的解决问题任务。这样，当越来越多的阅读问题得到解决时，学生定然越来越靠近深度学习的目标。

5. 趣味拓展的任务

在初中语文课堂应用任务型阅读教学时，教师不可忽略趣味拓展任务。吟诵、辩论、个人演讲、比较阅读等富有趣味的拓展学习任务，可以让学生更好地感受初中语文阅读乐趣，使课堂教学余味无穷，不仅可以在一定程度上提高课堂教学质量，还能改善学生的初中语文任务型阅读态度。教师可以根据课堂阅读需要和教学时间安排，合理设置任务内容。例如，吟诵任务，教师可以在诗词阅读教学中设置该任务，让学生在默读课文的基础上，模仿古人吟诵诗词，在吟诵中感受、理解诗词独特的韵律美，使学生增加对中华民族古诗词的喜爱之情。再如比较阅读任务，教师可以在人文主题明确的阅读教学中，整理一些课外同主题阅读资料，指导学生进行对比阅读，使其借助表格等工具，总结阅读对象、写作结构、艺术手法等方面的差异，讨论"如何通过不同方式表现相同的主题和情感"，使学生在对课文的对比学习中，进一步深化阅读感悟，增强对中华民族语言文字的魅力的感知。

（三）重视课后复习任务，提升学生阅读教学效果

课后学习活动为巩固课堂活动而存在，具有加深知识记忆、促进情感内化等作用，是扩大课堂教学效果的关键一步。初中语文阅读教学要想取得良好效果，必须重视课后学习活动。基于此，在应用任务型阅读教学时，教师必须重视课后复习任务。

1. 巩固课堂为核心

教师应以巩固课堂为核心设置课后复习任务，发挥好课后学习活动的巩固、强化作用，帮助学生查缺补漏，完善学习框架。作业是一个很好的选择。例如，读后感作业、思维导图作业等。教师可以鼓励学生在读后感中写下阅读收获，包括"读到了哪些信息""学到了哪些知识""体会到了哪种情感""这次阅读让我建立了怎样的目标（理想/信念）"等；也可以让学生借助思维导图将课文相关信息整理出来，在结构化的思维导图中归纳写作结构、艺术手法、立意与情感态度等重要信息。学生在不同形式的作业任务驱使下进行自主复习，能够始终保持积极的学习情绪，有助于其巩固课堂学习成果，取得更好的阅读效果。

2. 鼓励开放性学习

教师可以鼓励学生在课后进行开放性的语文学习，向学生提供开放性任务。学生的语文思维和学习能力，可以在开放性学习活动得到更进一步的发展。新课程改革要求初中语

文教学加强对学生在课后的开放性语文实践的重视，认为开放性实践活动具有培养学生语文综合品质的特殊作用。因此，开放性任务应如何设置，教师可以将"让学生自由表达"视为重要思路。例如，半命题习作任务，教师可以利用"半命题"的开放性，增强学生课后习作的积极性，围绕课文主题进行写作，写一篇与课文立意相同、作者情感态度与价值观相似，但内容和语言截然不同的作文。又如，人物（事件）评价任务，教师可以让学生在课后继续收集资料，对课文中的人物和事件作出评价，在"人物小传"或"时评"部分写下自己的感想。由于评价人物和事件的角度与作者存在一定差异，学生能够对课文形成新的理解，阅读收获自然得以增加。在评价过程中，学生还可以辩证、客观地看待人物和事件，提升思维水平。

综上所述，在初中语文教学中应用任务型阅读教学，有着深刻的、积极的意义。初中语文教师要积极探索任务型阅读应用策略，将其与初中文教学紧密结合起来，充分发挥其优势，全面调动学生的主观能动性，使学生在深度学习中持续发展语文思维。教师要培养学生的任务型阅读习惯，增强学生对任务型阅读的认同感，从而保障任务型阅读的教学效果。

第三节 基于任务驱动的初中语文整本书阅读教学策略

在语文教学中的"任务"即"为教师设计的教学任务，学生在实施任务的过程中习得知识，锻炼自身的语言表达能力，提升综合素质。基于任务的教学，也可称为任务驱动教学法，简称任务驱动"[①]。基于任务驱动的初中语文整本书阅读教学更加重视培养学生在小组合作过程中的合作与探究精神，为下一学段的阅读学习奠定坚实的基础。

一、基于任务驱动的初中语文整本书阅读教学流程设计

基于任务驱动的初中语文整本书阅读教学研究是一个完整的过程，应在不同的阅读阶段设计阅读课型。通过课堂观察明确初中语文整本书阅读教学应分为三个驱动过程，分别是阅读指导课、推进课、展示课。三个学习阶段循序渐进，形成一个完整的整本书阅读驱动过程。在阅读指导课中，教师设计的任务驱动应主要趋向于带领学生初步了解整本书，明确阅读规划。在阅读推进课中，教师设计的任务驱动应主要趋向于带领学生精读分析该

---

① 李姝. 基于任务驱动的初中语文整本书阅读教学策略研究 [D]. 长春：长春师范大学，2021：3.

书最精彩的部分,在驱动过程中使学生掌握阅读知识,学会阅读方法。在阅读展示课中,主要通过学生在合作探究中完成展示性的阅读任务,锻炼学生的语言表达能力,在驱动过程中培养学生的高阶思维,完善自主建构。三个阅读教学阶段缺一不可,因此教师应合理设计每一阶段的阅读任务,驱动学生提高阅读素养。

(一) 通过阅读指导课,明确阅读规划

在阅读指导课中,教师设计的阅读任务应主要为介绍作者以及作品的创作背景等,促使学生在实施任务的过程中厘清整本书中的逻辑关系,明确阅读规划。在阅读指导课中,教师设计的阅读任务要富有创新性,足够吸引学生的课堂注意力,进而驱动阅读任务的完成,达到激发学生阅读兴趣的目标。整本书的文体不同,阅读方法也不同。在阅读指导课中,教师要教会学生阅读该类书籍的方法,不断培养学生的文体意识,提高学生的阅读能力。要注重激发学生的阅读兴趣,不断激发学生的内在动机,联系学生以往的阅读经验,强化学生的阅读意愿,不断扩展学生的阅读知识,使学生有着清晰的阅读规划。

以《朝花夕拾》的阅读指导课为例,在该课中,阅读任务设计的重点要在使学生了解作者、写作背景以及相关文学常识,为学生通读全书提供必要阅读基础,同时使学生学习并运用预读、跳读、精读等方法阅读相关篇章。本节课的教学目标为:①使学生了解《朝花夕拾》的作者、写作背景以及相关文学常识,为通读全书提供必要阅读基础;②使学生学习并运用预读、跳读、精读等方法阅读相关篇章。在以上的教学目标指引下,教师使用"激趣导入法、自主探究法、讲授法"来指导学生进行阅读。学生通过小组讨论,明确了整本书的概况与相关的文学常识,同时教师指引学生进行预读,教会学生在通读全书之前,可以通过阅读书名、小引、目录等获取相关信息,了解全书大致内容,为接下来的通读打下基础。同时通过《狗·猫·鼠》这篇文章,为学生介绍跳读的作用,使学生掌握这种跳跃式的读书方法,即抓住书的主要内容进行阅读,重点掌握各个段落的观点,提高阅读的效率。通过《从百草园到三味书屋》这篇文章使学生学会精读,让学生勾画出作者的所见、所闻、所做、所感,使用圈点批注法进行辅助阅读,在完成此项阅读任务的过程中使学生品味鲁迅先生的童真,享受鲁迅先生带来的那份天真烂漫的感情,引导学生热爱自然,向往自由。

在本节课中,教师需要贴合学情,设计合理的阅读教学任务,讲解清晰准确,使学生完成阅读教学的目标,掌握基本的文学常识,学会散文集的相关阅读方法,明确阅读规划,使学生的阅读能力有所提升。在本堂课中,教师还要抓住学生的注意力,通过合理的阅读任务,驱动学生了解相关的阅读知识,提高阅读综合能力,因此,整本书阅读指导课

不可替代，起到引领学生阅读，教会学生阅读方法的作用。教师应注重每种课型的独特作用，驱动学生在不同阅读阶段合理地提升阅读能力。

（二）凭借阅读推进课，学会阅读方法

在阅读推进课中，教师对于整本书的任务设计应提升深度与广度，重在深层次地理解整本书的内容，使学生学会阅读的方法。教师需要抓住整本书中最具特色的部分进行精读与分析，有助于学生理解文章内容，感受作者情感的升华。在阅读推进课阶段，教师设计的阅读任务可以趋向于设计与此相关的创意性任务，或是阐发文章的主题，二者对于使学生学会阅读的方法、提高学生的阅读鉴赏能力具有重要作用。

在阅读推进课中，富有创意性的阅读任务可以活跃课堂气氛，提高学生的课堂参与度。在任务驱动下的初中语文整本书阅读教学，任务的形式多种多样，如教学方式的创意、媒介的创意、成果创意等。教师在带领学生研读具有创意性的任务时，可以营造独特的阅读氛围，创设出阅读作品的现场感，使学生通过现代化的方式更加亲近经典的名著。通过有创意并且富有挑战性与趣味性的阅读任务，使学生在实践中热爱经典名著，引导学生进行深度阅读。这种通过研读丰富多彩的任务来进行阅读的教学方式，一方面加深学生对于原著的理解；另一方面激发与培养学生的创新精神。

实施富有创意性的阅读任务，需要确保学生能够较好地理解原作本身，才能更好地完成阅读任务，这种阅读任务是较高阶段的阅读活动方式，实施的同时教师也要注意课堂节奏的把控，使学生充分理解著作，对文章有更深层次的感悟，在整个过程中驱动阅读实践课的进行。例如，在进行《西游记》整本书阅读教学时为达到教学效果，可以通过媒介创意的方式，以影视作品引路，激发学生探究原著的好奇心，在课堂中利用影视作品激发学生的阅读兴趣，打破传统的单一纸质媒介的阅读方式，运用现代的阅读方式使得学生有身临其境之感。学生在沉浸式的课堂中创造性地理解名著，在合作与探究中都积极发言，表达自己的见解。通过创意性的阅读任务驱动学生对于整本书的理解，完善自主建构。

在基于任务驱动的初中语文整本书阅读教学的推进课中进行深层赏析的任务时，主题阐发是整本书阅读的重要方式。在整本书阅读教学中的主题阐发，就是围绕整本书中的某一个主线，从特有的角度解读整本书中的相关内容。通过主题阐发式的阅读，教师可以有深度地开展阅读活动，实现高层次的批判阅读目标。使学生在已有阅读经验的基础上，结合新的主题内容，完善自主知识体系的建构。关于整本书主题的确定，是多种多样的，不同的读者有不同的见解。主题的确定一般有两条路径，可以采用约定俗成的主题，也可以教师与学生自己确定一个主题。在任务驱动下的整本书阅读教学更倾向于教师与学生在合

作与交流中突破既有的主题限制,在此基础上产生自己的见解。因学生的人生阅历有限,因此需要教师进行适当的引导,并鼓励学生进行独立的思考。通过研究教师设计的任务,对主题进行不断的探索与分析,达到深度的阅读赏析。

总而言之,在基于任务驱动的初中语文整本书阅读教学的推进课中,通过设计具有创意性的阅读任务,以及围绕主题阐发进行阅读任务的设计,均要在学生已有经验的基础上,通过小组合作探究,使学生在合作探究中,深入理解名著,使学生逐渐学会阅读方法。

(三) 借助阅读展示课,增强自我效能感

在阅读展示课中,教师对于阅读任务的设计主要趋向于学生展示阅读成果,增强学生的自我效能感,注重学生思辨能力与鉴赏能力的培养。在阅读展示课中,读写结合是重要的活动方式,教师设计的阅读任务应以读促写,读写结合。

在读写结合的驱动方式中,通常需要学生对书籍进行评点批注,或者撰写读书笔记与随笔写作。在评点与批注中,教师应教会学生如何进行批注式阅读,在进行自读书籍的同时,批注出自己有疑惑或者感悟较深的句子,并在一旁写出自己的感受与分析,也可以标注出描写手法特殊的句子进行积累,以上的评点与批注的内容,学生可以在课上与同学分享,即提高了自身的分析鉴赏能力,也提高了语言表达与思辨阅读能力。

学生通过在阅读的过程中撰写读书笔记,不仅记录了自身的阅读想法,也可以记录在课堂中的阅读收获,丰富自身的阅读知识。教师可以在阅读展示课中将完成情况较好的读书笔记或者随笔写作进行展示,并分析好在哪里,号召学生学习优秀读书笔记的表述方法与描写手法,同时激励学生的学习积极性,增强自我效能感,也使其他同学习得了阅读与写作知识。例如,在《朝花夕拾》的阅读展示课中,主要的目标指向为让学生展示对书中人物的理解,同时探讨《朝花夕拾》的写作手法。在读写结合的基础上,可以通过改编为电影脚本、为人物写颁奖词等语文活动展示读者对于书中人物的理解。通过绘制思维导图,探讨《朝花夕拾》的写作手法。通过设置基于读写结合的阅读任务,使学生达到以上的阅读教学目标。学生在展示的过程中,组织其他同学进行评价,并谈谈感想,学生在这个过程中分小组发言、点评、补充。通过读写结合的方式,由浅入深,层次感强,符合学生的认知特点,活动的设计贴合学情,激发学生的自我效能感,整堂课具有一定的文学性和趣味性,体现学生对人物对文本的理解,实现了一定程度的再创造。引导学生通过思维导图的方式了解整本书的写作手法,在读写结合中达到了提纲挈领的作用。

整堂课由学生自主品鉴书中人物,由学生表演,并由学生来评价,课堂气氛活跃,学

生参与度高。学生通过在整堂课的收获的阅读知识以及在阅读过程中的批注与感悟,谈谈自身的所思所想,充分锻炼了学生的阅读思辨能力。不同的学生在不同的阶段阅读同一本书总会产生不同的阅读感受,在完成阅读展示的过程中有一个常读常新的过程,学生要在原有基础上多读多思,使学生明确阅读是有更多的收获。

需要注意的是,整个阅读过程中也离不开学生自身对于文本的批注与感悟的记录,以便在课堂中交流阅读感悟,这种读写结合的阅读方式驱动了阅读展示课的完成,提高了学生的阅读综合能力,增强了学生的自我效能感,充分体现了读写结合在驱动整本书阅读展示课中的重要作用。

二、基于任务驱动的初中语文整本书阅读教学实施策略

(一)设计任务单,明确语文阅读任务

在基于任务驱动的初中语文整本书阅读教学过程中,要以任务为中心设计阅读任务单。考虑到不同学生的阅读基础不同,教师在设计阅读任务时要充分考虑学情,不同基础的学生选择自身可以完成的阅读任务,不断激发学生阅读的内部动机。在设计阅读任务单时,教师要注重学生在阅读过程中所产生的感悟,首先明确阅读的时间规划;其次对每一部分的阅读重点予以提示,设计不同难度的阅读任务,为学生掌握作品难点提供线索,给予学生一定的上升空间,并且让学生写下自己对整本书的感悟与理解;最后明确重点能力指向,使学生学会阅读的方法,明确阅读规划。

值得注意的是,不同基础的学生,在阅读整本书时的速度以及效果都不尽相同,要对学生实施表现性评价,激发学生的阅读兴趣,鼓励不同基础的学生之间互相挑战,在丰富合理的任务驱动中,激发学生的内在学习动力,不同程度上提升阅读能力。具体而言,设计任务单,明确语文阅读任务需要注意以下方面。

1. 依据不同阅读阶段,明确任务的指向性

指向性是指教师所设计的阅读任务应有明确的目的性,针对相应的教学目标进行有指向性的阅读任务设计。教师在整本书阅读教学中,每个阶段都应明确阅读任务设计的指向性。在整本书阅读教学的前期,教师的阅读任务指向性应旨在激发学生的阅读兴趣,使学生明确阅读规划,对整本书的内容进行初步的精读与梳理,此时基础知识性的阅读任务居多,例如,可以围绕整本书的主题指向进行一系列的阅读任务设计。在整本书阅读教学的中期,教师的阅读任务指向性应旨在带领学生在精读的基础上进行跳读与分析,使学生了解该书最具特色的部分,加强学生的文体意识,此时基础知识性与活动探究性的阅读任务

均可涉及。

在整本书阅读教学的后期，教师的阅读任务指向性应旨在培养学生的阅读鉴赏能力以及提高学生的思辨能力，培养学生的高阶思维，此时的阅读任务多为活动探究性。因此教师在不同的阅读教学阶段应设计指向性明确的阅读任务，重在提高学生的阅读综合能力。

2. 强调不同体裁差异，加强任务文体意识

对于阅读任务的设计，由于整本书类型的差异，要依据不同的体裁类型，区分细化阅读任务，使学生在已有经验的基础上加强文体意识。关于整本书的类型主要分为三类，分别是文学作品、学术性论著和文集。一般而言，初中必读的名著类型包括：散文集、小说、纪实文学、科普作品、书信集、现代诗。不同类型的整本书都有其独特之处，教师要考虑每部作品最突出的写作特色以及教材编者意图，使学生体会整本书的艺术特色以及作者的表达手法，学会这一类书籍的阅读方法，提升阅读的效率。

在初中语文中，通过散文集类整本书阅读，可以《朝花夕拾》为例，使学生学会查阅文献；通过小说类整本书阅读，可以《骆驼祥子》为例，学会圈点批注。在摘抄与做笔记中学会鉴赏文章，提高学生的阅读鉴赏能力与思维能力。通过纪实文学类整本书阅读，可以《红星照耀中国》为例，在阅读时学会抓序言、目录，梳理整本书中的前因后果以及发展线索，把握相关事实，了解作者意图。通过科普作品类整本书阅读，可以《昆虫记》为例，在阅读时的策略主要是抓前言、后记、附录中的作家介绍，了解其生平事迹、科学成就，借助工具书查阅专业术语、概念。通过书信集的整本书阅读，可以《傅雷家书》为例，主要学会了选择性阅读。关于书信集的阅读，学生主要进行兴趣的选择、问题的选择、目的的选择以及方法的选择。通过现代诗的整本书阅读，可以《艾青诗选》为例，主要学会了如何读书。关于诗歌的阅读与鉴赏，教师的任务设计主要在于关注形式，在品味诗歌语言的过程中把握意象，体味作者的情感。

（二）利用线上板块，丰富阅读的资源

在基于任务驱动的初中语文整本书阅读教学中，教师应充分借助线上板块，丰富学生的阅读资源，督促学生完成阅读任务。教师可以通过微信群等社交软件，督促学生进行每日的阅读任务打卡，有利于教师随时关注学生动态，为线下的整本书阅读教学提供助力作用。例如，微信公众号智慧熊知课，教师可以在此平台上设置不同阶段的阅读任务，学生在家长的督促下合理使用电子设备，进行阅读任务的打卡。以及类似于"三余阅读"的读书软件，通过群组阅读的方式，使学生在教师的带领下完成有关阅读任务的讨论。学生可以通过完成概念图、结构图、证据链等方式完成教师设置的阅读任务，并附有作品墙，

鼓励学生表达自身的阅读见解，积极完成阅读任务。区别于传统的读书任务卡，学生用新颖的方式完成阅读任务，有助于激发学生的阅读主动性，也提高了教师的审批效率，暂时摆脱了传统试卷的束缚。

在基于任务驱动的初中语文整本书阅读教学中，教师可以合理借助线上板块的资源。一旦因为特殊原因无法进行整本书阅读的研读，教师可以为学生推荐线上名师名家的整本书阅读推进课，组织学生在课后自行观看，并写下听课后的收获。以《西游记》为例，在线上名师专家的课程中，教师可以从走进作品到进行人物赏析，分别了解《西游记》的故事背景与文学发展，研读孙悟空的心路历程。并且会分析该本书的艺术手法，使学生明确如何塑造精彩的人物形象。通过进行名段赏析，使学生感受到独家戏剧体验。在跟随名家的讲解过程中，学生可以扩充知识储备，扩展自身的阅读视野。

线上整本书阅读课可以为学生推荐相关联的阅读书目，以及展示讲师自身的授课参考资料等，学生在听课结束后，也可以阅读相关联的书目对整本书进行进一步的理解与探究。在进行扩展阅读的过程中，学生丰富了自身的阅读资源。总而言之，合理利用线上板块的阅读资源，受益的不仅有学生，同时对于提高教师的授课能力也有重要的作用。

另外，教师在进行线下的整本书阅读备课的同时，要广泛查阅资料，通过借助线上板块的资源，丰富教师自身的阅读视野。当前，各大教育平台举办了许多线上研学活动，教师在听名家教学思路的过程中，不断丰富自身的讲课技巧，根据学情采纳名师的教学建议。针对当前基于任务驱动的初中语文整本书阅读教学中存在的问题，线上板块的阅读资源对于教师与学生而言都至关重要。对于教师而言，关注线上板块的阅读资源可以扩大教师的备课视野，对于提高自身的授课深度与广度具有重要作用。对于学生而言，关注线上板块的阅读资源可以督促学生更好的阅读整本书，激发学生阅读整本书的兴趣，丰富阅读资源。

（三）选择阅读方法，提高课堂的时效

在基于任务驱动的初中语文整本书阅读教学中，教师应选择合适的阅读方法，提高课堂时效。在设计阅读任务时，应注重提升阅读任务的深度与广度，重在深层次地理解整本书的内容。教师要基于任务驱动，设计趋向于细读策略、文体策略与专题导读策略的阅读任务，将整本书阅读与单篇阅读进行区分，在驱动的过程中使学生学会阅读方法。

1. 通过家校合力，激发学生阅读动机

在基于任务驱动的初中语文整本书阅读教学中，可以通过家校合力，激发学生的阅读动机。通过学校与家长的共同努力，使学生养成每天都读书的好习惯，为正式的整本书阅

读授课奠定坚实的基础。家长要为学生建构良好的阅读氛围，如减少使用电子设备的时间，陪孩子一起进行阅读任务的完成，激发学生内部阅读动机，培养学生阅读习惯。同时学校应为学生安排相应的阅读指导课，以及定期的阅读任务检验，例如，要求家长在每日的阅读任务单上签字，并且在平日的语文检测中体现阅读任务单上的问题，监督学生进行阅读，从外部的督促中激发学生的阅读动机。学生在前期看书时教师干预少，对整本书的看法丰富多彩，需要与不同于自己的想法进行交流碰撞，因此前期的阅读指导课，对于激发学生的阅读动机以及思维活力就显得极其重要。

例如，《海底两万里》在进行赏读方法指导课前，授课教师可以在学生活动安排中明确第一阶段自主阅读需要学生利用寒假时间提前阅读全书，开学对书本内容进行检测。要使学生充分理解著作的内容并进行督促检验，为接下来的阅读活动打好基础。

对于前期的阅读准备，不仅需要学生进行阅读，教师同样需要进行整本书的研读，可以借助寒暑假的时间，对整本书进行研读，不仅要阅读原著，还需要研究相关的文本解读与文献阅读，写下读书心得，加深对于整本书的理解深度。有了丰富的知识储备，才可以为学生做更加深入的文本指导。同时教师要在课件上准备相应的影视剧片段，设计好相关的研讨任务，督促学生阅读全书，对学生的阅读情况有所了解，因此做到教学时有针对性，为学生的学习奠定基础。

2. 借助细读策略，把握全书阅读精髓

整本书阅读必须让学生直接与语言文字做最本色的接触，让学生通过言语表达把握全书的精髓。基于任务驱动的初中语文整本书阅读教学，可以细读文本，使学生掌握整本书中的语言形式等，教给学生阅读的方法。在整本书阅读教学的过程中，要使学生围绕阅读任务，培养学生通读全书的能力，掌握该类型书籍的文本言语形式，例如，整本书中的修辞语言、句式段落、词汇特征、字音字义等。传统的整本书阅读教学只注重完成情感态度与价值观的教学目标，注重作者情感的熏陶与学生价值观的形成，往往忽视了细读文本，忽视了整本书中具有特色的语言形式。学生所感受到的思想与情感得不到具体的落实，在文本细读的过程中，字词句等基本的语言形式中，往往蕴藏着整本书中作者的丰富情感，应将整本书的情感与语言形式相融合进行阅读任务的设计，将学生习得的思想情感通过语言形式进行扎实地落实。在基于任务驱动的文本细读过程中，培养学生精读书籍的能力，使学生学会阅读的方法。

例如，教师在《朝花夕拾》的整体构思与作者成长轨迹的探究中，重在让学生梳理各篇目的顺序，了解作者的成长轨迹。教师在课堂上设计阅读任务：晒读书卡片。在完成这项阅读任务的过程中，学生在阅读整本书的过程中进行文本细读，了解每一章中的主要人物与主要事件，在展示读书卡片的过程中，分析主要事件的原由，有助于学生赏析主要段落的主要语言表达形式，使得学生在概括总结的过程中，分析原文，感受作者所要表达的思想情感，做到二者相结合，使学生学会阅读书籍的方法。

3. 通过文体策略，掌握书籍阅读规律

在语文教学中，"文体感"甚至比"语感"更重要。在基于任务驱动的初中语文整本书阅读教学中，教师在设计阅读任务时应有足够的文体意识，注意到不同文体之间的差异，培养学生的文体思维，使学生逐渐掌握阅读整本书的规律。在整本书阅读教学中，教师应不断创造条件，使学生围绕阅读任务，借助已有经验，强化自身的文体意识，掌握阅读的规律，建构阅读经验。

一般初中语文教材中共有散文集类、小说类、纪实文学类、科普作品类、书信集与现代诗六种文体的书籍，通过设计不同文体的整本书阅读任务，以此使学生在已有经验的基础上学会不同文体的阅读方法，为下一阶段的整本书阅读奠定坚实的基础。以《朝花夕拾》这类经典书籍为例，语文教材中倡导学生阅读经典，在阅读该书的过程中寻找自身童年的影子，思考人生问题，进行文化积累，消除与经典之间的隔膜。对于该经典散文集的阅读，教师在设计阅读任务时要结合现实生活，使学生在检索大量资料的基础上，思考各种社会问题，并鼓励学生进行经典的阅读，提升学生的阅读鉴赏能力。

例如，在《朝花夕拾》的整体构思与作者成长轨迹的探究中，让学生探究作者成功的因素。通过老师与同学的共同讨论，明确作者的成长对学生的启示，进而引导学生思考，作者的成长经历对学生自身的人生规划有何启示。学生在回答问题的过程中，一般会运用到检索的大量课外资料，结合整本书中的内容进行分析阐述。在阅读经典作品的过程中，与现实相联系，使得作者传达出的人生启示对现当代的学生给予启迪与鼓励，进而掌握此类散文集的阅读规律，使学生学会阅读的方法。

4. 凭借专题策略，学生进行深度阅读

为指导学生顺利开展整本书阅读，教师需要研究学生在阅读过程中遇到的实际困难，在此基础上再从全书结构、思想内容、表达方式等方面分门别类地列举专题加以指导。专题学习是对整本书中最关键的内容以及学生最想探讨的部分进行研讨，有利于学生进行整本书的深度学习，提高学生的阅读鉴赏能力，达到对整本书的深入理解。例如，将整本书中的叙述结构、语言表达、作品特色等作为专题进行研究，使得学生充分理解整本书中的人物情节关系以及作品结构、语言的复杂性与真实性，在赏析作品特色的过程中使学生欣赏到整本书中独特的韵味，提高学生的语文素养。

（四）读写结合一体化，培养高阶思维

在基于任务驱的初中语文整本书阅读教学中，读写结合是重要的活动方式。教师在设计阅读任务时要将读与写相结合，通过读写结合一体化，培养学生的高阶思维。

1. 随笔写作

在基于任务驱动的初中语文整本书阅读教学中，学生往往在课堂的研讨中得出自己独特的想法，或者在聆听别人表达想法时有自己独到的见解，此时学生可以用随笔写作的方式进行记录，还可以记录自己在阅读过程中的思考与感悟，以及学生之间围绕特定阅读任务所展开的深度研究等。

在随笔写作中，教师与学生之间的反馈与评价十分重要，教师要不断地督促学生进行随笔写作的撰写，使整本书阅读教学持续有效地进行。教师需要鼓励学生始终进行随笔写作，对学生的随笔写作进行过程性评价，也可以学生之间互相点评。激发学生认真撰写随笔写作，鼓励学生表达自身的独特见解，促进学生的思维发展。

例如，在《海底两万里》整本书阅读教学中，倡导学生在阅读后撰写航海日记。鼓励学生展开想象进行随笔写作，使学生摆脱束缚，开拓思维，享受阅读的乐趣。与同学分享自己的航海日记加深了学生对于名著的理解与思考，培养了学生的高阶思维。

在基于任务驱动的初中语文整本书阅读教学的过程中，教师通过让学生展示评点批注、交流读书笔记以及评价随笔写作等阅读任务，将写作与阅读相结合，提高学生的审美鉴赏能力，使学生深入理解名著，在读写结合中培养学生的高阶思维。

2. 读书笔记

读书笔记是阅读整本书的一个很好的习惯，学生在阅读的同时记录下自己的感悟，对于完成的阅读来说是必不可少的，学生可以通过读书笔记形成阅读整本书的能力。教师在开展整本书阅读教学前也应批阅与浏览学生的读书笔记，了解学生对于整本书的阅读理解概况，给出教师的反馈意见，概括总结出学生在阅读过程中存在的问题。在基于任务驱动的初中语文整本书阅读教学的评价课中，教师可以选择比较优秀的几篇读书笔记，在班级中进行阅读展示评价，学生向优秀的读书笔记借鉴写作方式，同时对已有的读书笔记进行改进，学会写作技巧的同时，又加深了对于整本书的理解。鼓励不同基础的学生进行读书笔记的撰写，可以提高学生的思辨写作能力，培养学生的高阶思维。学生在记录自身阅读感悟的同时，通过教师设计的阅读任务，学生之间也互相借鉴与交流，加深对于整本书的感悟与理解。

例如，在《海底两万里》整本书阅读教学中，主张学生来赏析各自喜欢的章节，并积极分享阅读感受，即教师鼓励学生之间互相分享读书笔记，学生在相互交流与展示中，各抒己见，这样充分尊重了学生的主体性，勾起了学生的阅读记忆，激发了学生重新读一遍的浓厚阅读兴趣，使学生将粗读与精读结合起来，使学生对名著有更深的印象和思考，体会阅读带来的快乐，提升学生的高阶思维。同时也可以鼓励学生将读书笔记以多样化的方式进行分享展示，例如绘画手抄报等方法，都会激发起学生对于整本书阅读的兴趣，有助于培养学生的思维鉴赏能力。

3. 批注式阅读

评点批注读书法就是阅读时在文中空白处通过批语的方式对文本内容加注解阐释。在整本书阅读教学中，评点批注法对于初中生来说具有较大的难度，因此多数教师仅要求学生在阅读的过程中进行批注，即批注式阅读。学生进行批注式阅读，对于记忆与理解整本书而言，这是一种行之有效的策略。通过批注式阅读，学生学会了表达自己的独特看法，标记出在阅读过程中遇到的不懂的词语、成语等，进行新知识的输入。批注式阅读对于整本书阅读教学具有重要的作用，在基于任务驱动的初中语文整本书阅读教学中，学生可以通过批注式阅读的方法完成阅读任务。教师给学生展示见解的机会，学生之间互相交流彼此在阅读中遇到的困难，互相聆听彼此对于一个精彩片段的理解。通过小组间的取长补短，学生之间互相评分，看看谁对于整本书的理解更加透彻，激发学生的求知欲以及内在的学习驱动力。学生在互相评价的过程中活跃思维，提升阅读鉴赏能力，有利于提升学生的高阶思维。

例如，在《海底两万里》的授课过程中，让学生"生读目录，圈画，交流"。教师鼓励学生在读一本书之前进行批注式阅读，课上对学生的批注结果进行检验，鼓励学生进行交流，此时学生各抒己见，将整本书中的海洋生物详细地列举了出来，并层层递进鼓励学生继续在评点与圈画中寻找线索，最后圈画出了书中所出现的全部海域，激发了学生的求知欲，同时教会了学生一种阅读的方法，促进学生的思维发展。

（五）验收阅读任务单，检验阅读效果

在基于任务驱动的初中语文整本书阅读教学的过程中，教师应对学生完成阅读任务单的情况定期进行验收，及时检验阅读效果。通过验收阅读任务单，体现出教、学、评的一致性，了解自身教学需要改进的地方，并弥补阅读任务单设计的不足之处，以便更好地改进整本书阅读教学。同时了解学生的知识掌握情况，明确学生在整本书阅读中的收获与感悟，建构阅读学习共同体。

1. 借助阶段性验收，积极改进任务设计

教师通过对学生完成任务的情况进行阶段性验收，明确学生的阅读知识掌握程度以及不同学生所存在的进步空间，以便教师及时改进任务设计。例如，以周考的形式考查学生阅读任务的完成情况，或者每周都检查学生的阅读任务单等。根据阶段性验收的结果，教师改进阅读任务单的设计，对存在问题的部分进行及时的修改。以学生在完成任务过程中的表现与实施情况为依据，明确教师在具体环节的改进要科学合理，符合学生的身心发展规律。

通过阶段性验收，教师总结出在教学过程中存在的不足，进行教学设计的改进，总结出教学时存在的漏洞，例如，教学环节的时间分配不合理、提问的设计难度过大、没有考虑学生的动态学情等。对于不同教龄的老师而言，存在的问题不尽相同。教师要充分反思自己在整本书阅读教学中存在的问题，改进阅读任务单，以及改善自己的教学设计，力求在整本书阅读教学中为学生提供良好的学习环境与科学合理的任务设计。教师在合理改进任务设计后，可以更好地安排教学活动，使学生在合理地安排下热爱阅读，学会阅读的方法，消除与经典的隔膜。

2. 利用表现性评价，督促习得阅读知识

在基于任务驱动的初中语文整本书阅读教学中，教师可以通过表现性评价，了解学生的课堂表现情况，督促学生习得阅读知识。教师要关注学生在实施任务过程中的表现情况，以及学生在完成阅读任务过程中所积累的阅读知识。学生在实施任务过程中的表现因人而异，不同基础的学生呈现出不同的完成情况，教师要依据学生的具体情况进行表现性评价，对学生给予一定的鼓励与关怀，激发学生阅读的兴趣。在整本书阅读的过程中，学生通过实施任务完成自学或通过实施任务在课堂上习得知识，在以上的实施任务过程中进行知识点的积累，在整本书阅读结束后教师将学生的知识积累本进行批阅，了解每位同学在整本书阅读过程中的收获与理解程度，并对学生的积累结果进行详细的补充与批注，即对学生进行表现性评价。在教师进行批阅后，鼓励学生之间互相交流，不断丰富自身的阅读知识。通过对学生实施任务中所积累知识的总结，教师大体了解了学生掌握知识的情况，有利于教师进行下一步的工作安排，并且教师可以及时对学生遗漏的知识点进行补充，使学生真正了解与掌握知识点。

在基于任务驱动的初中语文整本书阅读教学中，合理地验收阅读任务单，不仅可以使教师改进任务设计，同时也可以使学生在合作探究中积累阅读知识，建构阅读共同体。在这个阅读共同体中，包括教师、家长与学生，这对形成良好的阅读氛围，培养学生的阅读

习惯具有重要作用。学生在学习的过程中基于阅读任务进行合作探究，通过交流合作与分享，互相积累阅读知识，提高阅读素养。教师通过规范验收阅读任务单，总结学生的任务完成情况，同时改进自身的任务设计，督促学生完善已有的阅读经验，逐渐形成了良性的阅读共同体，有利于学生养成阅读习惯、积累阅读知识、学会阅读的方法。

第四节　初中语文整本书阅读创新能力的培养

阅读是丰富知识、开拓视野的重要渠道。整本书阅读相对自由，学生可根据兴趣爱好选择自己喜爱的书籍进行阅读，借助经典作品净化心灵、升华思想境界。新课改下的语文教学要求学生会阅读、会思考。为从小培养学生的阅读素养，让学生的阅读素养得以形成与发展，语文教师对学生的阅读技巧指导与点拨尤为重要。因此，教师要把阅读思维、阅读方法、阅读意识、阅读理念作为着力点，活跃学生阅读思维，培养学生的阅读素养，强化学生的自主阅读意识，升华学生的整本书阅读理念。要引导学生在语言发展、思维提升、审美建构等阅读素养培养中建立整体阅读思维，掌握整本书阅读技巧，强化整本书阅读意识，升华整本书阅读理念，从而促进语文整本书阅读创新能力的提高。

一、初中语文整本书阅读创新能力培养的要求

第一，阅读思维创新。阅读思维是在文本阅读中与文本进行心灵对话与交流的重要能力之一。为活跃学生在整本书阅读中的思维，实现阅读思维的创新，让学生始终秉承"以读带思"理念，在自读自悟中实现思维发散，教师要引导学生在品读中彰显个性思维，在精读中发展深度思维，在细读中强化联想思维；要引导学生自主学习，在探讨交流中培养互动思维，在自主悟读中感知文化底蕴，在深入研读中品析文本内涵。

第二，阅读方法创新。为实现学生阅读能力的创新，在阅读思维创新的基础上，教师还要创新阅读方法。阅读方法是提高学生整本书创新阅读能力的保障，教师除了要培养学生创新阅读思维外，还要让学生在自主感悟中掌握文本的内涵、思想情感和写作方法，让学生学会质疑和讨论，以增强学生阅读知识的内化能力和语言表达能力。

第三，阅读意识创新。阅读意识创新，要把问题意识培养和群文阅读意识培养作为创新的着力点。就问题意识培养而言，主要是在阅读教学中营造问题情境，鼓励学生提问，加强问题示范，强化问题拓展，使学生具有较强的问题意识。就群文阅读意识培养而言，主要是为整本书阅读做铺垫，让学生在阅读中始终以明确的主题为导向，分析和理顺文本

之间的关系,抓住阅读重点,增加阅读的深度,在总结归纳中巩固阅读成效,培养阅读意识,增强阅读活力。

第四,阅读理念创新。为培养学生的阅读素养,阅读理念的创新十分重要。就教师视角而言,需要秉承"生本"理念,注重激趣、悦读;就学生视角而言,需要秉承"以读带思"理念,在阅读思考的过程中走进文本,在文本营造的情境中延伸思维。在此基础上,教师还要引导学生养成良好的阅读习惯,增强学生的阅读理解能力。

二、初中语文整本书阅读创新能力培养的驱动

第一,创新思维驱动阅读兴趣。在整本书阅读活动中,创新思维能有效驱动学生阅读兴趣。因此,教师要引导学生以创新思维品味文本内涵,从文本内涵中找到阅读的乐趣,激活阅读思维,唤醒阅读经验。学生以活跃创新的思维获取信息,既能增强与文本的互动,又能培育核心素养,使阅读技巧在整本书阅读中得到交融。在学以致用中,学生的情感认知被唤醒,阅读兴趣得到激发。

第二,阅读方法驱动阅读动力。学生阅读能力的培养,阅读方法是重要的驱动力。因此,在日常教学中,教师应引导学生结合自身的阅读兴趣,选择科学的阅读方法,增强学生的阅读动力。以常见的"悟读"模式为例,学生需要品析字词和语句,从而领悟文本内涵,增强文化底蕴。教师要引导学生从传统的字词学习模式中走出来,基于整本书阅读的视角开展教学,以增强学生的领悟能力,激发学生的阅读动力。整本书阅读有着丰富的内涵,且需要较长的阅读周期,这就需要教师充分发挥引导和监督作用,对学生的阅读过程予以关注,引导学生按部就班地进行阅读,以增强阅读的实效性、有序性。教师要制订科学的阅读计划,有效实施阅读指导,让学生在个性化的阅读中维持阅读兴趣,提升阅读素养。

第三,阅读意识驱动阅读本能。良好的阅读意识,有利于驱动学生的阅读本能。因此,在整本书阅读过程中,教师要注重培养学生的问题意识,使学生在问题意识的引领下,本能地融入整本书阅读过程中。要注重培养学生的群文阅读意识,使学生的整本书阅读在良好的群文阅读意识引领下高效展开。为培养学生的整本书阅读能力,教师还要采取拓展延伸的方式,使学生在阅读中习得技能,并在实践中进行运用。此外,教师要高度重视阅读评价,激活学生阅读本能,引导学生对整本书进行通读。

三、初中语文整本书阅读创新能力培养的模式

(一)"校导"

语文阅读能力培养模式的创新,是基于整本书阅读教学和课题研究实践得出,需要得

到学校领导的大力支持。因此，在创新培养模式设计中，学校要发挥主导作用。

第一，在基础阅读方面，要加大重视力度，通过开设整本书阅读课程，使之与课后社团活动相结合，夯实课程建设体系。要成立课题研究团队，明确课程目标，制定具体的实施方案。

第二，在教师培训方面，要重视发挥互联网的作用，通过共享资源，构建整本书阅读打开体系，鼓励教师积极参与，为学生整本书阅读树立榜样。

第三，在整体规划活动方面，既要对整本书阅读活动有正确认识，又要细化计划，明确整本书阅读与常规阅读的区别与联系，增强教师的主观能动性，同时根据课题研究的实际和教学需要，细化课时安排，优化教学设计。

第四，在阅读教研活动方面，要积极转变课题组成员的整本书阅读教学思维，通过研讨交流促进阅读教研活动的深入开展。此外，还要采取同课异构的方式，让学生在阅读活动中能更好地掌握整本书阅读的方法与技巧。

(二)"师教"

从学校主导视角在为整本书阅读教学实施明确基本方向和内容的基础上，教师要引导学生进行整本书阅读书目的选择。阅读书目的选择，要秉承全面性和多样性的原则，要按照新课标对高学段阅读书目的要求，要遵循学生的身心成长特点与发展规律。在制定阅读目标方面，教师要以语文核心素养为引领，引导学生明确整本书的阅读目标，让学生在品读整本书语言的过程中体会情感，形成思维碰撞。

1. 明确整本书阅读主要目标

在整本书阅读过程中，教师要以明确的目标为引领，提高整本书阅读的针对性和有效性。要立足学生语文核心素养培育的需要，从阅读能力、阅读方法、情感与审美等方面，制定科学的教学目标。就阅读能力培养目标而言，应旨在增强学生的自主阅读能力，让学生养成自主阅读的良好习惯，能结合书籍类型与个人兴趣以及阅读内容采取针对性的阅读方法，可以结合故事情节来分析其中的人物性格和感知文本中的人物形象，而且在阅读之后，可以复述作品内容，结合语言特点、结构特色以及写作手法等提出自主见解，提高阅读品位，夯实语用能力。就阅读方法而言，教师要结合文体和阅读目标，综合运用多种不同的阅读方法，常用的阅读方法有精读、略读、泛读、猜读、跳读等。

要让学生掌握整本书的情节与内容，能围绕文本中的主要人物开展阅读活动，在阅读中感悟人物的性格特点，同时借助互联网和工具书，自主解决阅读障碍，逐渐学会运用勾勒、批注以及摘要等不同方式，增强语言积累，培养批判性思维，尝试采用思维导图来理顺人物关系，分析章节逻辑，从中学习优美语言，且尝试性地将其应用到日常写作之中，培养语言表达能力，增强学以致用的能力。

就情感与审美能力培养目标而言，应旨在激发学生的语言文字学习兴趣，让学生以更加积极主动的阅读姿态参与到文本阅读之中，以不断拓展视野，并且在阅读后能记录自身阅读感受，与同伴分享自己的阅读成果，学习传统文化中蕴含的精神思想，感受人性真善美，强化审美鉴赏能力，在审美情趣中启迪思想，提升语文素养。学生通过自主阅读，往往会对其中的内容存在一定的困惑，同时也会有部分阅读心得，情感体验也具有较强的个性化特征。此时，教师可以引导学生主动分享阅读体验，让学生在阅读交流中分享观点，对阅读中存在的困惑进行探讨交流，在阅读内化中促进阅读水平的提升。同时，教师要结合学生讨论表现，掌握学生阅读情况，采取针对性的策略为学生的阅读提供指导。

2. 优化整本书阅读书目推荐

在整本书阅读教学实施中，阅读书目的确定十分关键，因为这将对学生的阅读体验带来影响。因此，整本书阅读书目推荐，应以强化学生兴趣为原则，以开拓学生视野为基础。

整本书阅读书籍能够以快乐书吧、教科书节选、阅读链接等渠道进行推荐，为学生推荐相应书目。在此基础上，教师还要分析单篇文本与整本书的联系，紧密结合学生身心特点和认知规律，尤其是根据学生的最近发展区推荐阅读书目。初中高学段学生处于快速成长阶段，无论是思维发展，还是心智变化，都较为显著。他们对未来世界充满幻想，喜欢探索新奇事物，开始关注历史、科技、人文，有敏锐的洞察力。

需要强调的是，教师在给学生推荐书目时，应结合学生的特点，通过课内推荐书籍与课外自主阅读的方式，拓展学生的阅读视野，增长学生的阅读见闻，丰富学生的思想：①在整本书阅读前，给学生推荐所选书目中的精彩片段，激发其读书热情。精彩片段可以是书目中的精彩故事，也可以是书目中的悬念情节，以达到激趣的效果。②在整本书阅读前，给学生推荐书目中的精美插画，并对内容梗概进行描述，使学生在观察精美插画时展开联想，激发阅读热情。③有的书目人物形象十分鲜明，在阅读前，教师可将对人物形象的感知作为切入点，对书目中的人物形象进行介绍。整本书阅读的实施，应确保有助于学生阅读素养的形成，所以推荐的阅读书目需要基于学生的学情和学生的特点。

3. 注重整本书阅读方法创新

在整本书阅读过程中，教师要引导学生通过看序言和目录来掌握整本书的内容和编排特点，同时关注作品中的主要人物，基本理顺故事情节，通过采取做批注和圈画重点的方式，以及朗读、精读、默读、跳读等方式，高效开展阅读。还要注重读写结合，让学生在整本书阅读过程中学习写作方法和写作技巧。其中，看序言和目录主要是通过浏览来了解作品。学习写作技巧，则是掌握人物形象塑造方法，通过精读经典片段，感受精彩情节和写作方法，增强阅读素养。

（三）"生读"

在生"生读"环节中，教师主要从以下三方面培养学生的阅读创新能力，提高整本书阅读教学成效。

1. 引导学生科学规划阅读时间

引导学生科学规划阅读时间，尤其是在当前碎片化阅读的背景下，教师可引导学生采用"课间读"与"睡前读"相结合的方式进行阅读。"课间读"要以阅读有关童话和民间故事类书籍为主，让学生结合自身兴趣开展自主阅读。教师可借助班级读书角营造阅读氛围，增强学生阅读的自觉性和积极性。"睡前读"要以阅读经典作品、长篇小说为主，让学生结合自身兴趣养成良好的阅读习惯。这样，能使阅读速度与阅读方法实现灵活调整，着力解决阅读障碍和疑惑。例如，在每日阅读中，教师可从古诗文中选择1~3篇古诗词让学生进行阅读和背诵，以增强阅读内容的多样性。为提高阅读的实效性、目的性，教师要引导学生制订科学的阅读计划，合理规划阅读周期，优化阅读书目，细化每天阅读的篇目与时长以及要取得的效果。另外，教师可引导学生制订"时间轴"阅读计划，对阅读书目和进度进行记录，使阅读过程得以直观呈现。在制订阅读计划的过程中，教师要让学生对所推荐的阅读书目的章节、页码有一个基本的认知，并让学生根据自身的实际，对每天的阅读时间进行合理安排，结合文本内容采取浏览、跳读等方式进行阅读。阅读计划指引下的阅读，契合学生的阅读能力，能提高阅读的针对性和实效性。通过阅读，学生能够掌握故事情节，能够通过画思维导图的方式厘清文章结构。学生以不同的方式记录阅读中的点点滴滴，在不断记录中成长，自主阅读能力得到有效培养。

2. 引导学生掌握正确阅读方法

教师可引导学生采用"精读+泛读+跳读"的阅读方法，让学生深入理解文本内容，揣摩文本思想及其内涵。例如，阅读《水浒传》，在精彩部分品读时，教师可引导学生采取精读的方式分析人物特点，并通过查阅资料和写批注的方式，深入理解故事内容，全面掌握故事情节。在阅读序言和回目时，教师可引导学生泛读，以便快速掌握所要阅读的内容与信息。在阅读无关紧要的段落和篇目时，教师可引导学生跳过其目录和简介，直接阅读文章。教师可采用"预测+比较+整合"的阅读模式，引导学生对课堂学习的阅读方法进行综合运用，通过预测、比较和整合，实现对文本的有效阅读。

3. 引导学生养成良好阅读习惯

良好的阅读习惯对学生阅读效果的影响很大。在阅读习惯养成教育中，教师除了要加强与学生的沟通外，还要与家长进行沟通，让家长参与孩子的阅读活动，增强孩子的阅读动力，让孩子良好的阅读习惯在潜移默化中养成。同时，教师要以"课外作业+阅读提纲"的方式，引领学生有的放矢地进行阅读，让学生通过课外阅读养成列阅读提纲的习惯。值得注意的是，要注重学生阅读热情的维持。为此，教师要积极参与学生整本书阅读活动，及时对学生进行引导，使学生的阅读热情得到充分激发。此外，教师可结合推荐阅读书目中的人物形象、趣味十足的故事情节设计阅读任务，让学生带着任务进行阅读，这不仅能聚焦核心问题，还能深化学生对文本内容的理解。

第五章　初中语文名著整本书阅读教学探究

第一节　初中语文整本书阅读教学四类课型

《义务教育语文课程标准（2022年版）》提出："要重视培养学生广泛的阅读兴趣，扩大阅读面，增加阅读量，提高阅读品位。提倡少做题，多读书，好读书，读好书，读整本的书"，"广泛阅读各种类型的读物，课外阅读总量不少于260万字，每学年阅读两三部名著"。这对学生阅读的内容、数量提出了明确要求。阅读在培养人的精神素养、思维品质等方面的重要作用，是无须多言的。在这样的形势下，整本书阅读教学的积极推进是当务之急。

在整本书阅读教学的实际推进过程中，存在着许多的问题。例如，学生自主阅读意识差、阅读碎片化、阅读时间被挤占、阅读方法不正确等，部分教师的整本书阅读指导策略不当，一些教师缺乏"必须做"的勇气与动力，缺少"如何做"的策略，这些都使得整本书阅读教学行动的开展远远滞后于其理念的普及。在这样的背景下，我们提出了关于整本书阅读的四种课型，希望化繁为简，尽可能地提升整本书阅读教学的有效性。

一、导读激趣课

在阅读引导课中，教师要找到整本书的一个或多个趣味点，以此作为切入点，通过一系列的活动，激发学生的阅读兴趣，引导学生粗略感知整本书的内容，从而让学生"读起来"。本课型在学生阅读之前或阅读的初始阶段进行，主要目的是消除与经典的隔膜。重点在于为学生做好整本书的导航，同时激发学生的阅读兴趣。通过本课型，学生清楚针对该书自己读的内容、为何读、怎样读，能够制订自己的阅读计划等。关于消除与经典的隔膜，建议认真阅读七年级上册教材中的读书方法指导部分。

第一，整本书与影视剧结合。在《水浒传》的"整本书阅读"时，可以截取并播放电视剧《水浒传》的精彩片段。如播放"武松景阳冈打虎""林冲风雪山神庙""吴用智取生辰纲"等体现人物勇气与谋略的视频段，拉近学生与作品的距离，激发他们的阅读兴趣。在《钢铁是怎样炼成的》《西游记》《红星照耀中国》的阅读引导课中也可以采用这样的方法。

第二，整本书与教材结合。教材中经常编入一些作品的片段，或一些合集中的文章，例如，《从百草园到三味书屋》。遇到这样的情况，就可以将课文与整本书联系起来进行教学。又如，在《朝花夕拾》的阅读引导课上，以《从百草园到三味书屋》中提到的"长妈妈讲美女蛇的故事"导入，引导学生查找《朝花夕拾》中其他提及长妈妈的文章，如《狗猫鼠》《五猖会》《阿长与（山海经）》等，从而使学生更加全面地了解阿长的形象特征，体会阿长对作者的影响。同时，以阿长这朵鲁迅先生生命中的花朵，激发学生去寻找鲁迅先生生命中的其他花朵，并且思考这些花朵对他的思想和成长的影响。类似的可以这种方式引导整本书阅读的还有：由八年级上册教材中的《蝉》导入《昆虫记》的阅读，由九年级上册教材中的《智取生辰纲》导入《水浒传》的阅读。

开展整本书阅读教学的方式多种多样，万变不离其宗，最根本的还是要让学生去读。导读激趣课作为四种课型之首，意义与价值就在于此。教师开展阅读引导，激发了学生的好奇心与阅读兴趣，去除了学生对整本书的"陌生感"，使他们对整本书感到亲切，甚至产生好感。学生不再对大部头的整本书望而却步，他们的自主阅读意识得到很大的提升，从被动阅读转为主动阅读，这样，教师便能够更好地开展教学。

二、阅读方法指导课

阅读方法指导课在阅读的初始阶段进行，主要目的是指导怎么读整本书，在这种课型中，利用具体的作品，教会学生"精读与跳读""圈点批注法""快速阅读""选择性阅读""摘抄与做笔记"等具体的读书方法，能够将不同的读书方法融会贯通地运用到不同类型的作品中，学会读诗、小说、散文、纪实文学等不同的作品。可以将"圈点批注法"作为指导的重点，任何体裁的作品，均可以指导学生进行批读。

我们平时的阅读教学主要是学习方法，课外阅读则要运用这些方法。诸如朗读和默读的运用，精读、略读和浏览的不同要求，边读边想画面，边读边思考，圈点式读书法，提要式读书法，以及如何抓要点，如何梳理故事情节，如何体会人物形象，如何揣摩语言的精妙等。

例如，《草房子》这本书的导读，在阅读方法上可以进行如下指导：第一遍读，仔细读，不漏掉一个细节，从整体上理解小说内容。第二遍读，带着问题读，跳跃地读，选择性地读，把感兴趣、有疑问的地方多读几遍，深入体会其中的奥妙。为此，可以设计以下问题：①"你觉得桑桑是个怎样的孩子？"②"如果桑桑、秃鹤、细马、杜小康、纸月五个人都在我们班，你最喜欢与谁做好朋友？为什么？"③"爬城墙部分，最令你感动的是什么？"这样的问题牵引式阅读，目的性较强，有利于阅读方法落实到位。

三、专题探究课

专题探究课在整本书第一遍阅读完成后进行，主要目的是指导学生在阅读后进行较有深度的探究，以加深学生对该作品的理解或加深对该作品的印象，强化阅读的效果。本课型可以参考统编教材中的专题探究部分内容，也可以结合自己的阅读与研究，自行设计探究专题。专题探究课可以采取分小组的形式，不同小组探究不同的专题。本课型更多的是展示学生的专题探究成果，教师是专题探究成果展示的组织者。

第一，阅读卡体验课。教师根据每个章节的主要内容设定几个共读话题，让学生在自读时带着这些问题去读书，目的性更明确，也能让学生共同讨论，加深对作品的理解。例如，《草房子》第二章，可以设计三个共读话题："纸月是个谜一样的女孩，她的神秘和传奇的地方在哪里？""你喜欢纸月吗，为什么？""桑桑在纸月面前有什么不自然的表现？""这种羞涩的感情又那么甜美，它帮助桑桑改掉了哪些坏习惯？"

第二，任务驱动课，具体包括：①在阅读《骆驼祥子》时，布置阅读任务，要求学生一边阅读，一边围绕祥子的人生起落，进行经典情节的勾连，并完成表格；②《朝花夕拾》的整本书阅读任务驱动课，以《二十四孝图》一文为切入点，先以问题"《二十四孝图》提到了哪些故事？对这些故事，作者又是如何评价的？"考查学生对名著的阅读情况，同时总结归纳鲁迅先生对《二十四孝图》中的故事给予的不同评价，引导学生明白对待传统文化，要像鲁迅先生一样取其精华、去其糟粕，同时明确要以辩证的态度来阅读名著。

以提出问题或布置任务的方式，驱动学生阅读、思考，以使阅读落实到实处，使阅读过程"可视化"，使学生真正做到"读进去"。同时，任务驱动课能够实现教师对学生阅读进度的把控、阅读质量的监督、阅读方法的指导，其在培养学生的阅读自觉性、阅读能力方面，有着十分重要的作用。

第三，人物形象评析课。总结书中角色，他们分别是怎样的人，说说自己最喜欢的形象，自己不喜欢的人和原因。

第四，主题探究课。教师可以抓住故事发展的主要细节、主要情节、重点章节或重点段落设计话题，引导学生探究，发表看法：①可以引发学生认知冲突的话题。例如，小说《夏洛的网》中的威尔伯，是前后有明显变化的角色。有变化的角色，往往最值得探讨。夏洛为威尔伯组织了"了不起""光彩照人""王牌猪"等文字，威尔伯是不是配得上这样的文字?"落脚猪"与"王牌猪",这样的矛盾冲突,可以引导学生从整个事件的前后经过中去思考、去评价。②涉及作品主要精神内涵的话题。例如,《一百条裙子》中的穷孩子旺达画下了一百条裙子,实现心中的梦想。假如旺达没有画画的天赋,她该怎么办?她是否还可以拥有她的"一百条裙子"?这样的话题,就跳出了"爱心牌"教师的窠臼,提出了认识自我、确认自我的重要性。这些话题的设计,触及了作品的灵魂,值得好好探讨。③能够链接学生生活和情感世界的话题。例如,读《灰姑娘》的故事,想一想:如果你是灰姑娘的后妈,会不会阻止灰姑娘参加王子的舞会?读《丑小鸭》,让学生交流自己眼中的"丑小鸭"与心中的"白天鹅"。这些话题的讨论,可以帮助学生读出故事中的"我"。

第五,精彩情节欣赏课。主要是从文字语言描写、精彩故事情景、作品重点内容等方面入手,请同学们选择最精彩的片段,最能打动你的文字,读给大家听听。

第六,阅读感悟交流课。读了这本书以后,最大的感悟或启发是怎样的,可以写读后感或指导学生写书评。

四、阅读成果交流分享课

阅读成果交流分享课在整本书阅读完成后进行,主要是让学生展示自己的阅读成果,本课型和专题探究课形成互补。专题探究课展示的是较有深度的一些阅读探究,本课型展示的则是学生较有创意的一些个性化阅读成果,如制作思维导图、绘制插图等。本课型也可以采取分小组的形式,要鼓励学生大胆创作,结合个人的特长做一些个性化的阅读成果。本课型在强化阅读效果的同时,也在继续激发学生阅读整本书的兴趣,使学生的整本书阅读有持续性。

第一,画思维导图。借助思维导图,可以对整体内容进行把握。教师可指导学生从作者简介、创作背景、主要任务、主要内容、作品评价、作品影响等方面来绘制思维导图,就能通过一幅思维导图对其整体内容进行归纳梳理,便于我们对整本书内容的把握。借助思维导图,对情节脉络进行梳理。一部小说在一条基本情节线索的统领下包括许许多多的细节,牵涉到众多人物、众多事件,人物情节关系复杂。学生在阅读过程中,容易张冠李戴。若能利用思维导图绘制一张人物关系图,情节发展脉络图,那么人物关系就会清晰,小说的情节脉络也就容易掌握了。借助思维导图,对人物特点进行分析对比,加深印象。

第二,书香留痕。书香留痕,学生对作品的理解可以用自己最独特的方式来表达,比如手抄报、读后感、续编故事、漫画等。

第三,回顾作品内容。这类话题,主要帮助学生回顾与复述故事中重要的情节、人物、场景等。

第二节　初中语文整本书阅读教学设计

当前教师需要重视整本书阅读教学的运用，保证整本书阅读效果，从而帮助学生更好地阅读，养成良好的阅读习惯。下面以基于项目式学习的初中整本书阅读教学设计为例进行阐述。

一、初中整本书阅读教学的选择

（一）寻找核心知识，确定学习目标

1. 立足实际学情，寻找核心知识

设置整本书阅读教学目标要基于实际学情，教师不仅要了解学生已经具有的阅读经验、收获的阅读方法与技巧，也要了解学生的心理、认知及生理发展特点。初中阶段是学生心理与生理迅速发展的时期，从心理特点来看，初中生好动、对新鲜事物充满好奇、爱发表观点但同时注意力容易分散；在思维能力方面，初中生正处于由形象思维转向抽象思维的阶段，对事物的认识浮于表面，见解不够深刻。总体上而言，初中学生的身心发展特点表现为自我意识发展迅速、思维敏捷但深刻性不够。因此在基于项目式学习设置整本书阅读教学目标时，要聚焦学生心理与认知特点，分析实际学情，从而为学生创造更多的与同伴进行交流展示的机会，增强学生的自我认同感，引导学生在探究问题、解决问题的过程中建构独特的阅读经验。

2. 立足课程标准，寻找核心知识

"围绕课程标准"是设计项目式学习活动的黄金准则之一，因此，基于项目式学习开展初中整本书阅读教学需要遵循课程标准中的要求。《义务教育语文课程标准（2022年版）》对初中学段的整本书阅读拓展型学习任务群提出了明确要求：注重对革命文学作品的阅读与学习，如《红星照耀中国》《红岩》等，感受革命英雄的爱国精神；独立阅读古今中外优秀诗歌集、散文集、中长篇小说等，如《艾青诗选》《朝花夕拾》《西游记》《钢铁是怎样炼成的》《骆驼祥子》等；丰富整本书阅读实践，能够借助多样媒介推荐喜欢的阅读书目、改编名著精彩片段、撰写文学鉴赏文章等。但由于课程标准是纲领性的文件，只能为整本书阅读教学目标提供大致参考，所以在明确整本书阅读项目式学习目标时可以

参考语文教材当中的要求来展开，例如，初中语文部编版教材当中的"名著导读"模块就有针对不同书目的开展整本书阅读活动的学习目标和活动建议，这有助于将课程标准中提出的较为抽象的目标分解为具体的学习目标。

（二）凝练书目内容，提取项目主题

对于整本书阅读而言，"培植读书兴趣""养成读书习惯""陶冶人文情操""了解传统文化""增强民族意识"等是整本书阅读的目的所在。因此，整本书阅读项目化设计应该基于整本书的文本内容与作品价值，结合事先制定的整本书的学习目标，梳理出明确的学习线索，提取出项目主题，进而达成整本书阅读的教育目的。例如，《傅雷家书》整本书收录了傅雷先生与其家人十几年间的书信，其中大多数是傅雷和其子傅聪的信件往来，这些信件以傅聪远赴国外求学、一举演奏成名再到步入婚姻生活为线索，书信内容包括生活上的琐事、学习中面临的难题，也包括傅雷以慈父和学者的身份与儿子谈论艺术和人生，整本书中既饱含着父亲对儿子的脉脉温情，又承载着一位学者对儿子的谆谆教诲，因此，可以将"我眼中的傅雷是一个怎样的人"作为阅读整本书的项目主题，深入了解这位典型的学者型父亲，切身体会一位父亲对于儿子深沉而细腻的爱。

二、初中整本书阅读教学的实施

基于项目式学习开展初中整本书阅读教学设计，在明确学习目标和项目主题之后，教育者需要对项目的实施进行系统规划与设计，这有助于厘清项目式学习活动开展的思路，让不同阶段的任务具有连续性，引导学生最终完成成果作品、达成学习目标、收获阅读经验。

（一）提出驱动问题，明确高阶认知

项目式学习注重将实际生活中面临的真实问题与学生学习活动联系在一起，以驱动性问题引领学生思考。驱动性问题当中包含着项目主题与研究对象，为项目式学习奠定探究基调，是项目式学习的关键组成部分。《义务教育语文课程标准（2022年版）》当中明确提出"语文学习情境应该源于学生在实际生活中产生的运用语言文字的真实需求，用于解决生活中的真实问题，创设学习情境要注重学习内容与实际生活以及学生经验之间的关联性。因此，基于项目式学习开展整本书阅读要注重为学生创设真实而富有意义的学习情境，以驱动性问题激起学生阅读整本书的兴趣，引领学生在阅读过程中持续探究、收获感悟。

项目式学习重在以驱动性问题启动项目，引领学生持续思考与探究，在具体确定驱动性问题时，教师需要预先设想"如何将学习内容凝练到驱动性问题当中？""在哪些时机提出驱动性问题能够引发学生的好奇？"等问题。与此同时，学生也可以与教师交流讨论，参与到驱动性问题的制定当中来。一个精心设计的驱动性问题应满足以下特征：

第一，驱动性问题能够激发学生学习兴趣且具有开放性。驱动性问题要能够激发起学生进行持续探究的欲望，学生在驱动性问题的引领下经过系列调查与探究活动，运用高阶思维解决问题；与此同时，驱动性问题作为项目式学习的主线可以划分为若干个子问题。基于项目式学习开展整本书阅读教学时，学生通过解决系列问题把握书籍知识脉络、掌握整本书的核心价值，最终内化知识并能够进行迁移与运用。

第二，驱动性问题指向某个学科或跨学科的关键概念与原理，即项目的核心内容，驱动性问题是对学生学习内容的高度凝练，要围绕项目的核心内容来展开。

第三，驱动性问题的设置应与课程标准相契合。课程标准当中对不同学科、不同学段的学生所要学习的必要内容做出了具体说明，因此驱动性问题的设置应当能够引导学生掌握课程标准当中要求学会的知识、技能与方法，进而养成良好的学习习惯与学习品质。

第四，驱动性问题具有真实性。驱动性问题需要以真实情境为依托，与学生生活经验产生联系。考虑到具体教学过程中会受到客观教育条件的限制，驱动性问题也可以指向一种拟真实的学习情境。例如，在对学生进行《朝花夕拾》整本书阅读指导时，可以创设一种拟真实的学习情境，如"假如你是民国时期的一位记者，得到了一次采访鲁迅先生的机会，你会采访他哪些内容？请列出相应的访谈提纲。"

以《昆虫记》为例，这本书的核心价值与知识可以归纳为三个关键词，即"昆虫知识""科学精神"与"人文思考"，"昆虫知识"指书中涉及蝉、螳螂、蚂蚁、豌豆象、圣甲虫等数十种昆虫的生活，作者对不同种类昆虫的习性、本能、繁衍与死亡等都做了详实记录与深入介绍；"科学精神"是指《昆虫记》的作者不仅观察昆虫生活中的行为，更关注昆虫生命的整个过程，因为怀着对科学真理的向往与热爱，所以能够一丝不苟地长时间观察昆虫，不断假设、推理、通过科学实验求证，以实际行动践行"求是"的科学精神；"人文思考"是指作者在记录昆虫生活的过程中融入了关于感叹人生、批判战争、敬畏生命的思考，采用拟人手法巧妙刻画昆虫，赋与昆虫以人的美德和品质，引领读者以"虫性"关照"人性"，进而引发对于"母爱""生命""私利""死亡"等话题的深刻思考。

基于此，考虑到驱动性问题指向真实情境与核心知识、强调不同认知策略的组合与运用，《昆虫记》整本书阅读项目化学习的驱动性问题可以按照如下思路进行设置：

驱动性问题。"一个月之后，学校将举办一场关于昆虫的博览会，请同学们阅读《昆虫记》这本书,基于自身的阅读收获认真思考怎样着手准备此次昆虫博览会?"

子问题1:"《昆虫记》一书中包含了哪些昆虫知识?"

子问题2:"法布尔是怎样通过科学实验探究昆虫的特性的?他身上体现了怎样的科学精神?"

子问题3:"你能从法布尔的《昆虫记》笔下的科学探索过程中收获哪些人文思考?"

(二)设计学习活动,规划项目成果

项目式学习并不是让学生按部就班地查找资料、记录信息、呈现结果,而是要引导学生全身心投入到有意义的学习实践当中,为此,教育者需要对学习活动以及学习活动当中形成的作品成果进行预先设计,引导学习者通过解决问题整合技能、态度、发展思维,达到"知、思、行"合一。

以《昆虫记》整本书阅读教学项目化设计为例,在阅读整本书的过程中,初步的学习任务应该是从书中提取关键信息并进行整理,了解不同种类的昆虫本能、习性、繁衍与死亡等相关知识,对于不同种类昆虫有大致认识,形成昆虫档案表、昆虫名片等成果。之后,将学习重点放在对法布尔严谨求实的科学精神的学习上,模拟法布尔的实验探究过程,设计科学合理的实验探究方案,这一过程涉及对于书中描述的"实验现象""实验结论"等相关语句的整理,学生需要在阅读书籍文本的基础上思考不同实验现象与实验结论之间的逻辑关系,推理、设计科学合理的实验方案。最后品读书中的描写性语言,分析法布尔笔下的昆虫形象,体会不同昆虫形象所蕴含的哲思,撰写专题文章。基于项目式学习开展整本书阅读活动有助于学生在读前、读中、读后通过整理、分析、推理等解决问题,发表创见,在持续的学习实践中完成各种类型的成果作品,锻炼自身的高阶思维、提升综合素养。

第三节 初中古典名著整本书阅读教学探究

"古典名著整本书阅读是一种培养学生阅读能力,帮助学生养成良好阅读习惯的重要方式,通过古典名著的整本书阅读,学生能够掌握更多个性化的阅读方法,进一步提高自身阅读能力"[1]。因此,教师还需要更加重视整本书阅读教学的运用,了解整本书阅读的概念和具体的教学方法,保证整本书阅读效果,从而帮助学生更好地阅读古典名著,养成良好的阅

---

[1] 张学锐.初中古典名著整本书阅读教学分析[J].新课程(中),2019(11):6.

读习惯。下下面以《水浒传》的正本书阅读教学为例进行阐述。

一、初中古典名著整本书阅读教学的导读课

(一) 用歌曲激趣，导入文本

多媒体播放电视连续剧《水浒传》的主题曲《好汉歌》，然后和学生交流："同学们，我们听到的这首歌就是电视连续剧《水浒传》的主题曲《好汉歌》。听完之后是否有热血沸腾，畅快淋漓之感？听着这激昂的旋律，确实叫人心潮澎湃，我们随着歌声仿佛跨越了千年时空，梁山好汉的铮铮铁骨好像在眼前，天罡地煞的英雄壮举仿佛就在身边。那么，今天，我们一起走进这部伟大的著作，聊一聊书中的那些事吧"。

(二) 看图说人物，进行抢答

1. 读好一本名著，先要了解作者

谁写了《水浒传》？你能介绍一下作者吗？（施耐庵，元末明初人，一般认为是长篇小说《水浒传》最早的创作者。祖籍苏州。19岁中秀才，29岁中举人，35岁中进士。曾在钱塘一带做过几年官，其余时间一直以教书为业，著名小说家罗贯中，即为他的门生。）

2. 人物形象之绰号

《水浒传》中的人物形象多达数百，作者以浓墨重彩描绘的梁山泊好汉最为出色，光梁山好汉有（108）个，说出认识水浒中的哪些人物。

（1）水浒英雄各有绰号，有些绰号深刻地概括了其人的本质特点，读起来很容易记住，例如，黑旋风李逵、智多星吴用等等。比一比，看1分钟能说出几个好汉的绰号。

（2）练一练：抢答题，根据绰号说出人物。

九纹龙	花和尚
豹子头	青面兽
托塔天王	神行太保
行者	母夜叉
智多星	黑旋风
鼓上蚤	及时雨

(三) 看图说故事，激起兴趣

第一，全书故事情节可以分为三大部分，第一部分写一百零八名英雄好汉被逼上梁山

的经过，是梁山好汉的个人英雄传奇故事，给学生提供一张图，让其说出是哪个人物的故事？

第二，请学生简述其他英雄故事。

（四）讲人物形象，知晓性格

第一，《水浒传》中塑造了大批生动的人物形象，众多英雄人物有共同的特性吗？（仗义疏财，嫉恶如仇，有勇有谋，爱打抱不平，重友情，讲义气。）

第二，精彩片段欣赏：《武松景阳冈打虎》。播放电视剧《水浒传》《景阳冈打虎》的精彩片段。武松给你留下了什么印象？

第三，小小辩论会：水浒英雄嫉恶如仇、爱打抱不平，今天我们的社会也有这样那样的令人激愤的现象，我们是否也应该像水浒英雄一样"路见不平一声吼，该出手时就出手"？

让学生展开辩论。

（四）进行总结，加深学生印象

《水浒传》中108好汉精彩的故事吸引着我们，108个忠义、勇武、善恶分明的人物感动着我们。相信这部名著会使同学收获多多。

二、初中古典名著整本书阅读教学的方法指导课

（一）进行导入，激起兴趣

请同学们联络平时读书的经历，说说我们可以用哪些方法来欣赏一篇文章的精彩之处？（圈划批注、好词好句摘录、比拟、朗读、联想、写读后感……）选择其中令你印象深入的片段故事交流，并评价人物性格。（学生自由交流）

（二）指导略读，整体感知

第一，学生展示手中的《水浒传》，说说是什么版本；这本书由几个局部组成（前言、简介、目录、正文、后记）。即对小说有个整体认识。

第二，指导略读前言或简介，想想作者吴承恩在什么情况下写《水浒传》，书主要内容是怎样的，《水浒传》主要写了哪些人物。

（三）快速略读，知书目录

快速略读书的目录，说说最想读其中的哪个故事或读过哪个故事情节，学生准备后交流，老师适当引导个别学生介绍精彩故事的局部情节，引起阅读兴趣。

（四）精读片段，贯穿全书

第一，指导精读《三打祝家庄》精彩片段，抓题眼产生疑问读懂其中的人物和精彩的情节：①流描写三次攻打祝家庄的句子，穿插介绍原著的精彩描写，体会原著的精彩，激发学生读原著的兴趣；②交流描写"三打"的句子。指导朗读，体会人物特点，体会情节描写精彩的特点。

第二，体会全书反复叙事的写法。引导可用精读的方法读《水浒传》中其他精彩故事。本节课老师方法引领，学生实践操作，重点展示学生阅读方法落实情况。

三、初中古典名著整本书阅读教学的专题研究课

（一）教学内容

1. 教材要求

《水浒传》是九年级语文上册"名著导读"版块推荐阅读名著。这是学生接触的第二部古典章回体小说。《教师教学用书》明确说明了编者设置"名著导读"的意图：在介绍某部书的内容之外，还以该书为例，谈某一种阅读方法或某一类书籍的阅读策略，意在解决如何读好一本书或某一类书的问题，更好地掌握读书的方法，并增加学生的阅读兴趣。

"读书方法指导"中指出，阅读本书要"把握题材特点""了解古代白话小说的艺术手法""分析人物形象""体会语言风格"。因此，在阅读之初指导学生阅读本书时，要有意识地让学生运用各种阅读方法通读本书。

2. 文本特质

《水浒传》是中国古典小说的代表作，和《封神演义》《西游记》《三国演义》一样，"都是从国家政治、社会批判的角度来立意构思的，展现的是宏大的社会历史背景"。而且"这些小说是在几百年民间创作基础上进一步加工完成的，有着明显的'说书人'痕迹，忠义色彩浓厚。"

因此，在教授本书时要注意聚焦于"国家政治、社会批判"的角度，把握本书的主题

"官逼民反"；同时也要注意本书是"几百年民间创作"的，反映了民众的期待和选择。

（二）阅读目标

第一，语言目标：①感知古代白话小说的语言特点，体会长篇白话小说简洁、极富表现力的白描式语言。②学会用圈点批注、对比阅读的方式阅读长篇白话小说，将小说片段与话本等不同题材作品进行对比，由此感受古今语言的变化。

第二，思维目标：①研读文本，了解水浒传情节结构特点，学会抓住回目线索，梳理概括各章节的主要情节脉络；②把握中国古代白话小说使用全知全能叙述视角的写作特点。③开展不同主题下的批判式阅读，提升思辨能力，激发表达交流的欲望。

第三，价值目标：①初步了解早期白话小说从国家政治、社会批判的角度来立意构思，展现宏大的社会背景的创作特点。②学会分析水浒传中鲜明的人物形象，能够结合时代背景，辩证地看待梁山好汉的行为，树立正确的忠义观，激发成长正能量。

（三）主题学习

第一，水浒传作为一部长篇英雄传奇，是中国古代章回体长篇小说的典型代表。全书共描述了108个好汉由个体觉醒到走上小规模联合反抗，直至发展为盛大的农民起义队伍的全过程。书中不仅塑造农民起义领袖的群体形象，而且不少英雄人物个性鲜明，其忠义英勇的形象深深烙印在国人心中。由此可见，《水浒传》刻画人物的方法是初中生进行文学创作与表达的范本之一。

第二，水浒传深刻反映北宋末年的政治状况和社会矛盾，表现"官逼民反"这一封建时代农民起义的必然规律，人物命运具有必然性与偶然性，文本具有极强的思辨性，为训练学生的思维能力提供了广阔空间。

第三，《水浒传》具有丰富的精神内核和高度的现实意义。虽然书中存在不符合现代正确价值观的一面，但学生在歌颂反抗精神和正义行为的同时，可以进行不同主题的批判性阅读研讨活动，以此感受章回体小说的语言魅力，实现批判性高阶思维的锻炼，增进人生思考与生命感悟。据此，我们围绕忠义观这一主题开启《水浒传》正本书阅读的学习活动。

（四）设计框架

选择英雄——梳理情节，感知形象。

重塑英雄——指向批判，提升思维。

畅谈英雄——谈论古今，丰富收获。

感受章回体小说语言魅力，实现批判性高阶思维锻炼，增进人生思考和生命感悟。

（五）学程任务

《水浒传》阅读共分为三个学程，分别是：第一学程初识英雄，理经典情节；第二学程重塑英雄，辩梁山好汉之忠义；第三学程畅谈英雄，论古今英雄之忠义。不同学程的核心任务具有相关性，层层递进，由浅入深。

第一学程：初识英雄，读经典情节，其核心任务是梳理情节，探究水浒人物。第一学程需要完成最牛人物推荐表，在选择最牛英雄过程中，思考反抗失败的原因（表5-1）。

表 5-1　最牛英雄推荐表

最牛英雄推荐表	
人物名称	
推荐理由	1. 2. 3.

第二学程：重塑英雄，辩梁山好汉之忠义，其核心任务是结合时代背景，思考梁山好汉命运与人物性格、社会环境的关系。完成专题探究与分享，"水浒"主题辩论赛，重组领导层，完成推举表。

《水浒传》主题辩论赛。确定以下辩题，每个辩题抽签决定正反观点：①在梁山，智力和武力哪个更重要；②在梁山，正义和义气哪一个更重要；③宋江是带领梁山走向辉煌还是走向灭亡。水浒主题辩论赛聚焦提升学生的思辨能力，实现阅读与表达双提升。具体操作是提供四个辩题，小组合作，让学生开展主题辩论赛（辩论赛评分见表5-2）。

表 5-2 辩论赛评分表

辩论赛评分表			
	评分要点	正方	反方
开篇立论（20）分	开篇立论，逻辑清晰，言简意赅。论点明确，论据充分，表达流畅		
攻辩（20分）	表达清晰，论证合理，推理过程 合乎逻辑事实，引用恰当		
自由辩论（20分）	攻防转化有序，把握论辩主动权。针对对方论点，论据进行有力反驳，表达清晰		
总结陈词（20分）	全面总结本方立场论证，系统反驳对方的批驳，为本方辩护		
团队队配临场反应	有团队精神，相互支持，问答是一个有机整体		
团体总分			

完成梁山领导层推举表。推动学生再次精读经典情节，小组合作遴选最佳领导成员（表 5-3）。

表 5-3 梁山领导层推举表

水浒"领导层"推荐表		
领导层 3~5 人		
首领	主管业务	
推荐理由	结合相关情节、人物的性格特点、各方面能力说明理由	
人物局限性	结合山上前后人物的经历、联系社会背景、人物身份，分析人物缺点及适合怎样的搭档	
副首领	主管业务	
推荐理由		
人物局限性	结合山上前后人物的经历、联系社会背景、人物身份，分析人物缺点及适合怎样的搭档	

第三学程：畅谈英雄，论古今英雄之忠义，其核心任务是围绕当下如何践行新时代忠

义观，成为真正的时代英雄的议题。撰写 400 字以上的小论文。材料整合见表 5-4。

表 5-4　论古今英雄之忠义表

<table>
<tr><td colspan="5">论古今英雄之忠义</td></tr>
<tr><td>古代英雄</td><td>表现（事例）</td><td>当今英雄</td><td>表现（事例）</td><td>真正时代英雄（品质）</td></tr>
<tr><td></td><td></td><td></td><td></td><td></td></tr>
<tr><td></td><td></td><td></td><td></td><td></td></tr>
</table>

四、初中古典名著整本书阅读教学的成果交流课

（一）课程导入

第一，走进名著。教师与学生交流：同学们，本学期我们走进古典名著，去认识了《三国演义》《西游记》《水浒传》及《红楼梦》等小说，这些作品都是汉语文学中不可多得的优秀作品。作为章回体小说的《水浒传》，阅读时要关注它的三要素：人物、情节、环境，我们本学期重点关注里面的情节描写，来体会人物的特点。

第二，回顾读书历程，教师与学生交流：我们与《水浒传》相遇已经近一学期周了，在这期间，我们利用课内、课外时间来阅读它，时至今日，你们读完了吗？

（二）展示成果

将班级分成 7 个小组，就是要用学生喜欢的方式，交流读书收获，具体如下：

第一，考官出题。出题组学生现场出题，其他学生抢答。

第二，漫画人物。漫画组出示作品，其他学生猜人物或者情节。

第三，小报绘"蓝图"。手抄报小组代表上台介绍整本书的概况。

第四，导图理思路。思维导图小组代表理清书中的主要人物和个别情节。

第五，剧情识英雄。"水浒剧组"展示武松喝酒情节，感受人物特点。

第六，研究拓视野。研究报告小组代表呈现自己的报告内容并解说。

第七，妙笔抒感悟。读后感小组带来他们的阅读收获。

（三）进行总结

第一，方法总结。教师总结："今天的交流分享也告一段落了，我们一起回顾下同学们用了哪些方式来呈现。（板书）今后的阅读过程中，可以选择上面你们比较喜欢的方式来呈现读书收获。"

第二，阅读诗歌，教师与总结："读书其实是一场快乐的旅行，今天老师把这首诗送给你们，让我们美美地读一读。

《读书》

读书是一次旅行

漫步的是自己的心灵

打开书本，让文字牵着思想远行

沿途山川河流，有旖旎风景

这是快乐的出发

也是幸福的围城

（四）阅读推荐

教师进行总结："同学们，让我们背起智慧的行囊，在阅读的道路上继续前行。本次的'水浒英雄汇'圆满落幕，本学期大家还可以去读一读其他三本名著，期待下次的读书汇报中你们能有更精彩的表现。"

第四节 深度学习视域下名著整本书阅读教学

深度学习是一种基于理解的学习，是指学习者以高阶思维的发展和实际问题的解决为目标，以整合的知识为内容，积极主动地、批判性地学习新的知识和思想，并将他们融入原有的认知结构中，且能将已有的知识迁移到新的情境中的一种学习。"深度学习视域下的整本书阅读就是在这一学理的支撑下为语文课堂教学提供一种新的思维路径，而名著的课堂教学正是为这一学习行为提供实际操作的可能"[①]。

名著课堂教学必须有自己与其他文本不一样的体系建构，学生在名著学习中会运用不一样的思维模式，而这种思维方式就是学生在学习中形成了一种深度学习。名著阅读教学中，教师要让学生确立、形成真实的自己，名著中作者的生活有的可能成为学生生活其中的真实的事件镜像。因而，名著课堂教学必须要有三个立足点：学生经验、学生思维和学生需求。

---

① 赵飞. 深度学习视域下名著整本书阅读教学的关注点［J］. 教学与管理，2019（34）：58.

一、立足学生学习经验

学习经验作为一种学习者既有的认知存在，它涵盖学习者的兴趣和学习过程中选择学习目标的思维过程，学生作为学习主体，有对自己的学习方式和思维规律的无意评价，这种评价是真实存在，完全是主观、毫无功利性的。深度学习视域下的课堂教学完全关注学生的体验、体验过程中的实践能力以及由此产生的问题，并进行深度的思考。

名著课堂教学中不是纯粹的知识教授，而是让学生在阅读中发现知识，了解知识内在的本质属性，这一切都是学生学习经验外化的形态和内化的实质存在。学生在名著学习中，除了在课下发生的一系列学习行为外，还聚焦课堂内的学习过程。课堂内教师的授业形式、教师和学生的互动程度、名著教学选择的教学点的难易度都是属于学习者的学习经验范畴。学生通过名著的学习内化后再来重新塑造自己的精神世界，在名著中读懂未来的世界和人生。所以，名著课堂教学是一种在教师指导下的学生再创造过程。教师应该引导学生在课堂教学中不断发现、质疑，学生可以根据自己的私人化的建构和发挥，在学习中提出问题。

名著中的各个章节或者独立文本不但是学生语用能力形成的本源，也是学生感知、内化语言的承载物，更是思维形成的载体，是教师在名著课堂教学中重点关注的教学区域，因为学生在课堂学习伊始已然有了一定的学习经验，这种经验来自个人的独立阅读、同学间的平时交流、影视媒体和网络文化的潜移默化等。

学习者的学习兴趣、个体智力、审美情趣、认知储备等都是大相径庭的。学习者的学习经验在课堂学习之前就已经显现出差异，学生在课堂中衍生出来的学习经验以及课外学习经验可以促使学生来进行深度学习，运用深度学习方式的学生主要体现在他们的思维深度以及对知识的再创造，其学习效果值得肯定。

例如，在执教名著《朝花夕拾》中的单篇文本《从百草园到三味书屋》时，传统的教学流程基本上呈现的是把作者在百草园和三味书屋中的学习和生活经历进行比较。在"百草园"一节中，执教者多数是抓住百草园中景物的特点和写景中富有表现力词语这一部分（捕鸟一节）。还有就是抓住人物妈妈所讲故事"美女蛇"中蕴含的神秘色彩给作者的童年披上一层奇幻美丽的外衣。再则是让学生在充分体味"百草园"这个自由广阔的天地里能够享受到无穷乐趣这一点的同时，又引导学生进一步理解"三味书屋"单调、沉闷、枯燥的生活是怎样束缚和摧残着儿童身心健康的发展的。但这样的课堂教学，对于多数学生而言是无效的，这些浮在课堂教学表层的知识体系无论在什么样教学形式催化下，也是无法激发学习者在课堂学习中强烈主动的思考能力。因为在课堂教学之前他们就有了一定的学习经验，他们从课外纷繁的资料查询中、从自己浅显的初读感知中已经建立了一种阅读经验，这些经验不但不能为课堂学习起到推动作用，某种程度上反而阻碍学生在课堂学习中的深度学习。但是在深度学习视域关照下的课堂教学，执教者和学习者面对同一文本，形成以学生为中心的教学形态，创设深度学习的课堂情境，加强学生创新思维的培养；学生的主体作用在课堂中的地位凸显，整个学习过程也引发了学生知识的重构，课堂的重构、知识的统整都得到了应有的体现。

在《从百草园到三味书屋》的课堂教学中，教师故意设疑，从文章开篇的句式特点发问，这样的问题从学生学习认知的角度上，让学生有了反思，并且激发了所有学生对文本的探究和批判，这一环节看似平淡无奇，但却是解决问题的开端。在这里，深度学习强调学习过程中的学习者的反思与最初的认知，看重学习者学习行为方面情感的倾注。名著本身强大的生成性给予了学生广阔的建构性可能。《朝花夕拾》聚焦在鲁迅童年、少年以及青年时期的生命状态、心灵体验。拥有的即是私人化的、个体独特的生活域场，也同时散发着大众的审美趣味和学生有着相似的生命体验。名著中的这一单篇《从百草园到三味书屋》完全可以让学生在课堂进行一次情与思的沉浮，是一次彻底的深度学习模式。深度学习不是指知识的深度，也不是指内容的深刻，深度学习体现在思维的灵活和创造，在所学文本的基础上重新建构一种新的思维效度。

二、关注学生学习思维

教师对名著教学设计的本质属性和终极价值难有深层次的思考和认知，这样的教学设计其教学价值和有效度很难有足够的空间去施展。所以，名著课堂教学必须立足于学习者自身的学习思维，只有在本质层面上的变化才能折射名著学习的实效，名著教学的价值和意义才能体现。

教学中教师可以运用"信息留白"的设计方法，让学生在文本言语形式的表层深挖，既有了对文本的深度阅读，同时也培养了学生的创新思维和想象能力。把自己的体验通过文本网络媒介，与作者笔下的人物生活进行嫁接，形成一种圆融饱满的"思维空间"。学生在学习之前就已经有了相关概念的理解，理解中也产生一些困惑和迷思，所以，教师在教学设计中要有多元目标的设定，有一定的问题情境创设，只有这样，学生才能对问题和文本形成深度探究。深度学习不仅是学习内容的深刻，还要求思维有一定的阶梯和深度。

以《西游记》为例，课堂教学中，小说内容纷繁复杂，情节枝丫旁逸，而课堂教学的时间是有限的，不可能把一本书在几节课中完全消化掉。长篇小说在阅读时最大的困难就是篇幅过长，学生在阅读中没有耐心，甚至会出现思维混乱的情况，如果再把整本书带到课堂中来，操作的可能性就更小了。但是长篇小说的另一个特点就是能把前后的情节照应起来阅读，"照应"就是思维的勾连，所以，在课堂教学中就是要关注学生的思维状态。

深度学习要求学习者掌握非结构化的深层知识并进行批判性的高阶思维、主动的知识建构、有效的迁移应用及真实问题的解决，进而实现问题解决能力、批判性思维、创造性思维、元认知能力等高阶能力的发展。名著阅读不是内容的再现和反刍，而是一种思维能力的形成，思维能力的培养是紧随文本的解读和教学而产生的。浅层理解只是关注文本的基本信息，而深度的解读则是指向思维训练。所以名著阅读不仅是知识和内容的重现或者情感的共鸣，更是一种以"一"追溯到"多"的学习能力形成。

文本是教师对学生进行语言操练的本源，也是学生对事物感知、内化和语言应用的母体。教师应该充分尊重学生对文本的个性化认知和体验。学生之间应该通过个性认知的碰撞和交流来达成共识或者形成各自思维形态，教师要让出自己的话语权，给学生提供一定的表达空间和机会，让学生在深度学习中进行观点的碰撞，以实现教学目标。

三、满足学生学习需求

名著能够给予学生深厚的认知体验和情感体验。学生的学习需求空间非常大，但是名著的课堂教学要在名著和学生的学习需求之间中找到一个共振点。否则名著自身的内容再丰富，提供的情感和认知的体验再强烈也无法勾起学生的学习兴趣。学生的个体体验是文本多元意义形成的主要条件。但学生在课堂中读出文本内在的多元意义时，这些意义和学生是一种怎样的联系；其文本价值对于学生而言属于何种范畴，学生对这些体验和反应意味着哪些；学生的需求层级在哪里；等等，这些都是教师必须要掌握的教学点，只有满足学生学习需求的课堂才是真实有意义的课堂。

另外，厘清深度学习下的名著教学如何满足学习者的学习需求之前，必须阐明课堂和名著教学两者间的关系。对于名著不再意味着是知识的记忆，更多的是汲取名著中的养料，把名著化为自己的内心情感世界，化为自己人生方向和价值观的引领标志。对于名著中出现的问题，要让学生进行深度思考，学生必须在自己解决问题的经验中产生思维、学会思索。教师在课堂需要适时点拨、引导。因为学生如何学会读名著的能力不是教师教出来的，而是他们自己在解决具体问题情境中培养出来的。我们在构建名著"特质"的过程中，无意间割裂了名著与教材文本之间的内在关联，把两个原本可以融汇一起的文本材料人为地拆开。名著应在保持"特质"、不失自我的前提下构筑起与教材文本之间相互融合、互为支撑的一种平衡关系。

例如，名著《海底两万里》书中包含了大量风土人情、历史地理、生物物理、地质风貌、气象百态等纷杂的知识。另外，小说中情节设置出乎意料，但又在情理之中，描绘了充满神奇、迷离色彩的海底世界；同时，书中的语言也诙谐生动，极具形象感，语言中既有着理性的凛冽，也有着逼真的象形，充满张力。这些对学生有着极大的吸引力。

　　因而，在《海底两万里》课堂教学中，可以这样设计：从作者出发，从他人评价的基础上出发，作者凡尔纳被后人尊称为"奇异幻想的巨匠"。作者一生勤奋好学，阅读视野广阔，特别是他独具特色的幻想在科学研究的基础上作出的推理和预言在今天已经变为现实。同时，教师在课堂教学时还可以抓住"科学与幻想巧妙结合"这一句话来带领同学们展开阅读。从阅读学层面上来看，这句话给全书奠定了一定的哲学基础，可以设置寻"奇"之旅、神秘结局猜想等环节，通过组合文本一些表象特征和浅层思维达到抽象高层的深度学习要求。

　　《海底两万里》整本书的人物和故事情节在阅读层面上还是属于浅显易懂的知识，稍有基础的学生只要去阅读还是能够读懂、读明白。深度学习目的是在理解阐述、批判思考的基础上，同时将一个知识与另一个知识相互联结统整。但是当下通常的名著课堂教学采用记忆和复述的办法来完成，这才是整本书阅读的真正价值和意义，这样的设计不是纯粹板块式的教学，而是给了学生在课堂学习中一个想象的空间，这样的腾挪就是思维的不断优化和上升，深度学习视域下，学生对问题的解决和迁移应用能力得到极大提高，增强了对整本书的建构与反思，学生沉浸文本之中又能跳出文本来看文本，满足了学生的学习需求。

　　总而言之，深度学习视域下，整本书阅读要落实在单篇教学中，而单篇的教学任务完成前提是学生能够在单篇文本中构建自己的学习思维，这种思维是深层次、多元的，也是为学生搭建促进思维从低级向高级发展的支架。学生在真实言语活动中建构起自己的认知经验，并在真实的言语情境中体现出学生个体言语经验和言语品质，同时还是学生在课堂学习中历练语言能力、思维方法与思维品质。课堂教学的主体变化势必导致课堂上外围因素的重构。这样问题的设置就是在深度学习的影响下进行的，课堂的深度与广度也会随着这种变化而相应地扩展。此时的名著就是"一篇"文本，只不过这篇文本的内容含量和知识体系相对厚实、饱满。名著课堂教学不是把一本名著教"薄"，而是在浓缩的时间内把名著变得更加厚重和深远。这不但是一种教学智慧，也是一种教学和思维的变量，需要学习者有着创新的思维在支撑整本书的阅读，学习者需要去分析、综合、评价和创造课堂上名著。

第六章 初中语文整本书阅读教学的多元策略

第一节 初中语文整本书阅读教学中的支架搭建策略

《义务教育语文课程标准（2022年版）》（以下简称《课程标准》）在"内容组织与呈现方式"中将"整本书阅读"作为拓展型任务群之一。同时，《课程标准》指明此任务群重在引导学生体验语文实践活动，依据阅读目的和兴趣，选择合适的图书，制订阅读计划，使用多种方法进行整本书阅读，与他人分享阅读心得，交流研讨阅读问题，储备阅读经验，养成阅读习惯，增强整体认知水平。学生是参与整本书阅读的主体，为了彰显学生的主体性，教师应在整本书阅读教学过程中，搭建不同的支架。支架是教师为学生提供的帮助、指导，或合理的临时干预口。有效的支架可以使学生知道"做什么""如何做"，发挥自主性，制订阅读计划，使用多种方法进行阅读，与他人分享交流阅读心得，从而达到整本书阅读任务群要求。一般而言，在初中语文整本书阅读教学中，教师可以搭建通读支架、深读支架、辅助支架和评价支架。

一、搭建通读支架——激趣、感知

学生只有对所阅读的内容产生一种心理期望，才会自觉走进整本书中，梳理文章内容，初步建立整体认知，为进行深入阅读做好准备。对此，教师可以搭建不同的通读支架，调动学生兴趣，助力学生整体感知。

（一）搭建情境式支架

情境式支架是教师依据教学内容，为学生创造出的特定的情景作为支架。建构主义观点指出，学习者在特定的学习环境中会产生兴趣，自觉重构所获得的知识和经验。对此，教师可以根据整本书内容，利用语言、信息技术等方式，搭建情境式支架，激发学生阅读兴趣。

以《钢铁是怎样炼成的》为例,在课堂上,教师可以播放同名电影片段,动态、直观地展现保尔·柯察金的人生经历。学生被精彩的电影片段吸引,认真观看,了解发生在保尔·柯察金身上的故事。在电影片段播放结束后,教师可以提出问题:"在致敬精神楷模读书交流会上,如果让你向大家介绍这部作品,你会如何介绍呢?"在问题的作用下,大部分学生迁移已有认知,会试着概述故事内容,踊跃表达。其他学生在倾听时自发地提出问题,如"保尔·柯察金是怎样在监狱中生存下来的?""保尔·柯察金想过放弃吗?"种种问题使学生增强了兴趣。教师可以趁机鼓励他们阅读《钢铁是怎样炼成的》。学生带着问题,走进《钢铁是怎样炼成的》,边阅读边思考,可以有效推动整本书阅读活动的开展。

(二)搭建图表式支架

图表支架是以思维导图、图表为主要形式的支架。在图表支架的辅助下,学生可以站在整体角度,整合文章内容,建立整体认知,做好细读整本书的准备。因此,教师可以依据整本书内容,选择适宜的方式,搭建图表式支架。以《骆驼祥子》为例,该作品塑造了诸多鲜活的人物形象,如祥子、虎妞、小福子、杨妈等。人物关系推动故事发展,通过梳理人物关系,学生可以建立整体认知。于是,在课堂上,教师向学生提出任务请大家自读《骆驼祥子》,厘清祥子与其他人物之间的关系,分析其他人对待祥子的态度,并据此建立思维导图,详细呈现人物关系。在任务的驱动下,学生将图表作为工具,一边阅读文本内容,一边梳理人物及其关系。在思维导图的支撑下,学生了解了不同人物及其之间的关系,做好了整本书阅读准备。同时,学生也因此产生兴趣,迫切地想知道发生在不同人物身上的事情。如此,学生便会自觉地进行整本书阅读并深入剖析。

二、搭建深读支架——自读、交流

整本书阅读教学讲求"吃透"重点内容。深读是学生走进整本书进行深入品读的活动,自读、交流是学生深入品读的具体表现。教师要依据重点内容,搭建不同的支架,引导学生自读、交流,进而实现深读,建构良好认知。

(一)搭建任务式支架

任务式支架的核心是教师根据教学重点提出的任务。明确的任务式支架可以为学生指明学习方向。尤其在任务式支架的推动下,学生会进行自主阅读,建立一定的阅读认知。

以《西游记》为例,孙悟空是《西游记》的主人公之一,在西天取经的过程中逐步成长、变化。同时,作者以孙悟空的成长变化为切入点,寄托自己的写作意图。学生通过梳理孙悟空的成长变化，不但可以整体认知故事内容，还可以感知作者的写作意图，建立良好的阅读认知。于是，教师可以以孙悟空的成长变化为线索，搭建任务式支架——"西天取经委员会"准备为孙悟空举办一场个人表彰大会，为他颁发"成长进步奖"。现在，"西天取经委员会"想请各位同学作为调查员，调查孙悟空西天取经的经历，选出最具代表性的事例。在具体任务的作用下，学生兴致高昂，利用课堂和课余时间阅读《西游记》，寻找与孙悟空有关的事例，并分析时间、地点、经过、结果等，甚至深入探寻这些事例对孙悟空的影响。在此过程中，很多学生主动以表格的方式展现阅读成果。

（二）搭建对比式支架

"对比式支架是从不同方面进行对比的支架"[①]。对比是学生发现异同之处的方法，通过发现异同之处，学生可以加深对阅读内容的理解。但是，在认知差异的影响下，学生的对比结果不尽相同。交流可以使学生展现认知差异，碰撞出思维火花，达成统一认知。由此，在整本书阅读课堂上，教师可以围绕阅读内容，搭建对比式支架，引导学生对比、交流。

以《骆驼祥子》为例，作者塑造了大量性格不同的人物。对比人物性格可以让学生增强对人物的认知，同时感受作者的创作意图。例如，作者塑造了两个女性形象——虎妞和小福子。她们是外貌、性格、出身完全不同的两个人，却有着同样的命运，值得深思。于是，教师可以搭建对比式支架——请自读《骆驼祥子》，找出与小福子和虎妞相关的章节，认真阅读，试着对比二人的相同点和不同点。在支架的作用下，学生走进整本书，有针对性地搜寻相关内容，认真品读。

在品读时，部分学生试着从出身经历、对爱情的看法这两方面进行比较，探寻虎妞和小福子的不同之处；从最后的命运入手，分析虎妞和小福子的相同之处。例如，有的学生可能提出："虎妞家境优越，性格泼辣；小福子出身不好，但温柔善良"；"虎妞在喜欢上祥子以后就大胆热烈地去追求他；而小福子较为含蓄"；"她们最终都没有逃出被毁灭的悲惨命运"。立足于此，教师鼓励学生思索造成二人悲惨命运结局的原因。在思索时，很多学生回想时代背景，感受到当时社会的本质，由此建立深刻认知。

三、搭建辅助支架——监控、协助

辅助支架贯穿整本书阅读始终，能助力学生制订阅读计划，使用适宜的阅读方法。在

[①] 王晓张. 初中语文整本书阅读教学中的支架搭建策略 [J]. 名师在线，2023 (17)：24.

辅助支架的助力下，学生可以进行持续性阅读，增强整本书阅读效果。教师可以根据整本书阅读教学需要，搭建计划式支架和学法式支架。

（一）搭建计划式支架

计划式支架其实是元认知支架，是学生在阅读整本书的过程中，自主审视、监控、调整阅读行为的支架。在计划式支架的助力下，学生可以依据自身情况，设计整本书阅读计划，并进行整本书阅读，时时审视、监控、调整阅读行为，实现持续性阅读。

以《海底两万里》为例，阅读前，教师为学生发放整本书阅读打卡表（见表6-1），借此搭建计划式支架，使学生自主监控阅读过程。学生受此驱动，制订阅读计划，自主阅读并审视阅读情况，填写表格，认真反思，了解自身整本书阅读情况，及时改进不足，推动整本书阅读持续发展。

表6-1 《海底两万里》的整本书阅读打卡表

阅读者姓名	
阅读时间（开始时间、结束时间以及总用时）	
每日阅读记录	
阅读日期与时长	
阅读章回	
阅读内容的概述	
阅读感受	
备注	

（二）搭建学法式支架

学法式支架是学生在阅读整本书的过程中，使用不同方法进行阅读的支架。整本书阅读强调使用多种方法进行阅读。但是，部分初中生缺少整本书阅读经验，在阅读整本书时，不知使用何种方法，导致整本书阅读受阻。对此，教师可以依据整本书阅读内容，搭建学法式支架，引导学生使用不同方法进行阅读。以《水浒传》为例，第七回到第十二回提到了"白虎堂""沧州道""山神庙""梁山"这些地点，展现了林冲的行踪变化。林冲的行踪变化恰好体现出了他上梁山的历程。于是，在进行整本书阅读教学时，教师以此内容为重点，搭建学法式支架，要求学生研读回目，了解林冲的行踪变化。在阅读回目内容时，学生将视线集中在不同的地点上，自觉联系林冲的行踪变化，初步了解林冲上梁山的历程。同时，学生因此产生兴趣，想要深入了解林冲上梁山的历程。教师把握时机，鼓励学生精读第七回到第十二回内容。在进行精读时，学生发挥自主性，迁移阅读经验，自觉使用预测策略、批注式阅读策略、提问策略等，找寻关键内容，一步步梳理具体内容，同时建立思维导图，展现林冲上梁山的历程。同时，学生因此扎实掌握不同的阅读方法、策略，有利于提高阅读水平。

四、搭建评价支架——展示、反馈

（一）搭建练笔式支架

练笔式支架是进行读写结合的支架。读写结合的方式多种多样，如仿写、续写、写读后感等。整本书阅读教学注重"整"，重在考查学生对文本内容的理解和感知情况。练笔正是学生展示阅读理解和感知情况的"工具"。教师要依据学生的阅读情况，选用适宜的方式，搭建练笔式支架。

以《西游记》为例，在阅读整本书的过程中，学生梳理发生在孙悟空身上的事例，了解了他的成长经历，感受了他的变化。立足于此，教师要求学生为孙悟空书写获奖感言。在书写之前，大部分学生回顾阅读内容，再次梳理与孙悟空有关的事例，从不同角度分析他的成长情况。之后，学生可以化身为"孙悟空"，站在他的角度，书写获奖感言。

（二）搭建交流式支架

交流式支架是学生与他人进行交流的驱动。在交流式支架的驱动下，学生会走进读书交流活动，与他人共享各自的阅读感受。而每个人会结合自身阅读情况，从不同角度进行评价，反馈彼此的阅读情况，互帮互助，协同发展。

以《钢铁是怎样炼成的》为例，在学生阅读整本书的过程中，教师鼓励他们与小组成员合作，体验读书交流活动，共享各自的阅读感受。有学生在交流时可能会说道："我们要向保尔学习，做一个'大写'的人。"其他组员在倾听时，提出问题："怎样的人才是'大写'的人？"学生就此描述保尔身上美好的精神品质。组员在倾听时进行补充。通过这样的交流，学生互相借鉴，弥补阅读不足，增强了对保尔精神品质的认知，强化了阅读效果。

第二节 基于合作学习的初中语文整本书阅读教学策略

素质教育理念已经深入人心，在新课改全面推行的影响下，阅读教学在初中语文课堂上的地位逐渐凸显。新的语文课程标准中提到，开展语文整本书阅读教学对培养和提高学生的语言应用能力、思维能力等都有着积极的促进意义，是培养和发展学生阅读理解能力与人文素养的重要方式。因此，在初中语文课堂上，教师必须要注重开展整本书阅读教学，并且通过这种方式来培养学生的阅读兴趣，拓宽学生的阅读视野，丰富其阅读经验，使学生从中获得更多的知识技能和思维品质，从而为学生今后的发展奠定坚实的语文基础。基于合作学习的初中语文整本书阅读教学策略具体如下。

一、掌握阅读方向

想要运用合作教学法来进一步提升阅读质量，最关键的一个因素就是要构建良好的师生合作关系，同时也是促进学生之间进行有效合作的重要前提。因此，在整本书阅读教学活动开展之前，教师可以利用微课的教学优势作为辅助教学手段，以短视频的形式呈现给学生，帮助学生分析和掌握阅读的方向，并在这一基础上，通过生生、师生合作来引导学生根据阅读的方向探索相关知识。

例如，在教学《智取生辰纲》这一部分内容时，课文选自《水浒传》第十六回，主要讲述的是"杨志押运生辰纲，晁吴智取生辰纲"的故事。因此，教师在带领学生开展合作学习阅读整本书时，可以借助多媒体技术，组织学生进行"观察细节见好汉"的学习活动。

又如，在学习与鲁智深有关的知识时，教师首先可以通过多媒体课件给学生播放与鲁智深相关的视频剪辑（或简介）和电视剧《水浒传》中的主题曲，从而构建良好的学习环境，吸引学生的注意力，让学生在良好的学习氛围中，不断激发自身合作阅读的积极性和探索未知的欲望。其次，利用课件，让学生围绕"鲁智深"这一主题开展一系列专题活动，如在网上自主收集不同角度下鲁智深的照片。通过对比照片，让学生阅读《水浒传》中与鲁智深形象相关的人物描写和故事情节，并进一步了解鲁智深的性格特点，从而引导学生学会观察细节，并利用细节来体会人物形象。

"头裹芝麻罗万字顶头巾，生得面圆耳大，腰阔十围"等这些都是对鲁智深的外貌描写，而教师通过播放视频创设情境引导学生，不仅能够将书中的文字形象化，帮助学生更好地了解人物形象，也可以激发学生阅读整本书的积极性。还可以让学生共同阅读和学习《水浒传》，然后再引导学生分析和讨论人物故事的发展情况和方向。基于学生合作讨论的结果去阅读《水浒传》，不仅可以锻炼学生的阅读思维，也能够引导学生学习作者的写作思路，进一步探索文章的中心主旨，从而在教师的提示和启发下，逐渐提升学生合作学习的有效性，进而保障整本书阅读的教学效果。

二、感知阅读情感

基于合作学习背景，想要切实提升整本书阅读教学的成效，就需要教师将学生之间合作学习的价值最大限度地发挥出来，并且在实际教学过程中，既要注重学生群体力量的发挥，也要注重学生个人学习潜力的挖掘。对此，教师可以根据阅读教学的目标和内容，通过为学生设计需要合作探究的主题任务，来促使合作学习得到真正落实，使学生能够在学习和掌握相关知识的基础上，不断提升自身对整本书核心情感的自我感受和理解。

例如，在教学《钢铁是怎样炼成的》时，对于这篇自传体小说，让学生能够通过整本书的阅读教学，使其感受小说的内涵，并且从人物、情节、环境这三个方面去学习。基于此，教师在组织学生开展合作学习阅读活动时，可以鼓励小组长根据自己对组员学习能力和知识经验的了解，合理分配各自的学习和阅读任务，教师则需要在这一过程中扮演好辅导者和指导者的角色。对于阅读理解能力和自主学习能力比较薄弱的学生，在小组合作学习的过程中，可以让他们充当"人物观察员"。

学习任务就是从《钢铁是怎样炼成的》这本书中，对主要人物，描写人物的句子、片段和重点经历等多个方面进行总结和整理，从而为深入了解主人公保尔的人物形象和特点做好准备。对于阅读能力和自主学习能力处于中等水平的学生而言，他们对文本内容有一定的理解能力，但是在具体分析的过程中会遇到一些瓶颈，对此，教师可以让这部分学生针对自己的弱项展开阅读练习。例如，按照小说故事情节的发展情况，学生自己去发现书中存在的一些冲突事件，并做好阅读批注，将这些主要的冲突事例梳理清楚，以便更好地提升自己的阅读弱项。对于阅读能力和自主学习能力比较突出的学生而言，教师可以要求他们不仅要掌握书中的环境描写，同时也要根据故事人物和情节发展，通过借助思维导图将《钢铁是怎样炼成的》这本书中的故事情节和情感趋势呈现出来，进而不断完善自己对整本书的认知框架。在各水平学生的学习目标确定之后，再组织其通过合作学习，让学困生参考优等生的阅读任务和思维导图，根据对书中内容的理解进一步完善自己的阅读体系；让中等生和优等生相互交流书中的细节之处；最后再由教师点评分析优等生的阅读完成情况和学习思路。如此，能让各个水平的学生通过合作学习的方式，不断提高自己对这本书的阅读情感和感悟能力。

三、增强阅读技巧

在进行初中语文阅读的过程中，学生不仅需要深刻理解文章所表达的思想情感，还需要具备一定的阅读技巧，进而更准确地掌握文章主旨，把握文章概要，实现初中语文的高效阅读。"所谓阅读技巧，就是通过特定的方式来加快自身理解文章主旨的一种途径"[①]。在带领学生学习阅读技巧时，教师可以通过合作学习的方式，促进、引导学生之间以互相合作、交流经验等方式阐述自己对于阅读的认识，不断积累学生的阅读经验，提高学生的阅读能力。

例如，在教学朱自清的《背影》这篇课文时，教师就可以组织学生以小组为单位共同阅读文章，学习阅读知识。学生在学习这篇课文时，不仅需要了解文章的中心思想，掌握作者表达的情感，还需要牢记课文中出现的各种写作手法以及重点字词。阅读《背影》时，教师带领学生制定阅读流程，如能够流利地阅读课文，再通读文章的基础上掌握文章写作方向，探索作者思想情感，把握文章主旨；还需要积累经验，讨论在阅读文章的过程中学到了哪些阅读技巧。

教师带领学生了解阅读流程之后，组织学生进行分组阅读，并让学生自主对小组成员进行分配，合理安排哪些同学来查找文章中的重点字词以及写作手法，哪些同学来厘清文章大意，掌握文章写作方向。成功分配任务之后，教师引导学生首先结合小组成员找到的重点字词来学习词汇，完成第一个流利阅读的目标；其次根据找到的写作手法，结合学生理清的文章写作方向，探讨不同写作手法对于表达作者思想所产生的作用，帮助学生掌握如何利用环境、人物描写来丰富文章内涵；最后鼓励学生讨论朱自清的写作目的，掌握《背影》这篇文章的主旨以及所表达的思想情感。

综上所述，通过以小组进行合作学习的方式阅读文章，不仅能够在一定程度上节约阅读时间，也能够促进学生主动阅读，从而提高学生的阅读积极性。并且，合作阅读并讨论成果的方式，可以加深学生对于阅读技巧的印象，帮助学生学会如何通过阅读文字去把握作者的思想感情，从而提高学生的阅读效率。

四、提升阅读质量

整本书阅读是一项大工程，而且对时间和精力的消耗也比较多，因此，想要在开展初

[①] 张爱霞. 基于合作学习的初中语文整本书阅读教学研究 [J]. 中学课程辅导，2022（21）：109.

中语文整本书阅读教学的过程中，提升学生合作学习的效果和教师实施阅读教学的效果，读后合作这一环节非常重要。对此，教师可以在这一阶段积极组织学生开展合作学习，让教师和学生在多元化的点评下，得到阅读素养的有效提升，通过师生、生生点评的方式提高语文阅读教学的质量。

以教学《儒林外史》为例，这一小说在导读时，阅读的难度有所提升，而且其中呈现的繁杂的人物形象、特殊的时代环境、鲜明的语言色彩等，这些都对学生的阅读功底有较高的要求，同时也对学生语言能力、逻辑思维、审美能力、理解能力等多方面语文核心素养的培养与提升都有着十分重要的促进作用。基于此，教师在组织学生进行读后点评时，可在合作学习的辅助下，让学生以小组为单位对这本小说的每一个回目进行阅读计划的自主设计，并记录好计划的完成情况，之后让每个小组成员都通过表格的方式将自己的理解情况展示出来，再由教师将阅读目标和计划呈现给学生，并与学生进行对比：①让学生自评本组的完成情况和质量；②进行小组之间的相互点评，方便教师了解学生的阅读学习进度；③由教师随机挑选几名学生阐述自己的理解，并让其进行自我点评。在这之后，教师可以借助现代技术创建一个家校交流的平台，如微信平台等，在平台中集结教师、学生和家长的力量进行一场阅读点评活动，公开公布每个小组的完成情况和每一名学生能力的发展变化，通过集体票选的方式选出小组最优和个人最优。如此，教师就能通过这种合作学习和点评的方式，让学生不断提高其对自身的了解和对他人的认知，最终使得语文整本书阅读教学的质量得到有效提升。

初中语文整本书阅读教学活动的开展并不容易，需要教师的及时指导、同学之间的相互合作，才能更好地完成教学任务，实现教学目标。因此，教师在开展整本书阅读教学时，必然离不开合作学习的辅助作用，并通过借助多种手段来完成阅读教学计划，真正实现高质量、高效率的阅读教学，最终达到提升学生阅读理解能力和语文核心素养的目的。

第三节　初中语文整本书阅读教学中思维导图的应用策略

"思维导图是利用图形、线条和符号等将学习者的思维呈现出来的笔记形式，能够促进学生思维的激发，并且将思维可视化"[①]。思维导图具备以下功能：①思维导图的记忆功能。思维导图就是通过、线条、色彩、符号、图形等，将知识点的学习具体化，学习者

---

① 王嫒. 思维导图在初中语文整本书阅读教学中的应用策略研究 [D]. 沈阳：沈阳师范大学，2022：18.

思维的过程被呈现出来。相比线性笔记，这种带有色彩、图案的思维导图能够使大脑产生高效反应，进而达到更强烈的记忆效果。同时，这种笔记模式能够将知识系统化，帮助学习者更加深入地理解和记忆知识。

　　思维导图的应用颠覆传统认知中的记忆方法，充分利用大脑的生理特点，提高学习者对于知识的记忆能力。②思维导图的分析功能。思维导图的分析功能是指在关键词的基础之上，依据各个层次所包含的分支，对于信息进行分类重组，在学习者的头脑内部构建知识网络。思维导图的分析功能能够有效地对知识进行分类，在绘制的同时也呈现出学习者思维的自由度。③思维导图的联想迁移功能。思维导图的绘制是思维联想、发散的过程，它是一种将关键词相联结的学习方法。其中，关键词的选择主要依据学习者对于知识点的理解和把握。关键词作为记忆联想的重点，不仅相互独立，往往会产生某种个性化的联系，相互联系的关键词构成既具有独立性又具有整体性的思维导图。因此，思维导图的这种整体性恰恰能够促进知识的联想迁移，因此，学习者能够更有效地完成对知识的学习。

一、初中语文整本书阅读教学与思维导图的契合点

　　第一，目标的一致性：初中语文整本书阅读教学与思维导图都指向思维训练与提升阅读能力反映出学生的思维能力。思维导图能够通过图画、线条等符号，将抽象的知识呈现出来，进而展现出学习者的思维水平，帮助学习者有条理地表达思维，符合阅读教学的目标，能够帮助学生更好地进行思维活动。

　　第二，功能与条件的契合。思维导图具备三大功能：记忆、分析和联想迁移功能。初中语文整本书阅读教学实现的基本条件有三个：课程、教师和家庭。针对教师教学这一基本条件，思维导图能够发挥很好的作用：①思维导图的记忆功能。在整本书阅读过程中，由于一整本书的内容过于庞大和细碎，学生可能在学习过程中出现知识点的混淆，但是借助思维导图线条感和图示化的特点，学生对于知识的呈现方式更加具有主动性和刺激性，从而帮助其记忆知识的准确性和高效性。在整本书内容学完之后，复习知识也是一项难题。思维导图的复习模式方便快捷，关键词及其所涉及的内容一目了然，能够有效帮助学生复习。②思维导图的分析功能。在绘制过程中，一般需要经过"发散—筛选—保留"的过程，这一步骤需要学生不断地对整本书的内容进行思考和整合，学生对整本书内容的理解也将进一步深化。③思维导图的联想迁移功能。充分发散思维是思维导图的特点，这一特点使得思维导图能够对知识进行很好的迁移，快速激发灵感。

二、初中语文整本书阅读教学思维导图的应用价值

　　第一，学生逐步自绘自评，主体地位得以实现。与以往相比，思维导图的引入能够提

升学生对于课堂的积极性，有利于学生主体性的发挥，同时也体现出语文教师的主导功能。另外，教师须注意一点，即逐步指导学生自主完成导图的绘制。整本书阅读的教学最终目的在于学生的课外自主阅读，因此整本书阅读教学也应该在学生自学的基础上开展，从而真正形成个体的知识框架。在阅读教学进行的过程中，教师应引导学生自主寻找文本中所涉及的重点内容，总结凝练成关键词，并围绕关键词自主选择思维导图的类型。

第二，图文结合阅读，学生深化对内容的理解。以往在学习整本书时，知识往往以线性笔记的形式呈现，并且学生对于内容的理解大多来自教师的讲解，课后只是对知识点的识记与背诵。而使用思维导图进行整本书阅读教学时，学生充分参与到活动中，并在教师的帮助下，自主绘制，自主总结，课后可以根据导图回顾文本内容。

第三，整本书内容图示化，知识的系统性增强。整本书阅读的内容庞大，导致学生在学习时受到一定阻碍。为了学生更好地理解，在教学过程中，教师应依据文本的重点知识，将整本书的内容合理地进行划分，对各部分内容分别绘制导图，使整本书的内容以"图"的形式得以具体呈现。整本书的内容图示化，系统性增强，更加有利于学生的学习，也更加适用于教师的教学。在这个读"图"时代中，教师要利用语文课程的优势，结合思维导图图示化的特点，有效地开展教学。

第四，整本书内容结构化，思维得以完整形成。思维导图网状的图像形式扩大了直观的范围，借助图片帮助学生梳理知识，形成系统化、结构化思维，帮助学生逐步完善关于整本书内容的知识网络，在整本书内容的梳理上具有很强的实践价值。同时不断完善学生的知识网络，对于提高整本书阅读教学的整体性也有一定的促进作用。

三、初中语文整本书阅读教学思维导图的注意事项

在整本书阅读教学开展的过程中，教师须准确把握阅读教学的基本指向，始终围绕语文学科的核心素养，以学生的阅读水平发展为指向适度采用导图。在课堂教学中，语文教师切勿本末倒置，仅关注到思维导图本身，而忽略整本书阅读的教学指向。

(一) 发展学生核心素养

在开展整本书教学时，教师须将学生的核心素养作为重点。语文学科带有强烈的情感指向性，但部分教师只关注到情感性，忽视语文知识的学习。语文学科有着自身严谨的科学性，不只是发展学生的情感，最主要的指向是掌握专业的语文知识，提升语文核心素养。在整本书阅读教学中，思维导图的运用须关注到学生的核心素养，以语言的建构与运用为第一层次的目标，进而发展思维和审美鉴赏能力，而语文知识的学习就是文化的传承

与理解的过程。

（二）合理采用思维导图

阅读活动是学生独立深入解读文本的过程，教师不能替代学生进行思考，思维导图的应用也不能完全占据主导，要给学生独立思考的空间，不能过于依赖思维导图，否则只会导致学生思维的模式化、僵硬化。教师须谨慎选用思维导图，根据教学内容判断是否需要采用，不能过于泛滥使用。无论教师或是学生，都应该根据知识的类别和学习的进度，有选择性地、合理地采用思维导图。在使用思维导图时，应允许学生适当体现共性之内的个性。如果学生的思维没有经过统一的训练，那么，课堂就会呈现无目的、散漫的状态，教师也难以掌控。所以，思维导图的应用须建立在统一的训练之后，在同一标准下使用，课堂的效率才能有效提高，它在整本书阅读教学中才能发挥作用。

（三）采取有效评价方式

语文学习质量评价要提升学生的动力，必须从外源性评价走向内生性评价，秉持"外源为辅，内生为主"的评价理念。外源性评价，是通过分数、等级等的评定，促使学生明确自己的发展状况与优劣，并据此改进的过程。内生性评价，是把评价作为学生持续发展的手段，通过激活学生的内在动力，引导学生激发自我潜能，不断生发新的积极向上的愿望的过程。同理，应用思维导图须关注学生的内在发展，真正地能够激起学生的内在本能很重要，要关注学生的情感态度，引导学生形成对自我思维的解构，形成应用导图的一般模式，激发对于学习的热情，采取有效的评价方式，真正发挥评价的作用。

（四）提升学生思维阶段性

学生的思维发展需要经过三个阶段：隐性思维显性化—显性思维策略化—高效思维自动化，三个阶段是逐步推进的过程。在整本书阅读教学中，教师要充分把握学生在每个思维阶段的特点，及时转换教学方式，以帮助学生稳步提升思维品质。整本书阅读的主要目的是促进学生的自主阅读，并且帮助学生在独立阅读时形成个性化思维逻辑。思维导图的应用能够提升学生的思维水平。就目前的语文整本书教学状况而言，仍需加强思维导图的训练，明确思维导图是为文本服务，由文本到导图的过程至关重要，也要能够由"图"再回到"文"。

四、初中语文整本书阅读教学思维导图的实施策略

(一) 利用思维导图开展整本书阅读

要明确语文课程功能层次上的差异,即要注意教学的侧重点,围绕着语文核心素养的追求,采用不同的教学方式。在初中生的整本书阅读教学中,广大教师也应践行该理念,充分关注学生的核心素养。因此,在其应用的过程中,要紧紧围绕学生的语言水平发展,在此基础之上,加强学生的思维训练、审美鉴赏以及文化的传承。

第一,语言的建构与运用是基础。教师应利用思维导图的特点,对文本中的知识进行进一步挖掘,促进知识的具体化和形象化。由此促进学生对于文本的理解和复现能力,提高学生对于文本的语言表达能力。同时,对于整本书内容的把握也进入更高一级的水平。

第二,思维的发展与提升是目标。思维导图不是简单的罗列知识,在围绕关键词进行联想时,学生有选择地进行发散,而学生的选择是在思考的基础之上,因而对于文本的理解也更加深入,在理解文本的基础上,搭建起文本各部分之间的互动支架,充分论证与检验联想是否合理,各个方面的思维品质都得到一定的提升,比如创造力、想象力等。

第三,审美的鉴赏与创造是延伸。在各类文学作品中,关于情感、人物、技巧等的赏析不可避免,这类赏析的程序一般是在教师的带领下,学生完成相应任务,难以生成富有创造性的见解。然而思维导图的引入,能够将以上鉴赏的内容具体化和形象化。例如,在创建情感类思维导图时,学生会依据自身的成长经历,在选择情感倾向时,对人物的经历及社会背景等产生独特的体验。并在筛选与整合关键词时,提高对文本的理解能力,深入感悟生命的价值。

第四,文化的传承与理解是指向。语文的学习即是母语的学习、中华传统文化的学习。在进行整本书学习时,文化的传承与理解几乎贯穿整本书阅读教学。通过人物形象导图以及社会背景,学生能够很清晰地判断人物所处的文化时代,从而更好地理解人物,审视自身,因此思维导图的引入能够帮助学生明确文化的精华与糟粕。整本书中的文化往往不是直接写出,而是隐含在字里行间,通过具体的事件体现,初中生缺乏一定的文本理解能力,因而对整本书蕴含的思想难以把控。而思维导图的引入,能够迅速帮助学生厘清思路,将整本书中的文化由抽象转为具体,通过以往的知识经验,摒弃文化糟粕,吸取文化精华,继续传承和发扬。

(二) 引入思维导图及相关使用规则

学生是课堂教学当中的主体,只有学生主动利用思维导图进行学习,才可以充分发挥

整本书阅读的载体作用,有效提升学生阅读水平。因此教师应讲解各类导图的使用方法,增强学生的使用意愿,进而主动利用导图学习知识。

1. 依据思维导图特点,激发阅读兴趣

思维导图将文本内容图示化,在展现学生思考问题的模式及水平的同时,也能够提高学生对于一整本书学习的热情。语文教师可凭借图示的方式,激发学生的绘图热情,逐步完成对文本的解析。一般而言,在整本书阅读教学中,很多同学反映能明白文本的内涵是怎样的,但是无法清晰地表达,这表明学生的思维存在模糊不清的问题,教师应借助思维导图的分析功能,引导学生捋顺思维逻辑,促进其阅读兴趣的生成。

2. 发散学生思维,诱发进行阅读期待

思维导图的思维发散功能是毋庸置疑的,因此在关键词的发散上,语文教师应该加大比例。围绕关键词的思维发散,属于低阶认知的层次,几乎每位同学都能达到这个水平。在引导学生进行思维发散的过程中,同学们想到的发散内容不尽相同,有过度泛化的可能。所以,教师要加强监督,并在此基础之上加强引导,进而展开对文本的探究。他人发散的不同内容,能够激发学生展开对文本的想象,诱发学生的阅读期待。

3. 依据情境目标,采用不同思维导图

(1)圆圈图。圆圈图的绘制方法是:首先绘制一个圆圈,在圆圈内填写讨论的主题词;其次,该圆心绘制一个直径更大的圆圈,在外圆圈内填写能够联想到的关于该主题的所有词语,圆圈可以不止两圈,如图6-1所示。

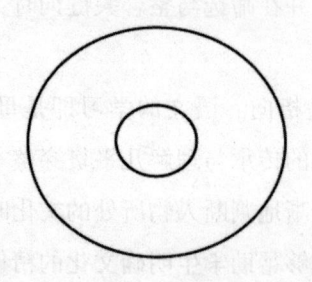

图6-1 圆圈图

圆圈图可用来下定义、进行头脑风暴、列清单等,适用于整合一个确定的关键议题,帮助学生学习概念事实类的内容。在使用圆圈图示时,首先,在进行发散思维训练时,围绕关键词,尽可能多地展开;其次,在进行聚合思维训练时,结合主题对各个分支进行逆向筛选,保留个人认为最具保留意义的关键词,数量在3~10个;最后,进行批判性思维训练,要解释联想的理由。

(2)(单)气泡图。(单)气泡图的绘制方法是:首先绘制一个中心圆,在中心圆圈内填写想要描述的人、事、物，在该圆圈的外围画出一定数量的小圆，在小圆内填写能够形容这个人、事或物的形容词，最后用线条连接中心圆和其他小圆，如图6-2所示。

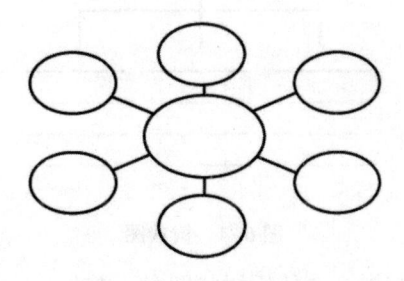

图6-2　（单）气泡图

（单）气泡图适合描述某件事物的特点或者一些基本属性等，在使用时，学生一般需要依据个人经验，判断思考事情属于何种性质，以及某件事物的特点是什么等。在使用单气泡图时，首先，在进行发散训练时，尽可能多地对关键词进行描述；其次，在进行聚合思维训练时，进行逆向筛选，保留几个本质特征的词；最后，进行批判性思维训练，说明选择的理由和依据。

（3）双气泡图。双气泡图的绘制方法是在中心的圆内分别填写进行比较的事物，在周围小圆内填写形容词进行描述。共同连接的圆是两者的共同点，小圆的数量可以自己增删。这类图适合用于比较两者之间的异同点，如图6-3所示。

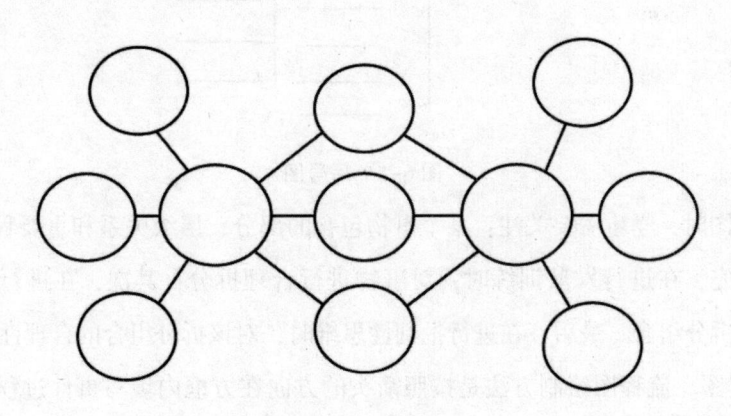

图6-3　双气泡图

在制作双气泡图时，学生需要考虑事物之间的相同点和不同点，同时再比较哪些更值得的方面，进行相同与不同的比较。在使用双气泡图时，首先，在进行发散训练时，找出两个比较对象间尽可能多的异同点；其次，在进行聚合思维训练时，找出本质的相同点和不同点；最后，进行批判性思维训练，解释理由和依据。

（4）树状图。树状图绘制方法是上层写下被分类对象的名称，并在第二级进行下一级分类，如图6-4所示。

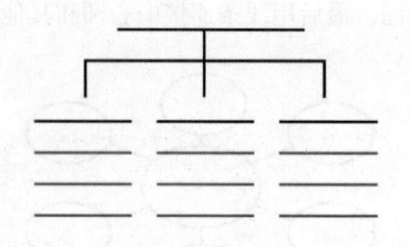

图6-4 树状图

树状图适合进行分类和归类。在使用树状图时，首先，在进行发散训练时，能够为一组事物给出多种合理的分类方式；其次，在进行聚合思维训练时，找出最佳分类标准进行分类；最后，进行批判性思维训练，对该标准的合理性进行探究。

（5）括号图。括号图绘制方法是在括号的两边绘制横线，在右边的横线上填写分散的部分，在横线的左边填写事物的整体属性是什么。括号的数量可以自己增删，如图6-5所示。这类图适用于描述整体和部分的关系。

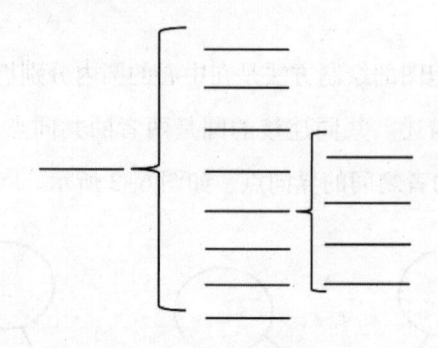

图6-5 括号图

制作括号图时，学生需要关注：某个事物包含的部分、层级关系和重要程度等。在使用括号图时，首先，在进行发散训练时，对事物进行合理拆分；其次，在进行聚合思维训练时，找出最佳拆分组合。最后，在进行批判性思维时，对该拆分组合的合理性进行解释。

（6）流程图。流程图绘制方法是按照箭头的方向在方框内填写事件过程。箭头的方向无须一致，如图6-6所示。

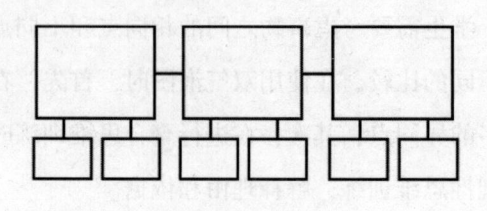

图6-6 流程图

流程图适用于故事的发展脉络和先后顺序。在使用流程图时，首先，在进行发散训练时，进行恰当的步骤分解；其次，在进行聚合思维训练时，概括步骤；最后，进行批判性思维训练，检验流程图的顺序和完整性。

（7）复流程图（多重流程图）。复流程图绘制方法是三列方框图的形式，中间部分是事件，最左边的框是缘由，最右边的框是结果，如图6-7所示。

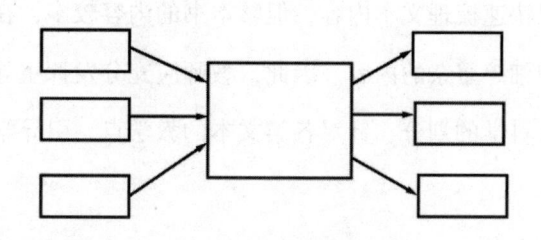

图6-7　复流程图（多重流程图）

复流程图适用于分析事情的原因和结果。在使用复流程图时，首先，在进行发散训练时，尽可能多地列举引发事件的原因以及事件带来的影响；其次，在进行聚合思维训练时，找出关键的原因和结果；最后，进行批判性思维训练，对因果关系进行审查。

（8）桥形图。桥形图绘制方法是在桥型的左侧横线填写一组相关的对象，在桥型的右侧横线填写相应的另一组相关的对象，如图6-8所示。

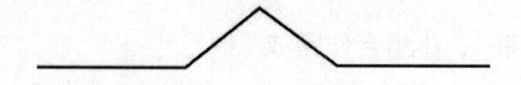

图6-8　桥形图

桥形图适合事件之间的类比。在使用桥形图时，首先，在进行发散训练时，尽可能多地列举类比关系；其次，在进行聚合思维训练时，选出最佳的类比关系；最后，进行批判性思维训练，解释类比原因。

不同类型的知识需要采取不同的思维导图。在将思维导图实施到整本书阅读教学中时，教师可以通过具体案例，先向同学们介绍知识的分类，再教给学生思维导图的相关知识，尤其是八大思维导图示的绘制技巧和方法。学生在清楚方法后，才能够积极参与进来，学生有效绘图的同时，教师也能对其进行合理的评价。

4. 进行主题阅读，绘制个性化思维导图

在整本书的阅读教学中，由于内容有轻重之分，因此，可对整本书的重要内容开展主题阅读。运用思维导图对文本内容进行重构，能让学生对内容有深刻的领会。另外，教师引导学生绘制个性化思维导图的同时，并不意味着对作品一定要产生不同的理解，也可以是从不同的角度去理解一部作品。

（三）将整本书分成部分后化整为零

思维导图虽然可以快速梳理文本内容，但整本书的内容较多，在学生进行整本书阅读活动时，往往难以把控细碎繁杂的内容。因此，教师应充分发挥主导作用，把整本书的内容按照一定的标准进行科学的划分，针对各类文本的教学点，引导学生分别利用各类思维导图进行学习。

1. 整本书为指向，定位思维导图关键词

在活动开展的过程中，关键词的确定很重要，阅读主要就是围绕所选定的关键词来进行，选定的关键词直接决定学生的阅读走向。关键词实质上就是阅读的主题，阅读的主题应依据阅读目标而定，整本书阅读的目标需要从单元教学的人文主题和语文要素的基础之上，深入挖掘作品本身所具有的文学价值。在这个基础之上，依据学生阅读水平的高低，再分层次设置整本书的阅读目标，将目标进一步细化，才能准确抓住整本书阅读目标的要领。

2. 一"词"多"联"，小组合作完成

在确定好关键词之后，如果某一关键词涉及内容较多，可以采取小组合作学习。即教师根据一定的标准，对学生进行一定程度的分组。教师在划分小组时，应根据实际情况，选出小组代表，使每个小组既要有阅读水平高的，也要有阅读水平较低的。另外，教师应引导学生围绕关键词进行联想，在面对较多关键词时，也可采取小组合作完成。在开展组内活动时，教师负责监督，保证每位学生都参与任务的完成。在充分联想之后，教师要组织小组内部讨论，解释围绕关键词展开的联想。由于某些关键词，如情感表达，一整本书的情感表达的容量之大，独立成员恐怕在有限的时间里难以完成，因此，也可采用小组合作完成，小组内头脑风暴，集思广益，以一个关键词联想到多条线索，合作完成任务。

在整本书阅读教学的过程中，围绕关键词展开联想是中心环节，也是较为复杂的一环，采取小组合作学习，能够缩减学生过度发散的可能，并在培养合作精神的同时，较好地提高学生的自学能力和文本解读能力。对于整本书教学而言，小组合作学习能够大大减轻学习量，提高整本书教学效率。

3. 整理相关思维导图，复述文本内容

思维导图绘制环节结束之后，教师应引导学生重新回到文本中，通过思维导图尝试复述每张思维导图的内容，这一环节的进行，应在整本书的内容学习完毕后进行。教师可以将以往布置的绘图作业全部收集出来，根据自己绘制的思维导图，尝试复述核心知识点，在回忆过每张思维导图之后，根据各个思维导图的统一整合，进行文本深层内涵的探讨，加深对于文本的理解和把握。

4. 合理使用量表，公正评价学生成果

合理的评价在教学中是十分必要的，同样地，对于学生的思维导图的质量，教师须采取科学合理的评价准则，由于当前关于学生思维导图质量评价的标准较少，具体评价可参考思维导图评价量表。

（四）培养学生读图过程的阅读思维

1. 提供思维导图，引导学生共同解读

教师指导的最终目的是学生自学。在学生独立解读之前，语文教师应给予一定的指导，帮助学生们梳理思路。教师布置过思维导图的任务后，同学们绘制的成果各不相同，因为他们的思维范式和思考问题的角度千差万别。这种过于个性化的成果有的可能严重偏离文意或者是教师预期的目标。

对于这种状况，教师应先提供一份思维导图，师生共同分析，由实际的图示化知识转向抽象的逻辑水平，提升学生的逆向思维水平。让学生在制作导图时，可以运用逆向思维，去构造自己的思维框架，思维导图课才不会偏离课堂中心，学生的核心素养才能得到提升。

2. 弱化教师指导，生成"读图"支架

在师生经过共同解读的训练之后，教师应减弱指导，引导学生自读。教师的指导只起到引领作用，学生阅读能力的真正形成和稳定需要在自主阅读活动中实现。学生的解图能力不能单单依靠教师的指导，关键在于脱离教师指导后是否形成自身解决问题的"支架"，在面对实际问题时，能否灵活运用这个"支架"。所以教师可以在共同解读思维导图时，为学生提供解图的"支架"，引导学生形成自身解图"支架"。在这一环节，教师的指导是关键，直接决定后续学生成果的生成，直接体现学生的阅读能力，关系到学生进行整本书的自主阅读学习，尤其是自读篇目和课外阅读篇目的学习。

3. 科学评价"支架"，总结绘图的步骤

学生解图"支架"的形成离不开教师的引导，同时对学生解图"支架"的评价也是至关重要的。在学生初步生成解图"支架"时，学生的思维模式的问题逐渐凸显，针对其问题，教师理应进行科学评价，但教师对于学生"支架"的评价会带入个人的思维习惯。所以语文教师不仅要积累经验，也应加强思维理论的学习，采取科学有效的评价体系。

在合理评价的基础之上，教师应带领学生总结绘制步骤，即统一的绘图"支架"，让学生参与绘图策略的生成环节，与教授绘图技巧相比，这种方法既能够显著提升学生的思维能力，也能够极大提高学生的课堂参与度。

4. 运用"支架"，鼓励学生自主阅读

在学生的解图"支架"和绘图"支架"成熟后，教师应适当布置任务，督促学生运用"支架"完成，这些任务可以由简单到复杂，循序渐进。在进行整本书阅读教学的过程中，涉及的知识点数量不少，而课堂的时间有限，实施整本书阅读教学的课时更加紧迫。所以，整本书阅读的任务全部依靠课堂完成并不现实。此时，教师就可以鼓励学生运用导图的方式，独立解决相应的问题。学生可依据绘图"支架"，高效完成任务，在运用"支架"的同时，同学间及时交流，查缺补漏，逐步完善自身的绘图"支架"。同时，在图与文之间，能够实现快速转换。通过以上环节的训练，此时的学生应达到图文转换的能力，教师也可以通过图文转换检验教学效果。

综上所述，在初中语文整本书阅读教学中，高效使用思维导图的条件之一是教师的有效重视。语文教师应在仔细研读初中学段语文课程标准、充分解读单元主题以及把握整本书的文学价值，确定不同层级的阅读目标，合理采用不同类型的思维导图，合理地使用量表，科学评价学生成果，逐步帮助学生厘清思路，形成自身解决问题的思维框架。

五、初中语文整本书阅读教学思维导图的应用实践

思维导图在初中语文整本书阅读教学中的具体应用——以《骆驼祥子》为例。通过相关资料可知，《骆驼祥子》是一部反映现实的小说，一个有理想、要体面、肯出力的农村青年——祥子，随着城市梦的一次次破灭，变得麻木、自暴自弃，最终以惨败告终。祥子

的梦想只是穿着干净体面的衣服，拥有属于自己的一辆车，靠着自己的力气吃饭。然而在当时的社会背景下，一个毫无根基和历练的人乍然来到城市，必然要经历种种现实困境和精神危机，祥子的命运悲剧似乎是注定的，因此，《骆驼祥子》的阅读目标可以设置为：第一层级，理解文本的整体内容，梳理清楚小说的人物关系，准确把握祥子的思想变化过程以及命运悲剧。第二层级，通过祥子的命运悲剧，体会作者对于祥子的同情，以及对于小农思想与社会制度的隔阂之思。第三层级，作品中对于老北京的生活进行了细致的刻画，文字描写散发浓浓"京味儿"，透过文本内涵，可引导学生感受生动的语言描写，理解作者语言之中蕴含的家国之思。

在教学过程中，语文教师可根据班级整体阅读水平，选择其中的阅读目标。本文选取第一层级的阅读目标为例，展示不同思维导图应如何在整本书阅读教学中有效应用。

（一）准备阶段——以图激趣，发散学生思维

在教学准备期，教师的主要任务是激发学生兴趣，引导学生进行思维发散。

第一，细化阅读目标。语文教师可将选取的阅读目标细化，例如，可将《骆驼祥子》的阅读目标定为五个部分：主要人物的关系、主要人物的特征、祥子的遭遇、祥子的前后变化、祥子的命运悲剧。在这一阶段，教师可选取主要人物的关系、主要人物的特征、祥子的遭遇、祥子的前后变化作为阅读目标。

第二，圈点、批注关键句段。根据本单元的导读主题及单元导语提示，《骆驼祥子》应帮助学生通过圈点、批注关键段落及字句，使其语文能力得到提升。因此，在进行作品的学习时，应注重让学生圈点勾画关键段落及字词。首先，圈画与祥子有关联的主要人物，同时，能够证明两者关系的事件也应该进行批注，批注部分应说明两者的关系，圈画和批注工作完成后，整理也是重要环节。

第三，利用导图，激发思维。在资料整理的过程中，因涉及的内容较多，若无合适的整理方法，容易使学生疲于文字抄录，从而失去对文本的兴趣。因此，教师在此环节可向学生提供八大思维导图，让学生们自主选择使用哪种导图更利于知识的整理。例如，在完成主要人物关系梳理的阅读目标时，如只是直线式的梳理，难免会造成学生整理和识记的困难（图6-9），但是，如果教师引导学生选择合适的思维导图，那么不仅能够激发学生的阅读兴趣，各类关系也一目了然，同时，在后期识记和回忆时也能很大程度解决学生的记忆难度，如图6-10所示。

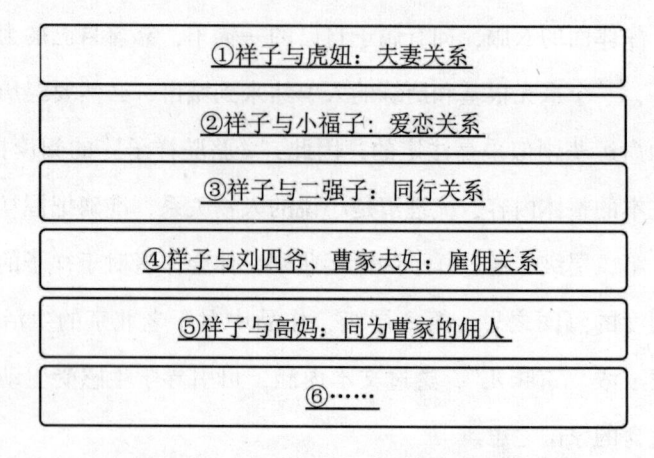

```
┌─────────────────────────────────────┐
│   ①祥子与虎妞：夫妻关系              │
└─────────────────────────────────────┘
┌─────────────────────────────────────┐
│   ②祥子与小福子：爱恋关系            │
└─────────────────────────────────────┘
┌─────────────────────────────────────┐
│   ③祥子与二强子：同行关系            │
└─────────────────────────────────────┘
┌─────────────────────────────────────┐
│   ④祥子与刘四爷、曹家夫妇：雇佣关系  │
└─────────────────────────────────────┘
┌─────────────────────────────────────┐
│   ⑤祥子与高妈：同为曹家的佣人        │
└─────────────────────────────────────┘
┌─────────────────────────────────────┐
│                ⑥……                  │
└─────────────────────────────────────┘
```

图 6-9　传统式祥子的社会关系梳理图

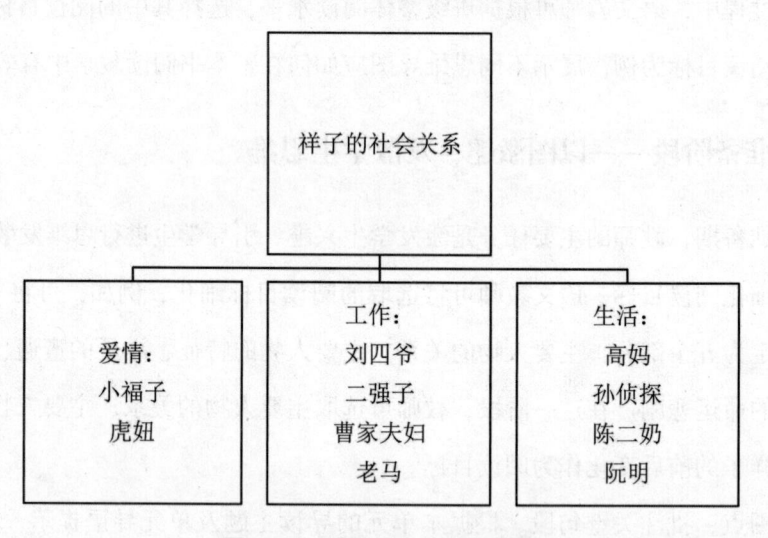

```
              ┌──────────────┐
              │  祥子的社会关系 │
              └───────┬──────┘
         ┌────────────┼────────────┐
    ┌────┴────┐  ┌────┴────┐  ┌────┴────┐
    │ 爱情：   │  │ 工作：   │  │ 生活：   │
    │ 小福子   │  │ 刘四爷   │  │ 高妈     │
    │ 虎妞     │  │ 二强子   │  │ 孙侦探   │
    │         │  │ 曹家夫妇 │  │ 陈二奶   │
    │         │  │ 老马     │  │ 阮明     │
    └─────────┘  └─────────┘  └─────────┘
```

图 6-10　祥子社会关系树状图

人物关系的梳理实质上是对与主人公关联的人物进行分类，例如，祥子跟刘四爷是雇佣关系、祥子与虎妞是夫妻关系、祥子跟二强子是同行关系等。在八大思维导图中，只有树状图最适合于各级关系的梳理。因此，人物关系的分类梳理更适合采用树状图。同样地，对于主要人物的特征、祥子的遭遇以及祥子的前后变化，完成圈点批注工作后，如只是罗列知识点，不仅不能帮助学生学习，反而增加大量的识记负担，所以也应采用合适的思维导图来学习。

例如，人物特征的整理是某个人物的特点总结，在八大思维导图中，（单）气泡图主要用于某类事物或者人物的特征，因此人物特征的整理使用（单）气泡图更加合适，如图 6-11 所示。祥子的遭遇这部分更适合使用复流程图，复流程图方便分析祥子的遭遇及其产生的影响，如图 6-12 所示。祥子的前后变化是指前期到后期的变化过程，因此更适合使用流程图，如图 6-13 所示。

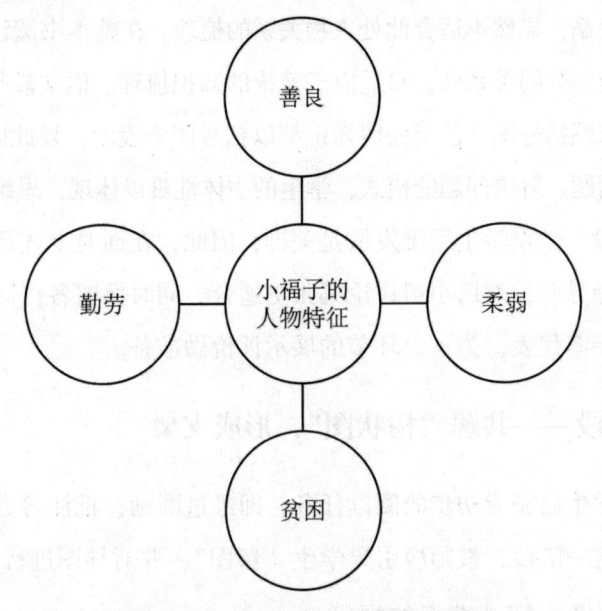

图 6-11 小福子的人物特征气泡图

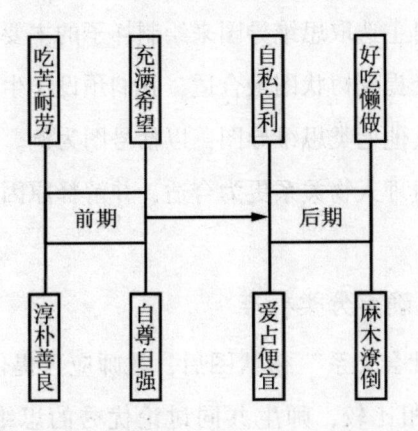

图 6-12 祥子的前后变化流程图

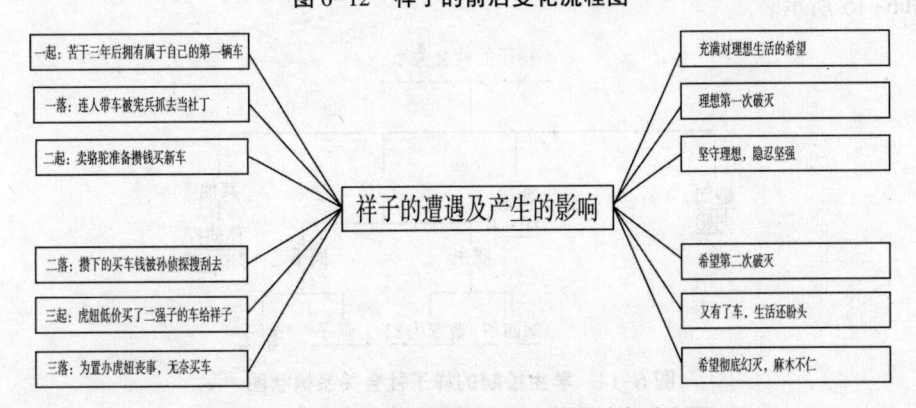

图 6-13 祥子的社会遭遇及产生的影响复流程图

然而，学生由于对思维导图的不熟悉，也可能采取其他的导图来完成相应的人物。例如，对于人物关系的梳理，学生可能会使用与树状图极为相似的括号图来完成，而括号图是描述整体与部分的关系，显然不适合此处人物关系的梳理。在整本书阅读的教学活动中，括号图除了描述整理与部分的关系外，只适应于笼统的知识梳理。语文教师在进行整本书阅读教学时，不应过度依赖括号图，甚至任何知识都以括号图来表示，长此以往，整本书阅读教学又将回归于提出问题、解决问题的模式，学生的主体性难以体现，思维水平难以发展。

在教学准备阶段，激发学生思维发散是关键，因此，在面对上述情况时，教师可让小组内的同学自主选择导图，然后小组讨论哪张更适合，同时保留各位同学的思维导图和小组共同选取的思维导图代表，为下一环节的展示评价做准备。

（二）指导阶段——共解"树状图"，形成支架

在上一阶段，学生已完成初步的阅读任务，即经过圈画、批注等方式，初步筛选出主要人物的关系。在这一阶段，教师应引导学生"解图"，并对导图进行科学的评价。

1. 比对不同导图，解读选用的规则

在上一阶段中，学生自主选取思维导图来绘制祥子的主要社会关系，对于梳理人物关系的思维导图的选择，此处提到树状图最合适，我们预设学生会出现两种状况：选用树状图或者选用除树状图外的其他七类思维导图，以括号图为例。在学生进行展示的时候，教师应适时指出使用树状图梳理人物关系更为合适，并解释原因，同时，依据思维导图的评价量表进行打分。

2. 分析"树状图"，确定分类标准

选出较好的"祥子的社会关系"树状图后，教师应再提供一张制作完备的"祥子的社会关系"树状图，两者相比较，师生共同讨论优秀的思维导图作品好在哪里，如图6-14和6-15所示。

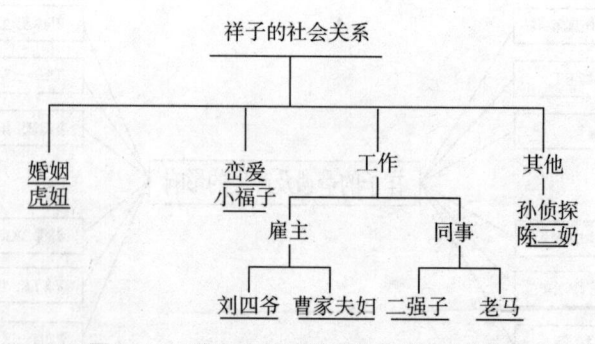

图6-14 学生绘制的祥子社会关系树状图

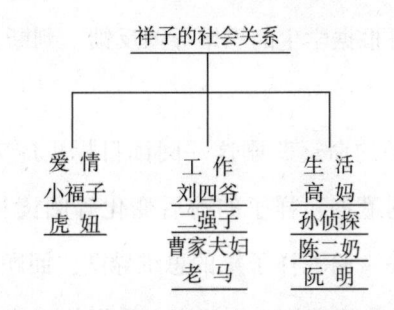

```
            祥子的社会关系
      ┌────────┼────────┐
    爱 情     工 作     生 活
    小福子    刘四爷    高 妈
    虎 妞     二强子    孙侦探
              曹家夫妇  陈二奶
              老 马     阮 明
```

图 6-15　教师提供的祥子社会关系树状图

一般而言，在同学们进行讨论后，图 6-15 对于人物关系的分类更加合理，每一层级能够全面概括下一层级的人物关系，相较于图 6-14，更加简洁、明了。而图 6-14 分类的标准不明确，婚姻、爱恋、工作、其他这四个关键词并不能在同一层次，难以辨别对祥子社会关系的分类标准。

3. 反思"树状图"绘制，形成解图支架

在反思"树状图"绘制，形成解图支架阶段，语文教师应引导学生思考：为何这份思维导图能够全面概括主要的人物关系，继而帮助学生回顾树状图的使用规则。各类思维导图的使用规则应当依照"发散思维训练—聚合思维训练—批判性思维训练"的步骤，才能发挥出思维导图在整本书阅读中应有的效果，树状图的使用也应遵循以上步骤。例如，这份"祥子的社会关系"思维导图，为何要以此为关键词，原因是他包含了与主要人物相关的所有关系，其合理性经得起探究。

在使用树状图进行人物关系的梳理时，首先，在思维发散阶段应引导学生尽可能多地列举《骆驼祥子》中的人物关系，包括主要关系和次要关系，如祥子的社会关系、祥子的婚姻关系、祥子的同行关系、祥子的恋爱关系等。其次，在进行聚合思维训练时，找出最佳的分类标准。经过筛选，"祥子的婚姻关系、祥子的同行关系、祥子的恋爱关系"等只是祥子社会关系的一类，不能全面概括祥子的人际关系，所以不能作为人物关系梳理的核心议题。最后，在进行批判性思维训练时，通过对这个标准做出合理性的探究，我们可以发现"祥子的社会关系"包括了祥子的生活、婚姻、工作等方方面面的关系，所以被确定本次阅读活动的核心议题较为合理。

主要人物的特征、祥子的遭遇和祥子的前后变化也应依据以上步骤完成，即学生展示相关思维导图作品，教师依据思维导图评价量表打出分数，并组织讨论高分作品好在哪里，在讨论的过程中，教师应重点关注学生的"解图"思路，根据各类思维导图的使用规则给出及时、有效地反馈。因此，经过《骆驼祥子》的系列主题学习，学生对各类图示的应用具备一定的基础。教师可根据学生的思维导图反馈，判断是否可以进行下一步的自读教学活动。

另外，在这一阶段，祥子的命运悲剧这一阅读目标也应完成。在完成主要人物的关系、主要人物的特征、祥子的遭遇、祥子的前后变化等阅读目标后，教师应安排专门课时，利用学生自主绘制的有关《骆驼祥子》的思维导图，回顾相应的知识点，在充分理解文本的基础之上，探讨祥子的命运悲剧。由于本文采用的阅读目标是第二层级的目标，因此，对于祥子命运悲剧的原因分析只停留在第一层，即几番丢车、染病、小福子之死等接二连三的打击，最终造成了祥子的命运悲剧。

（三）自读阶段——运用支架，自绘"气泡图"

由于课堂的时间有限，整本书涉及的内容多，所有的知识在课堂上完成并不现实。所以需要学生在减去教师指导的基础上形成自身的"绘图"支架，独立完成对于知识的学习。因此在这一环节中，教师应转换角色，作为整本书的任务发布者和评价者，减弱对于学生的指导，引导学生自主绘制导图，在把握文本意蕴的基础之上，能对思维导图成果进行正确地评价。

经过"祥子的社会关系"专题的学习，学生的圈点、批注能力得到一定的发展，能够找到文本中的关键句子，如段首、段尾、过渡句等，相应的思维导图学习方式已经初步形成，教师可以尝试减少指导，以学生的自主阅读为主。以《骆驼祥子》中主要人物特征的学习为例，通过"祥子的社会关系"的学习，学生能够找出作品涉及的主要人物有祥子、虎妞、小福子、刘四爷、二强子等。例如，在进行虎妞这一人物特征的学习时，可依照以下教学步骤进行。

1. 圈点和批注

圈点和批注环节，教师应要求学生勾画出作品中关于虎妞的描写，并做出批注，指出勾画句段表明虎妞怎样的特征，教师可做出示范。例如，作品中这样描写虎妞："她长得虎头虎脑，因此吓住了男人，帮助父亲办事是把好手，可没人敢娶她做太太。她什么都和男人一样，连骂人也有男人的爽快，有时候更多一些花样。"圈画后批注：这里对虎妞进行外貌描写和性格描写，向读者描绘了一个外形高大，性格爽利、泼辣的虎妞。

2. 进行小组讨论

进行小组讨论环节，教师应要求学生概括出虎妞的外貌特征和性格特征。经过小组讨论后，学生可以得出虎妞的外表丑陋，长得虎头虎脑，性格鲜明，泼辣、市侩、精明、好吃懒做。同时，聪明能干、待人爽利、敢于抗争、对幸福婚姻充满向往等。

3. 绘制思维导图

绘制思维导图环节，教师应要求学生绘制虎妞的性格特征思维导图。经过"祥子的社会关系"的学习，学生已经能够初步判断相应的知识适宜采用哪种思维导图。展示虎妞的性格特征即是对虎妞的某些基本性格特质进行描述，而（单）气泡图适合描述某件事或某个人的特点，因此，学生能够绘制出关于虎妞的性格特征的（单）气泡图。

4. 开展小组汇报

开展小组汇报环节，各小组展示虎妞性格特点的思维导图。由于每位同学的个人经验不同，在描述虎妞性格的词语选择上会存在差异。此时，教师应引导学生在导图存在分歧的地方展开探究，说明选择保留某一词语的理由。

如图 6-16 和图 6-17 所示，对于虎妞性格的特点，一些同学选择的描述词可能是：聪明能干、待人爽利、敢于抗争、泼辣，还有一些同学选择的描述词可能是精明强干、好吃懒做、泼辣。

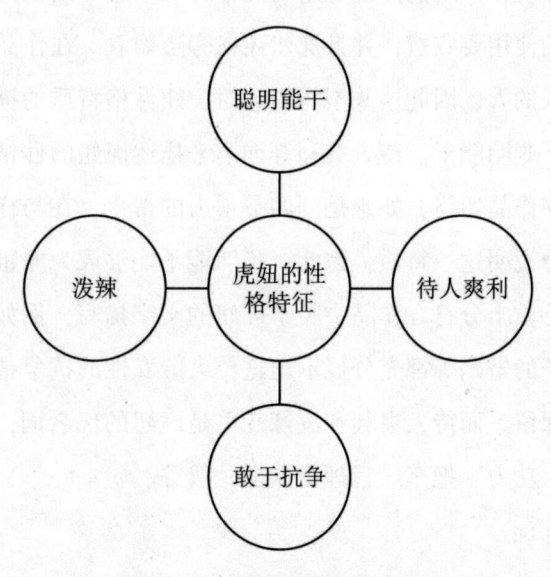

图 6-16 虎妞性格特征气泡图

```
        精明强干
           │
           │
        虎妞的性
        格特征
        ╱    ╲
       ╱      ╲
     泼辣    好吃懒做
```

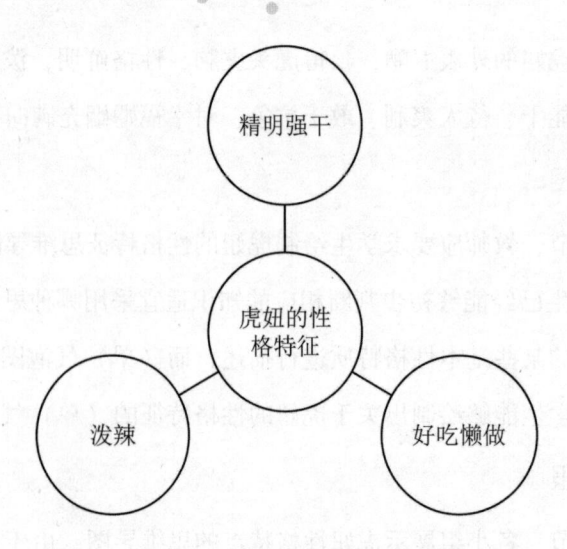

图 6-17　虎妞性格特征气泡图

对于这样两组同学对于虎妞性格的描述存在较大差异。教师可让两组同学分别说明理由，说明方式如下：我们组通过思维发散，得出关于虎妞性格的描述词，分别是好吃懒做、乐于助人、聪明能干、待人爽利、敢于抗争、泼辣等。依据（单）气泡图的使用规则，我们组通过逆向筛选，选择舍弃好吃懒做和乐于助人两个特质，原因如下，好吃懒做只在虎妞结婚后有所体现，并不能体现虎妞的性格特质。乐于助人只在为小福子提供房间时有所体现，但房间的使用要收费，并且虎妞还在旁边偷看。在作品的大部分描写中，虎妞并不是一个乐于助人的人，因此这并不能作为对虎妞性格特质的描述。而我们组经过多次组内质疑，最终留下聪明能干、待人爽利等词语来描述虎妞的性格特质，理由为虎妞的聪明能干特质几乎贯穿作品始终，如她是刘四爷得力的帮手，在与祥子结婚后，也能维持不错的生活水平，充分说明这一特质，因此，聪明能干能够成为虎妞性格特质的描述词。

敢于抗争的性格特质十分符合作品中关于虎妞的文字描写，例如，作品中虎妞与刘四爷的争吵、虎妞与祥子的婚姻等都充分展示出这位大龄女性的抗争精神，这一品质具有更深层次的内涵，所以保留。而待人爽利和泼辣几乎是虎妞的代名词，文中也多有介绍，比如比男人更厉害的骂人功力、把车厂管理得铁桶一般等。

5. 进行自评和互评

进行自评和互评环节，教师应要求学生利用思维导图评价量表，进行自评和互评。在这一环节中，教师要做好监督与指导，对存在争议的评分，定期组织探究活动，监督学生评价的公正性和有效性。

通过在"教学准备—教师指导—自主阅读"这一阅读课型中使用思维导图，不仅能够提高学生在课堂上的整本书阅读能力，对于课外阅读能力的发展也有帮助。其中，教师指导环节是最重要的，决定学生能否形成一定的思维模式，是否能够顺利进行后续的自读课和课外阅读。学生自主阅读阶段，即学生显性思维策略化的过程，也就是学习方法的生成过程。学生的自主学习很关键，教师一定要发挥应有的作用，加强监督与引导。思维训练三阶段理论中最后一个阶段：高效思维自动化的环节，则体现在学生的课外阅读环节，学生能否自觉地运用思维导图对课外阅读篇目进行分析是关键。

另外需要说明的是，思维导图只起到载体作用，整本书阅读活动才是主体。在将思维导图应用于整本书阅读教学时，语文教师应该以思维导图为载体，关注学生阅读能力和思维水平的发展。思维导图的绘制、解读、评价等过程的目的是让学生的阅读过程得以显现，同时，以上过程也能够促进学生思维逻辑的发展，有利于整本书的阅读教学。

第四节　初中语文教学中整本书阅读与写作有效结合的策略

整本书阅读是帮助学生完成写作的基础，两者有着非常密切的关系。学生需要在学习语文课程的过程中阅读大量的素材，并且能够深入地去分析和理解，才能更好地将这些素材运用到之后的写作中，使写作的内容更加丰富，进而传达内心的情绪与感受。在学生写作的时候，总会有一些情绪和情感无法用言语来表达，导致学生处在写作困难的处境中。出现这种情况的主要原因是学生在日常的学习过程中缺乏阅读量的积累，对各种信息和资料的掌握不足，所以容易在写作的过程中出现"无话可说"的情况。想要有效提高学生的写作水平和效率，需要在日常的学习过程中积累大量的素材，借助大量阅读来开阔学生的眼界和视野，整本书阅读能够让学生的情绪更加丰富，并不断增加写作的方法，为之后的写作奠定理论基础。整本书阅读与写作教学的有效结合能够培养学生写作和理解能力，而且能够锻炼学生观察和欣赏的能力，进而推动学生的全面健康发展。初中语文教学中整本书阅读与写作有效结合的策略具体如下。

第一，提高教师指导效率。虽然初中语文教学中的阅读板块非常繁重，但并不是所有的范文都要深入地分析和讲解，所以需要教师分清阅读内容的主次，这样才能有效增强语文教学的效果。教师要重视阅读指导的效率，更要重视整本书阅读与写作过程的有效结合，引领学生深入地理解文章的主要内容和表达方式，可以从布局、技巧和语言的组织进行分析，从而加强学生的语言和文字表达能力。

第二，挖掘教材写作技巧。初中语文教材中的文章是通过专家仔细探讨和研究选择出来的代表作品，作为文学写作的典范存在，无论是文章的布局和构思，还是文章的立意和词句的运用,都是能够经得起推敲的优秀作品,所以,教师不能舍弃这些现有且经典的作品。整本书阅读的方式有很多优势,可以让学生深入且全面地了解一部作品,而且学生所能够获取的知识更加完整。

第三,研究作者创作风格。初中语文教材中所选作品的作者有很多,但每一位作者所选取的作品却有限,大多数作者都只选取一篇作品融入教材。一篇作品的学习无法让学生深入地了解该作者的风格,更无法感受该作者所写作品的文采。因此,教师可以让学生自己去阅读整本书,系统而完整地了解和阅读作者更多的作品,并且也应该多鼓励学生去阅读整本书,在阅读之后可以说一说学生对于作者创作风格的想法。

第四,培养学生思维素养。整本书阅读的方式能够不断丰富学生的知识储备,而且能够有效提高学生的阅读素养,一些特定作品的阅读还能培养和锻炼学生的思维。教师对学生的阅读要求应该从不同题材和类型的作品入手,并且能够有针对性地设计之后进行写作练习。对于思想性比较强的文章,教师应该尽可能地给学生提供探究的时间和空间,鼓励学生用精读与细读的方式进行,还要注重学生思维能力的培养和考查。

第五,加强课外阅读的拓展和延伸。整本书阅读对于丰富学生的知识素养和开阔学生的眼界是很有帮助的,初中生的语言积累虽然比较丰富,但大多数学生的阅读量还需增加,特别是对那些经典作品的了解,只有很少的学生会系统而完整地去阅读。因此,教师应该对学生进行适当地引领,让学生可以用课余的一些时间去阅读相关作品,这种阅读形式能够不断提高学生的知识水平,并且能够不断增强学生的阅读和感受能力。

综上所述,阅读与写作是初中语文课程教学体系中的重要组成部分,整本书阅读对学生语言表达和文学创作能力的提升很有帮助,而且能够提高学生自主学习的能力。教师应该在初中语文课程教学中注重语文基础的巩固,引领学生深入感受其中的情感与精神,并且能够将整本书阅读的内容融入写作过程中,从而帮助学生创新写作的思维和思路,促使整本书阅读与写作教学能够有效地结合,进而达到增强初中语文课程教学的效果。

第七章　初中语文整本书阅读教学的实践研究

第一节　传记类整本书阅读教学实践

学生对于传记类文本并不陌生，初中语文教材中出现较多，语文教材中的单篇传记文章在传记的特点、传记的结构以及传记的语言等方面均有所涉及。通过学习单篇课文，学生也能从中积累传记的阅读方法。但是，单篇传记和整本书的传记又存在着很大的差别。在文章篇幅上，整本书的传记就给学生的阅读带来了一定的挑战。若只是简单运用在单篇传记中习得的经验和方法，不足以完全驾驭整本书的传记阅读。因此，语文课堂上进行整本书的传记阅读分析，更利于学生形成对于传记的整体认知，养成整体性阅读的习惯。

一、抓住传记中的基本要素

传记类文本由于其自身的独特之处，初中语文教师在进行整本书阅读指导时应该从传记本身的特点出发，从整本书出发，具备整体意识，抓住传记类文本教学的重点，给予学生在阅读时的指导。

（一）以事件为中心，梳理人物的经历

传主的生平是人物传记的重点内容，也是学生在阅读过程中首先要面对的阅读问题。在整本书阅读的过程中，学生首先要具备厘清传主生平的能力，包括传主生平大事、对传主产生重要影响的人等。因而，教师在进行传记类整本书阅读教学的过程中，要提供一定的理论支撑和阅读方法帮助。

1. 编写小传，厘清传主的经历

整本书阅读的人物传记多是以篇幅较长的大传为主，其中涉及的人物和事件较多，展现传主一生经历的大事重点突出，在突出重点的同时，也会将一些零碎的小事穿插其中，以起到整体上理解人物性格和行为等方面的作用。一般传记中，前两章介绍传主的家庭出

身和一些经历，这些在阅读过程中都是意在说明传主的生长环境以及家庭对于传主的影响。编写小传的目的在于让学生对整本书的内容有一个自己的独特的理解，基本厘清人物的线索对于后文的具体分析能够起到一个提纲挈领的作用，以便学生做到对文本内容了然于胸。

2. 撰写颁奖词，归纳传主的功绩

撰写颁奖词，归纳传主功绩是一种厘清人物经历以后进行个人评价的方式，首先需要学生对整本书有一个大致的了解，其次截取重要事件，用一段话或者几个关键词进行简单的概括。在撰写颁奖词的过程中，学生需要对全书的内容有一个大概的掌握，并能通过自己以往的阅读经验和已有的相关知识对传主本人做出一个初步的评价。学生之间可以通过讨论的方式了解传主在不同人心中的形象。在学生撰写完毕颁奖词以后，教师可以根据具体的颁奖词作出评价，并提供不同的思路，以开阔学生的思维。

3. 绘制"生平地图"，梳理人生的经历

人物传记一般都是以时间线索来串联传主的一生。在正式的阅读过程中，语文教师可以鼓励学生打破这种既有的思维方式，鼓励学生在阅读完全书以后，从不同的角度去为传主绘制"人生地图"。

（二）以传主为中心，感受人物的人格

人物传记的传主人格是传记作者重要表现的部分，通过分析传主的人格，从中提炼出利于初中生学习的品质，以达到德育的作用。

第一，关注典型事例。传记作者在进行传记创作时所选取的题材具有典型性。传主的一生可能有很多事情发生，大事和小事加起来才是一个人的一生。人物传记的目的不是像日记式的生活分享，而是应该挑选出对于传主来说产生重大影响，最能表现传主性格和精神的事件，只有这样才能达到传记的目的。

第二，聚焦谋篇布局。每部传记的结构都是有所不同的，不同的结构布局体现出创作者不同的意图。谋篇布局强调作者在进行文本创作的过程中，要根据不同的需求进行相应的创作构思。一般而言，谋篇布局可以分为三种类型：根据主题进行谋篇布局、根据具体材料进行谋篇布局和根据具体的文体进行谋篇布局。整本书阅读教学过程中，语文教师应该引导学生关注著作的谋篇布局，从不同类型的谋篇布局中，感受作者创作的意图。在传记中，作者一般会从文体的角度进行谋篇布局。传记文体突出表现的是传主的人物个性和成长经历，因此作者在进行谋篇布局时会将重点放在与传主相关的事件或者经历当中。

第三，次要人物的对比联系。次要人物是人物传记中非常重要的一个要素，阅读过程中除了对传主影响较大的事情以外，还有很多对传主影响重大的人物，我们可以称之为传记中的次要人物。次要人物中有对传主产生积极影响的，也有对传主产生消极影响的。虽然作用不尽相同，但是这些次要人物的出现就是为了与主要人物——传主产生对比的，以达到凸显传主人格的作用。

第四，情景还原策略。古代人物传记在阅读教学过程中最大的问题就是传主当时所处的社会环境离初中生的生活环境相去甚远，因此，如何让学生更加真切地了解传记中的人物也是初中语文教师在进行整本书阅读教学的一大难题。情景还原策略讲究的是营造一个相似的环境，使人仿佛置身于当时的真实情境中，起到切身体会的作用。

二、品味传记中的创作语言

传记的创作语言指的是作者在文本创作过程中所使用的语言，不是文本中人物的对话。研究传记的创作语言能够帮助学生了解作者对传主的态度、作者本身文化观与传主文化观的碰撞，从而理解传记的主旨和文化价值观。

（一）传记中不同人称的使用

传记中的他传一般都是以第三人称为主。传记的创作风格以纪实为主，强调的是必须对真实事件进行选择性记叙。而第三人称有着它特有的好处：相比于第一人称而言更加客观，可信度更高；利于后文叙述的展开，真实自然；更能突出文本的中心，使读者产生共鸣。例如，《苏东坡传》和《渴望生活：凡·高传》以第三人称的角度基本上还原了苏轼和凡·高两位历史伟大人物的一生。传记中的自传多是以第一人称为主，传主即作者本人，所以运用第一人称的写法，有利于迅速将读者带入作者所处的真实情境中，能够更加理解传主所处的环境，还便于作者抒发自己的感情。《鲁迅自传》和《罗素自传》都是作者本人从第一人称的角度回忆了自己的生平，这样的传记可以让读者更加认可传记本身的真实性。

初中语文教师在引导学生阅读传记文学作品时，应当利用在课堂所学的单篇传记的知识加上人称使用上的作用和好处，去分析传记中的人称使用，可以试着让学生思考不同人称的表达效果，说明运用这一人称的好处，或者不运用这一人称的原因，帮助学生从真实客观的角度理解使用不同人称的好处，也帮助学生在假设虚拟的环境中得到自己的判断。只有在创设的真实情境中，或者学生所经历的真实情境中，学生才能切身体会其用处和妙处。

(二) 生动传神的文学性语言

不同类型的传记作品在创作的过程中也会运用到不同的文学性语言。《史记》虽然有丰富的历史研究价值，但是司马迁在创作《史记》的过程中也加入了细致传神的小说笔法等，成功塑造了各种不同类型的人物角色。文学性语言的加入不仅不会使传记丧失纪实的功能，还会使传记的细节大放异彩，为传记的真实生动性加入一些有益的"添加剂"。初中语文教师引导学生感受不同语言风格的作用，体会传主形象，感受作者的创作意图。

1. 散文式语言，凝练优美

散文的语言一般都是"准确鲜明、生动形象、富有表现力、句式可骈可散、参差错落、文采绚烂、意境深邃"，运用这样的散文式语言，使得传记文读起来既有散文式语言的优美，又有传记式语言的真实性，更能使读者身临其境感受传记中的历史环境。例如，《苏东坡传》的作者林语堂是著名的散文大家，他的作品具有明显的散文化倾向。在创作这部传记时，他加入了很多自己对于人生的感悟以及他的人格中所独有的幽默风趣，使得读者读起来既能感受苏轼本人的豁达乐观，又能够从细节语言中感受林语堂本人的人生态度。

2. 小说式语言，细致传神

情节的曲折、人物的典型往往是小说吸引一大批读者的原因。有研究表明，初中生所喜爱的阅读文本中，小说的喜爱程度居首位。传记使用小说式的语言，既是打破单一的纪实性语言，为传记增加更强的阅读性，也是将枯燥的历史转变成活泼生动的历史故事。《史记》作为正史，其中也有非常多小说式的语言。由于当时可供参考的资料比较少又加上记录历史的条件比较差，司马迁在创作的过程中，也会根据对于具体情节的合理推测加入自己的想象，为历史人物或者历史事件设计出符合人物性格的语言。此外，描写人物心理活动、戏剧性场面等也为《史记》的阅读增加了明显的可读性。

3. 诗意的语言，情感真挚

在我们已有的阅读体验中，诗歌的语言是极富抒情性的，如《诗经》《楚辞》等都是一些韵律性极强的诗歌，它们能够将读者带入一个极美极真的世界，描绘出一幅情真意切的画面。传记文学运用诗意的语言，实则也是将传主的经历更加真实还原在读者面前，同时又极具浪漫色彩。

(三) 严谨客观的纪实性语言

传记最为重要的一点就是真实地还原历史事件。传记作者在进行相关历史事件的描写和叙述时，尤为注重语言的严谨性，特别是涉及日期、时间以及参与人数等精确问题时。如《史记·高祖本纪》叙述垓下之战，语言的运用精妙而又严谨，"五年，高祖与诸侯兵共击楚军"说明了垓下之战的准确时间，"淮阴侯将三十万自当之"则说明了当时双方兵力的人数，而"项羽之卒可十万"则说明了项羽方死伤的人数，关于战争的具体信息便跃然纸上。

1. 分析纪实性语言，激发阅读兴趣

纪实性语言有其自身的特点，相对于历史著作而言，传记语言要生动活泼得多，但是阅读起来还是会与小说、散文等文本存在一定的差距。初中生除了初中语文教材中的传记类文章以外，在平时的阅读中极少涉及古文版的传记文学，尤其是像《史记》这样的大部头著作，很多初中生往往用阅读时间不够来推脱，其实有一部分是因为纪实性语言的晦涩难懂。因而，语文教师的主要任务就是介绍相关的纪实性语言的文章以扫除阅读障碍，激发学生阅读的兴趣。具体方法为：首先用现代的人物传记打破这样的思维定式，用通俗易懂的人物传记吸引学生的关注；其次挑选有趣的纪实性语言进行课堂分析讲解以此来强化学生对于这类语言的理解；最后可以让学生对纪实性语言进行个人改写，在改写过程中鼓励学生在尊重原著的情况下使用当下的通俗语言等。根据不同的传记文本采用不同的方法，在理解传记文学的过程中培养学生对于阅读整本书的兴趣。

2. 补充史实的资料，打破阅读障碍

严谨的语言大多数时候会表现为精练，当学生出现对于纪实性语言存在问题的时候，语文教师可以介绍相关的史实知识以打破阅读障碍。史实资料一般可以分为文献史料、实物史料和口述史料。学生可以通过查阅相关书籍，或者上网检索资料的方式，进行相关的史料收集。语文教师需要为学生明确需要哪些类型的史料，或者为学生提供一些查阅史料的途径和思路等。

3. 反复地进行阅读，理解由浅入深

传记记录的人物和事件离学生的生活环境相去甚远，其中的纪实性语言需要学生反复阅读去理解，在不断地阅读理解和补充资料的过程中进一步理解这种严谨的纪实性语言。每一遍阅读的过程都是一次对于传主人物特征和传记语言的深入体会，语文教师应该在学生不同层次的阅读过程中，帮助学生明确每次阅读的目标以及阅读的整体目标。不同的阅读过程带给学生的是不同的体会，初读、再读、略读、精读等，不同层次的目标以及不同次数的阅读能给学生不一样的感受和体会，对于传记中的人物和语言也能有更加深入透彻的理解。

三、鉴赏传记中的创作手法

虽然不同的传记有自己不同的创作手法，但是传记一般也会有共有的创作手法，例如，在选材上、叙事上、文采上等。研究传记的一般创作手法，可以帮助学生在阅读过程中更加深入理解人物形象和作者的创作意图，积累传记阅读的经验，并运用于其他的传记阅读中。

（一）选材手法

传记的选材不是随便选取的，而是根据人物的特点和叙事的需要挑选出来的典型事例和人物，意在通过典型的事例和人物，凸显传主的人格特征，或者对于传主人生轨迹的影响。例如，冯至在《杜甫传》中叙述杜甫"童年"这部分时，讲到六岁的杜甫曾见过"浑脱舞"，尤其是公孙大娘的"剑器舞"，这种舞是从当时的西域传到唐朝的，并且这种舞蹈狂野不羁，由具有极强雄浑力量的舞女演绎。这件事情看起来微不足道，但是却恰恰说明当时唐朝的开放自由以及对于幼年杜甫的影响。此后在杜甫的诗中常常出现"凤凰"等意象，这在很大程度上就是受当时公孙大娘的剑器舞所影响。

此外，杜甫幼年时开放自由的唐朝与他晚年所经历的"国破山河在"相比，实在相去甚远，也说明不同的社会环境铸就出来的人物性格是不一样的。杜甫的一生是从"放荡齐赵间，裘马颇清狂"转变为贫困交加、流离颠沛的一生。

在阅读不同的传记过程中，语文教师可以引导学生为传主梳理对其产生过重要影响的事情和人物，放在传主的真实情境中理解选取这些特定事例的缘由，深入理解传主的性格和人格等。

（二）叙事手法

传记的叙事线索能够反映创作者对于传主一生的追述，不同的叙事线索表现的是传记不同的叙事主题。掌握传记的叙事线索有利于学生对于传主生平经历的理解，也能够帮助学生了解作者对于传主的态度——从着墨较多的章节和着墨较少的章节能够看出作者的态度。同时，不同的叙事线索是不同的侧重点，通过分析叙事线索的不同，可以帮助学生了解传记的撰写方式和风格，积累传记阅读的经验。

传记的叙事线索有按照时间线索的，如《杜甫传》《苏东坡传》等都是按照传主本人的人生经历来编排的，这样的叙事线索，有利于学生初步了解传主本人的大致人生轨迹，同时在不同的阶段可以了解传主的性格发展以及对于传主而言重要的人和事，结构清晰明了，是一种最常用的叙事线索。

此外，还有以中心人物为线索的，如《史记》中的"十二本纪""三十世家"等都是以中心人物为叙事线索，这种叙事线索也明显存在于其他人物传记类作品当中，这种叙事线索的好处就是始终围绕主要人物进行传记的撰写，其中的环境和次要人物都在凸显主要人物的性格特征和人格特点。其他的如以物的特点为线索的，多出现在历史传记中，如《史记》中的"十表"记录的就是发生在黄帝至汉武帝期间的十件大事，完全是围绕事情的发展来叙述的，以事情的起因、经过、高潮和结尾为叙事的结构，充分反映事情的发展过程。以情感发展变化为线索的传记则是注重于传主的情感变化过程，这类传记偏文学性，属于"以文入史，文史兼容"。

（三）文采手法

讲究文采涉及的是传记在撰写过程中，作者会使用生动的语言、准确的表达等来进行作品创作。传记并非就是完全再现历史事件，它也非常讲究语言艺术，讲究艺术效果。生动的语言描写相比枯燥的史实记录，会更加吸引人的关注，会使传记中的人物和事件生动，为传记的发展的增添了一道亮丽的色彩。

司马迁在《史记》中运用大量的细节描写刻画人物，也大量描绘戏剧性情节，让书中人物形象深入人心。《苏东坡传》的散文式语言给其带来真实自然又充满文学魅力的效果，使得苏轼天性上的乐观得到了像散文式的自由发展。

（四）特殊创作手法

传记中除了一般的创作手法以外，也会有属于自己的特殊的创作手法。例如，《史记》中的"互见法"、《杜甫传》中的"以杜解杜法"、《春秋》中的"春秋笔法"等。使用不同的手法会折射出创作者不同的意图，也是这位作者做出的创新。

"互见法"又称"旁见侧出法"，为了弥补纪传体本身对于人物描写客观性的不足，司马迁创造了一种新的传记叙述方式——"互见法"，这种方式的使用，就是把历史事件或人物活动分散在不同的篇章中，但不同的篇章会从不同的角度说明同一人物或事件的不同侧面，以求达到对人物的客观描述。在一个人物的传记中着重表现他的主要特征，而别人的传记中表现他的其他特征，即"本传晦之"而"他传发之"。例如，在《项羽本纪》中主要表现项羽的英雄气概和豪情壮志，而在《淮阴侯列传》中则借他人之口指出项羽性格上的缺点和所犯下的错误，这种手法能够让人物的刻画更加立体形象，能够从多角度去了解历史上的人物，创作者的态度也就更加客观。

教师在对相关阅读指导时，需要注意给学生知识上的梳理，利用相关作品进行补充阅读，并且提高学生对于不同创作手法的理解能力，抓住传记的创作手法，能使学生理解作者创作意图，达到传记教学的目的。

四、领会作者创作的态度

传记的作者在创作一部传记的时候，始终都是带着自己的感情色彩，或褒，或贬，或同情，或理解，或客观等，不论怎样的态度，传记作者都是通过自己在其中叙述的语言、选材上的精巧以及夹杂在其中的议论或评价，表达创作者本身的创作态度。研究作者的创作态度，实际上也是了解传主本人的一种方式，是学习领会传主人格的一种方式，通过领会作者的创作态度，能够提高学生的思维分辨能力，调动学生对于传记的个人理解，以做到在"无疑处生疑，有疑处释疑"。传记创作主体的不同，其中表达创作者态度的方式也不同。因此，在讨论创作者态度的过程中，应该注意区分自传和他传的不同。

（一）他传——传主非作者

传主非作者讨论的是他传传记的作者的创作态度。在他传中，作者的态度是隐于文中，通常都不是直接传达给读者，以客观为主，但是有时候也会带有个人的感情色彩。

第一，作者的语言风格或语言倾向。传记中由作者选择的语言风格大多是由于作者自身的文化底蕴和对于传主的态度等因素决定。因此，通过分析传记的语言风格或者语言倾向，可以了解作者对于传主本人的态度。

第二，选取的素材。作者选取不同的素材意在表现人物不同的性格。当作者选取积极向上、极具伟大精神的典型事例时，主要是为了表现人物的伟大精神，即使没有评价性语言，但是在我们眼中，作者传达的就是对于传主本人的赞扬和肯定。当作者选取的是消极的甚至是不好的素材时，目的就是为了展现人物的缺点。

第三，作者引用他人对传主的评价。引用的作用之一就是作者为自己的论证提供更加充分的论据。人物传记为了表现人物的特点，往往引用名人、伟人的评价，这些评价就是对于人物主要特点的概括。引用别人对于传主的评价可以使得传主的人格更加饱满，阅读者可以通过不同人对于传主的评价，从而对于传主的个性特征有一个更加全面和客观的认识。语文教师在指导学生进行传记类的整本书阅读活动时，注意引导学生关注书中的评价性语言，从全面、整体、客观的角度去理解学习内容，是语文教师向学生传达的学习理念。

第四，作者对传主议论性的评价。有些传记中会存在一些对于传主的议论性评价，这些评价的加入意在说明作者对于传主的态度和看法。除了一些议论性评价以外，传记中也会收录一些其他的相关文章表现传主的性格特征。

（二）自传——传主即作者

传主即作者，讨论的是自传传记的作者的创作态度。一般自传中，作者对于个人的看法都是隐藏在他所展现的事件和人物中，其中不仅有对自身过往的追忆，更有一种对于自身人生的反思和探索。在这样的过程中，语文教师首先应该强调学生注意传主即作者本身的人生经历，这在很大程度上表现的是传主创作传记的缘由和目的；其次，关注传主在传记中对于过往事情的态度以及选取事件的目的，在这些素材中，传主本身就是在说明当时自己的心情、人格特征以及对于自己生活的重大影响；最后，关注传主进行的关于自我和人生的反思，自传一般都是传主本人对于自己人生的回顾和总结，因此从这样的反思和回顾中，也是表现出传主本人对于自己一生中的一种总结。

需要注意的是，初中语文教师在进行传记类整本书阅读教学活动时，应该注意让学生区分不同传记中作者的态度，养成分类意识，也是让学生掌握不同的阅读方法。

第二节　诗歌类整本书阅读教学实践

"项目化学习设计从尊重和研究学生的学习出发，通过构建结构化、模块化的现代诗歌核心知识网络，整合问题式、实践式的现代诗歌学习活动，创设平等型、体验型的现代诗歌阅读情境等教学策略，还学生读新诗、真对话的主体地位，拓宽新诗的阅读教学空间，激发学生读新诗的兴趣，增加学生的新诗阅读量，提高学生的新诗审美素养和社会实践素养"[①]。初中语文必读名著之一《艾青诗选》在教材编排上紧承诗歌活动探究，旨在培养学生阅读新诗的能力和兴趣，并从中获得精神情感上的熏陶。下面以《艾青诗选》为例，探讨学科项目化学习设计下的现代诗歌整本书阅读教学实践策略。

一、构建结构化与模块化的现代诗歌知识网络

学科项目化学习本质上是学科核心知识在情境中的再建构与创造。根据初中语文现代

[①] 潘丹婧.项目化学习设计下的现代诗歌整本书阅读教学策略——以《艾青诗选》为例 [J]. 文教资料，2021 (18)：227.

诗歌特点，应以学生已有认知和看似一望而知的诗歌语言为抓手，深入诗歌语言思维的深层内核，促进学生知识、思维、审美、文化合一，建构结构化、模块化的现代诗歌核心知识网络体系，消除表层零散讲解带来的知识碎片化弊端。

在教材编排上，九年级上第一单元以艾青的代表作《我爱这土地》等四首现代诗歌为引子（还有一首为词），开展鉴赏、朗诵、创作活动探究。名著导读《艾青诗选》紧随其后，以"如何读诗"为题，旨在引导学生通过整本书阅读巩固第一单元活动探究所得并有所拓展。

在项目化学习设计的起点，即梳理确定核心知识是哪些内容时，教师应注意到"《艾青诗选》如何读诗"的核心知识与九年级上第一单元诗歌活动探究中的鉴赏、朗诵活动的核心知识高度相关甚至有所重合。两者的核心知识均可整理为知识和技能两类，知识类包括了解诗歌的意象、体会诗歌的意境、理解诗人的情感、把握诗作的感情基调；技能类包括在朗读时通过重音、停连、节奏等传达诗人的思想情感，揣摩诗人情感的发展脉络，理解作者是如何组织这些素材、提炼事物特点，以及用怎样的语言形式呈现这些特点的。学科关键概念为意象、意境和情感。

教师可以在阅读教学中重整教材内容，根据学生的兴趣、已有认知和选文特点，构建相对联动、完整又具有开放性的适合所在班级学生的"学习单元"。例如，把"《艾青诗选》如何读诗"与第一单元的诗歌朗诵活动整合，开设《艾青诗选》朗诵专场，在课堂内外切实开展的诗歌朗诵活动中，引导学生通过重音、停连、节奏、语气、语调、语速、表情、动作等朗读实践；切身体会艾青诗作中的核心意象、语言形式，把握背后的内涵意义、情感脉搏、风格特点和时代主题。

需要注意的是，以上设计中"学习单元"的重整表面上是"朗读"这一活动形式的合并同类项，但内在遵循的逻辑是核心知识网络的建构。在构建核心知识网络时，务必先揭示知识点本身的内在逻辑，形成知识点之间的有效关联，再通过结构化、模块化的整合，形成核心知识网络，为问题式、实践式的现代诗歌学习活动奠定意义基础。

二、整合问题式与实践式的现代诗歌学习活动

为了驱动学生主动投入，项目化学习需要用问题的方式表现核心知识，即形成本质问题并将之转化为适合所在班级学生的驱动性问题。学科的本质问题反映一个学科的关键探寻，指向学科中的大概念，将学科中零散的、孤立的知识和技能整合起来，发挥聚合作用。对本质问题的回答意味着学生在这个问题上产生重要的理解。驱动性问题将比较抽象、深奥的本质问题转化为特定年龄阶段学生感兴趣的问题，通过有趣的、对学生亲和的

方式驱动学生投入项目化学习。有意义的实践式学习活动，让学生维持探索问题的兴趣，经历在"做"和"学"中发展的历程。需要注意的是，"实践"一词强调"做"和"学"的不可分割性，不仅是流程，还是带有思考性质的、动手动脑的行动。真正有意义的问题式、实践式的学习活动可以促使学生知、行、思合一。

谢冕先生在《论中国新诗——〈中国新诗总系〉总序》说："二十世纪的文化变革留给中国人许多记忆，而新诗从无到有的轰轰烈烈的行进，却是最激动人心的、永远值得纪念的事件。"《艾青诗选》便是这一文学文化进程中的代表产物。然而由于时代的隔膜，一些学生认为《艾青诗选》不好读、读不懂。造成这一问题的原因，一方面，可能在于教学意象美、音韵美、节奏美、情感美、哲理美等知识时，倾向于以教师为主体、学生被动接受的知识灌输；另一方面，可能在于师生太多地纠缠其中的历史与现实的约束，教学重心放在探究作品主题思想的准确性，忽略生生、师生之间的"对话"才是最能击中学习者内心的方式。

整合问题式、实践式的现代诗歌学习活动有望解决这一问题。例如，在《艾青诗选》项目化学习设计中，根据核心知识网络的梳理，可将本质问题归纳为：如何理解意象、意境与情感之间的关系；驱动性问题可以设计为：如何创作出一期打动人心的"为你读诗"微信公众号推送。请每位学生围绕主题"推荐艾青的诗歌"，为微信公众号"为你读诗"编写一期吸引人的音频、图文综合稿件，内容包括推荐人所朗诵的诗歌及所作赏析的配乐音频、所推荐的诗歌原文、赏析文字、与文字相配的插图、推荐者照片及简介等。这一驱动问题的设计目的在于通过较新颖有趣的形式激发和维持学生阅读《艾青诗选》的兴趣，并在学习过程中深化学生对意象、意境、诗人思想情感及诗歌感情基调的理解。总而言之，上述项目化学习设计主要使用高阶认知策略，实践与评价主要分为以下阶段。

第一阶段，入项活动。教师提供样例供学生欣赏和讨论；提出驱动性问题，组织学生讨论，分解驱动性问题，形成思考路径和问题链；组织头脑风暴，思考一期围绕主题且具有吸引力的"为你读诗"微信推送应该包含哪些内容和要求，形成初步成果要点和评价量规的第一稿；学生在主题下自由选择内容方向，将学生分成若干项目小组，明确各组项目目标；教师明确活动进程、时间节点和提交材料的要求。

第二阶段，知识与能力的建构。教师发放 KWL（Know Want Learned）表格，学生填写关于编写"为你读诗"微信推送综合稿件自己已经知道的内容（K）、想要知道的内容（W），在小组内分享，形成小组共同的问题清单；教师提供分析框架，学生根据问题清单和分析框架分析三个典型的"为你读诗"微信推送综合稿件（含朗读音频）；教师带领学生分析主题和语言形式，理解意象、意境与情感的核心概念；学生用思维导图比较分析三篇微信推送综合稿件在朗读和鉴赏上的相同、不同之处；根据所学进一步修订评价量规，形成第二稿，明确什么是符合主题的、打动人心的音频图文综合稿件。

第三阶段，探索和形成稿件。每个项目成员明确自己推送稿件的具体内容方向，列出任务清单、初步提纲、细化日程表；每个项目成员根据内容方向，采集素材、筛选素材、初步完成文字稿和音频稿。

第四阶段，评论与修订。根据评价量规，项目小组内和项目小组间评价和交流内容、素材、意象、意境与情感之间的关系和朗读表现形式；教师进入项目小组内，对其提出修改建议。

第五阶段，公开成果。途径一，通过"师生共赏为你读诗"微信公众号课堂品鉴会进行汇报展示，根据评价量规产生各具特色的奖项；途径二，通过"为你读诗"微信公众号每日一期的成果推送，扩大成果公开范围，增强学生学习实践的驱动力和成就感；在公开成果的过程中，记录他人的建议和观点。

第六阶段，反思与迁移。完成 KWL 表格中的学到了什么（L）部分；完成社会性实践和审美性实践的反思；进一步迁移到《泰戈尔诗选》等选读推荐中。

需要注意的是，在问题式、实践式的现代诗歌项目化学习设计中，问题必须源于对文本学习价值的深度挖掘，基于核心知识网络的建构。问题是蕴含核心知识的轴心，实践围绕轴心展开，是分析解决问题、掌握核心知识的手段，才能真正形成有意义的项目化学习活动。

三、创设平等型与体验型的现代诗歌阅读情境

为了使学生以开放的状态、活跃的思维进行现代诗歌阅读的项目化学习，教师应该创设"平等型、体验型"的现代诗歌阅读情境。平等型的现代诗歌阅读情境主要是具有安全感的学习氛围，师生在该情境下感受到平等、尊重、关爱和包容。平等型的现代诗歌阅读情境还要有"横向联系"的生生互动。

教师布置有挑战性的、高认知水平的学习任务，给学生提供自主和合作思考的学习工具，形成学生小组、全班不同层面的横向联系，引导学生相互提问质疑。生生之间有一较长时段深度讨论驱动性问题，合作解决指向核心知识的本质问题。学习处于弱势的学生有机会多次深入理解重要的现代诗歌概念、培养现代诗歌朗读能力；在现代诗歌阅读上有学习先行优势的学生可以外显思维理解并比较不同的鉴赏和朗读方式。

《艾青诗选》项目化学习设计的实践和评价同时着眼于创设平等型的现代诗歌阅读情境。例如，请每一位学生而不是个别优秀学生编辑一期"为你读诗"微信推送，给每一个

学生分享自己喜欢的诗歌并说明理由的机会和场地；鼓励学生在头脑风暴、填写 KWL 量表、思维导图比较、制定并修订评价量规等互动中敢于说出不懂，勇于提出关于该项目化学习的各种问题；引导全班学生不因为同学有问题或问题层次较低而嘲笑或否定；引导学生自由平等地讨论分歧；引导学生自主制定评价量规并根据所学进一步修订等。一般而言，安全平等的讨论环境对学生的阅读动力和讨论意愿影响很大。

体验型的现代诗歌阅读情境，有助于将抽象化的新诗知识融入具象化的生活情境和现实情境中，在学习内容和教学情境的高度匹配之下，通过有效的"对话"、深层的情感体验，促使学生身心合一，提高新诗审美素养与社会实践素养。例如，在《艾青诗选》项目化学习设计中，把理解新诗意象、意境、情感的核心知识融入以"推荐艾青的诗歌"为主题编辑一期"为你读诗"微信公众号推送的驱动任务中，通过驱动任务和实践、评价的六个阶段，创设并凸显"诱发主动性、强化感受性、着眼发展性、融入教育性、贯穿实践性"的《艾青诗选》阅读情境。通过选诗、朗诵、鉴赏、配乐、配图等丰富情境体验感的手段，助力学生融合学科认知、个人体验和社会生活。

当前我们需要构建"教读""自读""课外阅读"三位一体的阅读教学体系，需要明确把课外名著阅读作为重要部分纳入其中，这就要求语文教学要格外注重课内往课外阅读延伸、重视学生自主的阅读实践、重视学生读整本名著，努力做到新课标所要求的"多读书，读好书，好读书，读整本的书。

第三节 小说类整本书阅读教学实践

经典小说的阅读对初中阶段的学生而言大有裨益。下面以科幻小说为例阐述小说类整本书阅读教学。

一、小说类整本书阅读教学的重要价值

（一）提升学生科学素养

培养学生的科学素养是初中教育的一项重要任务。作为一名语文教育工作者，也应该重视学生的科学素养，使学生在阅读过程中掌握学习科学的方法，以便在科学技术的高速发展形势下，适应新的知识，并且学会终身学习。

随着科学技术的高速发展，科幻小说创作也越来越繁荣，在科幻小说的吸引下，越来

越多的人投身科学事业。科幻小说作为一种宝贵的学习资源和教育教学的载体,发挥着良好的科学教育作用。它通过展示神奇的技术来探讨人性,引发人们对未来社会的关切,这可以激发学生对社会的关注、对科学技术的反思和对社会相关问题的探究与思考。

阅读科幻小说,学生可以了解目前科学技术的进展情况,跟随作者学习一定的科学知识,掌握基本的科学方法,在阅读过程中树立科学的思想,有意识地培养崇尚科学的精神,并且还能跟随作者一起预测接下来科学技术的研发方向。

(二) 提高学生思维能力

现代社会科学技术高速发展,日新月异,学生在日常生活中就已经接触到很多的新科技,虽然科幻小说中的内容和生活中的科学技术密切相关,但是对于科幻小说中虚拟技术、星际穿越等科学幻想也许会有些陌生。阅读科幻小说就可以开阔学生视野,拓展学生思维,激发学生的想象。科幻小说一般描绘的是现实生活中不太可能发生的事情,这要求阅读者拓宽思路,运用创造性思维阅读。好的科幻作品都有着异于寻常的创新性,有着出乎意料的创意,这可以开拓学生的创造性思维。

阅读科幻小说还可以培养学生的理性思维能力。科幻小说的幻想以科学为基础,要运用理性思维展开探索,有助于促进学生思考。在日常教学中,并没有开设专门培养学生思维能力的课程,只能靠学生慢慢摸索。而具有科学性、幻想性和文学性特征的科幻小说正是能够锻炼学生逻辑思维、辩证思维的文本依据。阅读优秀的科幻小说,可以更好地培养学生科学求真的探索精神,使学生获得理性思维的发展。

科幻作品为创造性思维的教育提供了良好的资源,对学生思维能力的培养有极大的帮助。让科幻小说走进语文课堂,有利于学生形成良好的科学人文修养,有利于学生全面而又有个性的发展,有利于增强学生的创造力,是训练学生思维的有效途径。

(三) 激发学生神奇幻想

知识是有限的,但是幻想可以把我们带去世界的任何地方,可以包含世界上的一切。没有幻想,生活是枯燥无味的,学习如同嚼蜡。在语文课堂上,教师运用的最多的教学方法莫过于边读边想象,我们需要揣摩作者字里行间的细腻情感,需要品味作者平实质朴的语言,从中感作者所感,思作者所思,想象和幻想的能力就尤其重要。如果不能展开想象的翅膀,在阅读诗歌和散文时,就不能洞见文中的美景,无法将文字想象成画面,见作者所见,思作者所想,也就不能体会作者的情感。

科幻小说立足于现代社会对未来的想象,相比较于传统的文学,它更贴近学生的生活，更符合学生的猎奇心理，既能满足学生的好奇心，又能激发学生对未来的想象。科幻小说是以"科学"为基础的幻想作品，它并不仅仅是为了告知读者科学知识，也不是某一学科的专业书籍，但是却能够给人以遐想、启示和力量，从而激发学生对科学的兴趣，引发科技创新，启发科学幻想，促进科学的发展。

科学幻想是正常思维的幻想，是符合科学依据和科学事实的对未来的预测。科学幻想需要根据一定的科学假设，对未来可能发生的事情进行幻想。因此，科幻小说里的内容并不完全是虚构的，甚至有很大的可能在将来变成现实。所以，科幻小说经常能够满足并超越人们对世界的认知，让人生出探索的欲望，激发科学的幻想。

二、小说类整本书阅读教学的设计实践

初中语文科幻小说整本书阅读教学设计实践以《海底两万里》为例。基于对《海底两万里》整本书阅读教学的思考，下面将从《海底两万里》整本书阅读的教学原则、教学目标、教学规划和教学评价等四个方面，对《海底两万里》进行科学且全面的教学策略探究，以此促进《海底两万里》整本书阅读教学顺利进入实施阶段。

（一）小说类整本书阅读教学的设计原则

1. 厘清框架，知主旨

不同的文体有不同的风格，文体不同教学方法也不同。没有文体意识的阅读教学，所有的教学过程都将毫无特色。文体意识的不足，导致教师无法引导学生正确运用语言文字，从而让整本书阅读效率低下，学生也会无目的地阅读。科幻小说具有其文体的独特性，语文教师在教学《海底两万里》整本书时要关注其文体特点。科幻小说属于小说的一种，教师不能像教学科普小说一样侧重科学知识，也不能像教学普通小说一样侧重于小说的文学性。要让学生深入阅读《海底两万里》，首先要注意的就是让学生厘清小说框架，明白主旨。教师在整本书教学初始要树立学生文体意识，了解科幻小说，利用浏览的阅读方法了解小说的整体框架，以便真正深入到文本内部。

2. 明晰逻辑，懂价值

科幻小说可以培养学生的想象力和逻辑思维能力，它不是作者无拘无束的任意发挥，也不是天马行空的悠意想象，它是具有科学性的幻想，是作者积累了一定的科学知识并结合自己对科学的预测和幻想而产生的想象。学生对《海底两万里》的基本内容有了整体的感知后，需要进一步对《海底两万里》中的叙述框架进行思考，对文本内容进一步深度阅

读。了解作者叙述的逻辑框架，有助于学生逻辑思维能力的锻炼，对理解文本内容和学习作者科幻小说的叙述方式都有非常重要的作用，同时也让学生对科幻小说的价值做进一步的探索，通过多种形式的阅读活动培养学生语文核心素养的形成。

3. 学会方法，会拓展

在教学方面，教的最终目的是不用教，让学生能够自觉发现问题、分析问题，并能主动解决问题，教师才算实现了真正意义上的教育。知识并不是永恒不变的，也是一直在更新的，在如今知识快速增长的时代，只有学会学习的方法才会进步的更快变得更加优秀。作为当前的初中语文教师，在教学整本书阅读时，应更加侧重教给学生整本书阅读的方法，使学生在原先的阅读经验上建构属于自己的学习经验。通过科幻小说整本书阅读的学习，学生能够迁移到其他科幻小说的阅读，让学生在阅读科幻小说时"有法可依"，实现从一本书向一类书过渡，真正做到阅读方法的迁移运用。

（二）小说类整本书阅读教学的设计目标

教学目标是教学的出发点和归宿，是教师进行课堂设计的重要依据，制定准确具体的教学目标，有助于井然有序地进行语文教学。

我们可以将《海底两万里》整本书阅读教学的目标拟定为：知识积累目标、能力提升目标、过程和方法目标，以及情感态度与价值观目标，从四个方面对《海底两万里》整本书阅读教学的目标加以陈述。

1. 知识积累的目标

知识的积累是阅读课外整本书最基本的学习目标，是学生在阅读完《海底两万里》后必须达到的基础性目标，主要包括以下方面。

（1）了解"科幻小说"。科幻小说是以小说为形式，以科学为基础，以想象为手段的一种通俗小说。科幻小说里的幻想是遵循科学知识、顺应自然发展而展开的丰富想象，它对未来社会的科学技术和生活状态进行设想，从而引发人类对未来世界的思考和启迪。一般认为优秀的科幻小说首先具有科学元素；其次在语言描述上没有任何矛盾，并且在一定程度上能引起读者对科技与人文的思考，"科学""幻想""小说"是其三要素。

（2）了解《海底两万里》。《海底两万里》是法国作家儒勒·凡尔纳创作的长篇科幻小说，这是"凡尔纳三部曲"之一，他的作品对科幻文学有着非常重要的影响。小说主要描述生物学家阿龙纳斯、其仆人康塞尔、鱼叉手尼德·兰，与鹦鹉螺号潜艇的尼摩艇长周游海底世界的故事。儒勒·凡尔纳被称为"科幻小说之父"，他一生著述颇丰，在文学创作的事业上取得了巨大成功，一生创作了非常多的优秀文学作品。

（3）积累科学知识。《海底两万里》包含了地理、历史、生物、物理、地质、气象等科学知识。小说中的生物学家阿龙纳斯和他的仆人康塞尔，向我们介绍了海洋里的各种动植物，并且分门别类详细地介绍它们的特点，说得头头是道，让读者认识了丰富多样、美不胜收的海洋生物。小说中还有超前的自然科学的应用，如潜艇以电流为动力，船员们在海底穿的抗压潜水服，潜艇所用的燃料，这些事物在当时那个年代人们尚不了解，都是作者以超前的想象力幻想出来的科学预言，最后都变成了现实。

2. 能力提升的目标

《海底两万里》整本书阅读中的能力提升目标，是教学目标的重中之重。达到阅读能力的提升，才能让学生学会知识和能力的迁移，将《海底两万里》整本书阅读能力的提升，运用于阅读其他科幻小说作品上。具体目标包括以下几个方面。

（1）读通、读懂小说基本内容，抓住"科幻小说"的核心概念，树立"科幻小说"意识。通过《海底两万里》整本书阅读问卷调查发现，大部分学生对科幻小说中的科学原理并不是很懂，读通、读懂整本书，是最基本的要求，只有读懂作品内容，才能对文本深入研讨，并进一步学习。教师在教授第六单元第23课《带上她的眼睛》时，就要让学生树立起"科幻小说"的意识，在学生阅读《海底两万里》前要让学生真正地理解科幻小说的概念。《海底两万里》中包含科学知识和科学原理，这些是学生了解科幻小说的钥匙，也是进行整本书阅读的基础。

（2）学习阅读科幻作品的方法——快速阅读。培养学生默读的习惯，训练快速阅读的速度。一般而言，七年级下册学习重点是浏览。"浏览指快速地看，是我国传统阅读方法中的一种"[①]。浏览分为两种形式，一种是一目十行扫描式的迅速阅读，提取字里行间的重要信息；另一种是根据一定目的或需要，舍弃一部分不读地跳读，只快速阅读相关的重点部分。

一般而言，精读这种阅读方式是最有利于理解记忆知识的，所以在教材中选编的文本大部分都是精读课文。中华文化几千年的传承，精读有其存在的必然。精读虽然有助于人们理解知识，却不太适用于运用到整本书阅读的全过程。《海底两万里》以其神奇的想象、丰富曲折的故事情节和美轮美奂的海底世界吸引着大家，在阅读《海底两万里》时，可以采用浏览的阅读方式，快速阅读文本，养成默读的习惯，提高阅读速度。

（3）训练学生提取关键词概括较长文章的能力，迅速提取字里行间的主要信息。整本

---

① 彭瑶. 初中语文科幻小说整本书阅读教学研究［D］. 赣州：赣南师范大学，2021：34.

书阅读不同于单篇短章阅读，可以花费许多时间对文本内容细嚼慢咽，它需要快速高效地提取主要信息。《海底两万里》内容丰富，故事情节曲折惊险，引人入胜，学生在学习时要有取舍。在阅读过程中，针对重点文段，应学会提取关键信息和关键线索，来概括较长的文本。

（4）领略瑰丽无比的环境描写，训练学生阅读赏析能力。整本书阅读教学是语文教学的重要组成部分，也是培养学生综合能力的重要途径，教师在阅读教学中，要培养学生的阅读欣赏能力。《海底两万里》中环境描写，如美不胜收的海底森林，各种各样的海洋生物，色泽鲜艳的珊瑚丛，都是培养学生阅读欣赏能力的素材。

3. 过程方法的目标

《海底两万里》作为一部科幻小说被部编本初中语文教材所采用，编入名著导读环节，可见其重要价值。一般而言，初中阶段的学生对科幻小说充满兴趣，而且在初中阶段阅读科幻小说是非常有必要的。

《海底两万里》最主要的阅读方法就是快速阅读，也就是浏览。针对《海底两万里》，可以预设四种课型贯穿整本书阅读教学，使学生形成对"浏览式阅读"真正运用的能力，并在之后的整本书阅读中同样会加以运用。在读前导读课上，主要是使用跳读的阅读方法，阅读目录、前言和尾声等部分提取关键信息，梳理书中主要人物和主要情节。通过视频、背景资料的插入，激发学生阅读兴趣。

《海底两万里》中那一个个鲜活的人物，一幅幅美丽的画面，一次次惊心动魄的经历，都吸引着我们深入阅读文本。在读中推进课上，主要采用精读的阅读方法，分析小说主要人物的复杂性格，品味小说中生动形象的语言，概括重要的情节内容，欣赏美不胜收的海底世界。在精读文本内容的过程中可以运用"批注式阅读方法"对文本内容精细加工，加深印象。通过多种形式的品读，感受科学与文学巧妙结合的艺术魅力，学习小说的基本方法。

学生在阅读完整的《海底两万里》后，可以通过谈话法在读后分享课上分享自己的心得体会，交流学习《海底两万里》的收获，对不懂的问题提出来交流探讨。并且让学生在课后分享课上分享自己绘制的鹦鹉螺号潜艇航海路线图，以思维导图作为一种学习工具，让学生学会运用思维导图法阅读整本书。交流学习完《海底两万里》，在课后拓展课上可以推荐学生阅读相关类型的科幻小说，将所学的科幻小说整本书阅读方法迁移应用，通过网络空间展示自己的阅读感受和学习成果。

4. 情感态度和价值观的目标

在《海底两万里》整本书阅读中对于学生的情感态度与价值观的目标主要包括以下三

个方面的内容。

（1）通过《海底两万里》的阅读，使学生爱上科幻小说，激发学生阅读科幻小说的兴趣，并且懂得阅读科幻小说的方法。

（2）感受作者严谨认真的写作态度。《海底两万里》中许多科学幻想都变成了预言，离不开作者的广博学识和他对科学的敏锐洞察。科幻小说虽然不同于科普小说，但是凡尔纳也带给我们许多科学知识，让我们受到科学启迪。凡尔纳的勤奋学习和严谨认真的写作态度值得我们每一位学生学习。

（3）懂得珍爱环境的道理。在科学技术的快速发展下，由于人类过度开发开采地球资源，地球环境面临巨大的挑战，海洋生态污染严重，海洋生物岌岌可危。我们只有一个地球，应该更加爱护我们的家园，在平时的生活中也需要环保、节制，这样我们才能见到凡尔纳笔下美不胜收的海底世界，各式各样的海洋生物，蔚蓝洁净的汪洋大海。

为了实现以上四个方面的目标，我们在《海底两万里》整本书阅读教学过程中，可以设计读前、读中、读后和课后四个时段的整本书阅读课，通过完整的阅读教学过程，最终实现以上四个方面的目标。

（三）小说类整本书阅读教学的规划设计

基于以上对《海底两万里》整本书阅读教学的教学目标的设定，可以设计以下具体的课时规划和学程设计。

1. 整本书阅读的课时规划

为了达到更好的教学效果，需要对教学设计进行具体的课时分配和对应的教学重难点。每一课的教学目标明确，主线清晰，重难点突出，使学生通过完整的整本书阅读学习过程，深入阅读《海底两万里》，并建构起阅读科幻小说的语文经验，如表7-1所示。

表7-1 《海底两万里》课时规划

课时安排	教学重难点
读前导读课 1课时	激发学生的阅读兴趣 教授阅读方法 布置阅读任务
读中推进课 1课时	分析小说主要人物性格 品味小说生动形象的语言 概括重要的情节内容

续表

课时安排	教学重难点
读后分享课 1课时	交流阅读体验 探讨阅读疑惑 分享航海路线图
课后拓展课 1课时	拓展相关类型小说 迁移科幻小说阅读方法 构建科幻小说阅读经验

2. 整本书阅读的学程设计

《海底两万里》是一部科幻小说，具有科学性、幻想性、文学性等特点。基于学生的学情，在阅读时学生可能存在读不懂的地方，所以可以设计一节读前导读课，其主要目的在于激发学生阅读的兴趣，做到坚持阅读，用心阅读，让学生学习阅读科幻小说的方法，带着阅读任务去读书。《海底两万里》读前导读课是敲开学生阅读科幻小说大门的钥匙，虽然基础，但是很重要。

接下来贯穿《海底两万里》整个阅读过程的学程，是读中推进课、读后分享课和课后拓展课，教师教授多种阅读方法，促使学生深入研读文本，学会阅读科幻小说，具体见表7-2。

表7-2 《海底两万里》课时规划

教学课型	学习任务	设计意图
读前导读课	大致了解整本书的内容 共同制订阅读计划	通过对《海底两万里》前言、目录和尾声等内容的了解，教给学生读整本书的方法；激发学生阅读《海底两万里》的兴趣；养成有计划读整本书的习惯
读中推进讲	梳理小说故事情节 分析小说主要人物 品味小说生动语言 欣赏美丽的海底世界	通过浏览的阅读方法，引导学生抓住关键词提取主要信息，梳理小说故事情节；学会多角度分析人物；感受美丽的海底世界，感悟大自然的神奇魅力，并在学习过程中培养学生敢于表达、善于表达的能力

续表

教学课型	学习任务	设计意图
读后分享课	交流思维导图 分享学习感受 提出阅读疑惑 感悟大自然的美妙	通过"鹦鹉螺号"航海路线的思维导图让学生再次回顾整本书内容,通过交流读书过程中的疑惑和读后的心得体会,总结阅读同类科幻小说的方法,并感受到要珍爱大自然,爱护自然环境
课后拓展课	推荐两部科幻小说 迁移科幻小说整本书阅读方法 布置阅读任务	通过《海底两万里》科幻小说整本书阅读的教学,让学生构建属于自己的科幻小说阅读经验,并学会迁移运用到其他科幻小说的阅读上,养成科学阅读习惯,使阅读更加深入

(四)小说类整本书阅读教学的评价设计

评价是初中语文教学过程中至关重要的部分,有助于学生反思、调整自我的学习过程,具有诊断、激励和发展的功能。学生需要教师的评价,需要教师的鼓励和帮助,教师也可以通过评价了解学生的真实阅读情况,及时修正教学计划和教学活动。在科幻小说整本书阅读教学过程中,需要充分发挥评价的功能,运用多种评价方式,了解初中学生科幻小说整本书阅读情况,改善教师教学。学生是否认真读完《海底两万里》,是否了解科幻小说的特点,是否掌握科幻小说整本书阅读的方法,诸如此类的问题都需要通过教学评价去寻找答案。

1. 评价的主要方式

整本书阅读时间跨度大,文本内容丰富,通过前期问卷调查发现,调查学校对初中整本书阅读评价方式还是比较丰富多样的,这为我们开展初中科幻小说的整本书阅读教学提供了参考。整本书阅读评价应结合多种方式,充分调动学生整本书阅读的自主性和积极性。

(1)关注学习过程的形成性评价。学生阅读整本书过程中,及时关注学生阅读的过程,包括学生在课堂上的讨论、参与的整本书阅读活动、平时的学习笔记等,将能够反映学生阅读整本书学习和发展的资料装进每个学生的"阅读档案袋"中,把制作好的档案袋放在教室图书角,学生可以随时加入自己的学习材料,教师也能随时翻阅,督促学生的阅读过程。通过对学生平时学习过程资料的收集和积累,关注学习状态,及时揭示问题,及时反馈、改正教学活动。"阅读档案袋"能让学生看到自己阅读过程中的点滴努力和进步，对学生获得阅读成就感起到鼓励和促进的作用。举办读书交流会也能够加强教师对学生阅读过程的评价。在全班共读一本书的过程中，举办读书交流会，锻炼学生口语交际能力，让学生敢于表达、善于表达，对学生取得的成果及时表扬、鼓励，以积极的评价为主。

阅读与写作有着密不可分的关系，阅读有助写作，写作利于深度思考文本内容，写读书笔记是检验学生语文阅读素养的有效评价方式，能更全面考察学生的语文素养。通过学生的读书笔记，教师可以了解学生的阅读效率、价值取向，读书笔记也有利于学生加深记忆与理解，锻炼学生的写作能力。

（2）关注学习结果的终结性评价。考试检测是传统、有效且运用最广的一种评价方式，在阅读完《海底两万里》整本书后，通过测试内容检测学生对文本的理解，测试内容可以是学生对文本基础知识的积累程度，可以精彩文段为材料考查学生的理解分析能力，也可以考查学生分析小说中主要人物的性格特点。测试方式可以采取选择题、填空题和问答题等多种方式，测试方式多种多样，测试内容丰富具体，使评价方式快速高效。

（3）定性评价与定量评价相结合。语文学习过程中，学生的情感体验和感悟非常重要，教师应重视学生的独特感受。在整本书阅读学习过程中，可以更多地关注学生读书的态度和读书的方法，注重学生阅读的情感体验，了解学生阅读后的独特感受。从学生阅读的积极性和主动性，学习过程中的讨论和分享以及过后的反思与改正，多方面评价学生的阅读过程，促进学生语文综合素养的提升。

2. 评价主体多元化

课程评价应鼓励学生、家长等人员共同参与。单篇短章的语文教学更多的是教师对学生进行评价，整本书阅读过程中评价主体可以更加多元。不仅可有以教师为主导的评价，还可以让学生进行自评和反思，让同学、家长参与评价，甚至邀请专业人员共同参与。语文教师是学生的主要评价人，教师可以通过多种方式检验学生是否达到学习目标，专业性更强。学生也是评价的主体，初中生的认知水平和思维能力在不断提高，教师可以给学生更多的机会对自己的学习进行评价，这能让学生更积极主动地参与整本书阅读。同学和同学之间年龄相仿，知识经验类似，他们可以从对互相的评价中认识到阅读过程中普遍存在的问题，有利于促进整本书阅读学习。

"家校共育"有助于学生更全面的学习，学生在学校学得知识，回到家中需要父母一起监督孩子的学习，督促孩子按时完成学习任务，养成良好学习习惯，特别是整本书阅读的学习，阅读周期长，更需要家长的参与。家长的评价更多的是关注学生在家阅读的过程是否认真，是否有按照老师教的阅读方法进行阅读，在阅读中还存在哪些不理解的问题，都可以通过家长的评价反馈给教师。

如果条件允许，还可以邀请科幻小说作家给学生开展科幻小说的讲座，并且对学生近段时间以来科幻小说的阅读成果进行评价，争取让学生的整本书阅读得到更多的关注和帮助，也激发学生对科幻小说的阅读兴趣。

总而言之，广泛的评价主体更能促进学生多方位、多角度的思考，激发学生阅读兴趣，训练学生思维，开阔学生视野，也让教师对学生的科幻小说整本书阅读有更全面的了解，在教和学两方面互相影响。

3. 评价标准的制定

为了让学生更加积极主动参与整本书阅读，考虑让学生和教师一起参与制定评价标准，充分尊重学生，以学生为学习主体。为了让评价更加有效，可以设置以下评价标准，具体见表7-3。

表7-3 《海底两万里》整本书阅读评价标准

评价的方式	评价的标准
阅读档案袋	1. 档案袋内容丰富的为优 2. 能体现过程性学习资料的为优 3. 认真完善档案袋内容的为优
读书交流会	1. 发言积极的为优 2. 发言内容有思考价值的为优 3. 语言表达流利、内容丰富有条理的为优
读书笔记	1. 书写工整、内容充实的为优 2. 每次按时提交的为优 3. 能结合作品内容做出自己的分析和评价的为优
考试检测	1. 90分以上为优 2. 80分至89分为良 3. 60分至79分为合格 4. 60分以下为不合格

需要注意的是，随着学生学习的逐渐深入，评价应该贯穿阅读的整个过程。评价方式单一，则不利于教师对学生进行全面的评价，无法发现问题，达不到鼓励和指导学生的作用；评价过于复杂，则会让学生本末倒置，无心阅读，分散学生阅读精力，学生为了应付评价而阅读，变成应试阅读。科学的评价应该促进学生更积极主动阅读，总结和反思阅读经验，激励学生不断提高语文能力。

第四节 戏剧类整本书阅读教学实践

在小说、诗、散文和戏剧等文学体裁的文学作品中，戏剧有其作为整本书阅读对象的独特优势。因此，也具有其独特的教学价值，能够激发学生阅读戏剧的兴趣，熟悉戏剧基本知识；让学生赏析戏剧独特语言，提升学生语言素养；使学生感受人物形象特征，助力学生品味社会现实人生。因此，戏剧类文本是初中整本书阅读的不可或缺的文本。

倡导戏剧的整本书阅读是在积极响应语文教育改革。阅读量是学生语文学习的基础，教师要能够在学习中让学生提高阅读量。抓住课文迁移课外是个行之有效的方法。戏剧整本书阅读，情节与选文相比更加连贯，语言风格更浓烈，主题立意更突显。能让学生感受到戏剧文学样式的魅力。

戏剧在众多的艺术门类中一度有"艺术的皇冠"之称。戏剧起源于人类模仿现实动作的本能，在人类早期的一些仪式中产生。纵观漫长的中国历史，也一度存在"话剧因子"的表演活动。例如，在春秋时期的活动中，出现了"优"的角色，目的是供人娱乐。随着戏剧样式的逐渐定型，戏剧这艺术门类开始蕴含教化意味，尤其是在西方的"文艺复兴"时期和我国的"新文化"运动之后。因此，戏剧作为艺术形式之一，具有"娱乐"和"教化"的双重属性。在文学领域中，戏剧是与"小说""散文""诗歌"并列的四大文学体裁之一。"戏剧教学能使学生通过剧本这个文学载体培养语文核心素养，提高对文学作品的理解能力，并且由于戏剧有着充分的'留白'艺术，因此戏剧也能够较好地激发学生的想象力"[1]。下面以《天下第一楼》为例，阐述戏剧类整本书阅读教学。

一、课文载体延伸到整本书阅读

《天下第一楼》是何冀平于20世纪80年代创作的一部现实主义话剧，讲述了民国初年福聚德烤鸭店在内忧外患的挤压下由盛转衰的故事。由于篇幅原因，课本多对较长的文章截取其中精彩的一段努力使学生感受文本魅力。《天下第一楼》与同单元郭沫若的《屈原》相比，内容通俗易懂，情节跌宕生趣，更适合引导学生展开整本书阅读。教师应当怎样利用选文教学从而延伸到整本书阅读，可从以下三个方面进行论述。

---

[1] 王宏平. 初中语文戏剧整本书阅读教学方法探究——以《天下第一楼》为例 [J]. 亚太教育，2020：97.

（一）利用话语方式加深人物形象理解

卢孟实的话语方式在选文中有着明显的不同。在罗大头因成顺动了他的烤杆，而让他跪下时，卢孟实并没有立马斥责，只是说了句"欠火"。接着对前来寻衅滋事的克五下了逐客令，说了两个字"赶走"。寥寥数语，干净利落，这样简短的话语方式在我们面前呈现的是一副威严、权威的形象。随后，卢孟实的话语开始变得"多"了起来，在斥责店里的小伙计时说："瞎话！初四天乐唱的是落子。下作的东西，店规怎么写的，背！"对家里有喜事置办的伙计说出："披红挂绿，骑马坐轿子，怎么红火怎么办。让那些不开眼的看看，福聚德的伙计也是体面的。散吧！"卢孟实对做了不同事的两个小伙计说的话变多了起来，体现威严的同时更多则是自尊自强、关心伙计的形象。两处不同的话语方式将卢孟实的形象写活了。

利用这一点，教师在进行戏剧的整本书阅读教学时可以抓住话语方式作为突破口进行指导教学。常贵与卢孟实不同，他身上体现更多的是底层人民的人情智慧。学生在阅读整本书的过程中想要精准地分析常贵的形象，借助常贵的话语方式便是很好的方法。当常贵向唐茂昌提出请求，并得到应答之后，常贵的话语顺畅且连贯。可是事情发生了反转，孟四爷没有答应请求。这时再来看常贵的话语："我，该打。该让人瞧不起，臭跑堂的……""白、白酒五两——"这时的话语方式与前面便是截然不同的，失去了连贯不说，语词变短、结巴，语句中的顿号和破折号是很好的证明。在这样的反差之中，常贵又给读者留下了一些悲剧色彩，一个努力想要后代挣脱这个阶层却又无法逃脱的悲剧命运。

（二）利用舞台说明看透人物的多面性

舞台说明是文中除对话之外，占比较大的一部分，它不仅能提供信息，往往也是细节的隐藏所在，教师可借助选文中的舞台说明深挖细节，体会人物多面性。细细分析选文中关于王子西的舞台说明，王子西有每早去买萝卜丝饼的习惯，可在福聚德新年开张的第一天遇上气冲冲的老东家大儿子唐茂昌，这时的舞台说明是"见脸色不对，小心地""为难""吓坏了"，这些细节能体现他懦弱、胆小的一面。学生学完文本如果对王子西的形象印象固化，那就不能深刻体会何冀平塑造人物的艺术。教师要结合戏剧整本书阅读让学生在文本中罗列可以表现王子西另一形象的其他舞台说明，如"呵斥""气急败坏"，这些舞台说明呈现的王子西又是另一副形象，这种罗列舞台说明的方法也可运用到罗大头的形象分析上。多重的性格借助舞台说明这一细节立刻得以展现。

(三) 利用潜台词探寻创作的主题

《天下第一楼》中也存在一些潜台词，教师可以把这些潜台词作为理解剧本创作主题的切入点。例如，在课本选文中，卢孟实对家里办喜事的小伙计说出："披红挂绿，骑马坐轿子，怎么红火怎么办。让那些不开眼的看看，福聚德的伙计也是体面的。"这句话背后的潜台词是：即使社会地位低下，也要维护自己的尊严，不能自己瞧不起自己。教师要让学生理解潜台词要融入具体语境才有"生命力"。何冀平写的正是酸甜苦辣的众生相，这是其创作主题之一。运用同样的方法，教师在带领学生进行整本书阅读时可以抓住尾声一幕中，卢孟实打好的那副对联"好一座危楼，谁是主人谁是客；只三间老屋，时宜明月时宜风"，再次对主题进行深入理解。何冀平在写作札记叙述道："自以为是事业的主人，其实'梦里不知身是客'，可怜他们迎送了一辈子主、客，竟不知自己是主是客。能体现此种人生况味的，何止一个呕心沥血、壮志难酬的卢孟实，一个含泪带笑一辈子终于含悲而死的常贵，一个看透世事愤世嫉俗的修鼎新？这副对联突破表意，直取人生，历经沧桑的人可为感喟，不甘于此之人可作呐喊，人生的苍凉、命运的拨弄，尽在一个问号之中。"

二、戏剧整本书阅读的实践策略

(一) 正向引导进而完成阅读

戏剧篇幅普遍不长，加上情节连贯、冲突集中、语言通俗易懂，完成阅读对学生来说难度较小。教师可以将"任务驱动教学法"引入实践。首先，教师应给出每周明确的阅读内容；其次，教师应在课堂上带领学生交流反馈，做到问题早发现早解决，保证下一阶段的阅读顺利进行；最后，教师在完成阅读后设置几个具有探究性的问题，引导学生进行更深入的思考。

以《天下第一楼》为例，教师可规定在两周内完成阅读，第一周阅读第一幕及第二幕一场，第二周阅读剩下的内容。在第一周阅读结束后，教师可在课堂上带领学生梳理人物关系及情节冲突，让学生对整个故事脉络及一些易忽视的细节有更深的理解。在完成阅读后，教师可以布置以下探究性问题：①本文通过哪些方式来塑造人物形象；②哪些语言能够成为"潜台词"。

(二) 教师进行专业化的指导

戏剧不仅仅是文学要素的集合，同时也沟通了表演、音乐、舞台艺术等多个方面。教师的专业化指导可从表演和文本解读两方面入手。在舞台上戏剧表演的关键点是"戏剧性",在进行表演前,教师要带领学生找出文中的戏剧性情节,认真揣摩,细心体会,不仅要看它在这一阶段的作用,更要放到全文中去把握。教师可借用玉雏儿报菜名智斗恶人这充满戏剧性的一段剧情,对学生的表演进行专业化指导;文本方面,教师要带领学生充分感受人物的内心,体会角色在故事中的作用等,这需要教师在课后多多补充有关戏剧的专业性知识,这样才能够游刃有余地指导学生。

(三) 利用探究式的学习方式

探究式学习在各学科领域的应用已经非常广泛,它能够主动让学生产生思考,提升思维。教师首先要营造探究学习氛围,《天下第一楼》把剧情设置在民国初年,学生对这段历史知之甚少,就无法把文本放到历史语境中理解。教师可以让学生查阅这段时期内发生过的历史事件,感受"福聚德"发展的历史大环境,这样做可以让他们进入文本,为整本书阅读提供先提条件。其次让学生互相质疑、互相解答。整本书较课本选文体量更大,逻辑更严密,学生在阅读过程中难免会产生各种疑惑,让学生对其解答的目的在于使提问方少了向教师提问的压力,解答方也得到了表达的机会,这是一个双向利好的方法。最后,教师要让学生把整本书阅读的成果变成一个可视化的材料——制作学习手册,这个学习成果转化的过程能让学生已经思考过的内容更加条理化和深刻化。以上的活动都是基于学生作为探究的主体进行的,让学生真正成为学习的受益者。

总而言之,戏剧教学在语文学习中是不可忽视的,它是学生提高审美鉴赏的重要方法。整本书阅读突破了选文学习狭小的限制,使学习向更深层次进行。教师适时地把整本书阅读带入教学,是对教学行为的变革,语文学习也因此变得更有价值。

参考文献

[1] 董俊芳. 例谈思维导图在初中语文教学中的应用［J］. 语文建设, 2022（23）: 66-68.

[2] 伏荣超. 初中生整本书阅读与教师支持课程建设［J］. 中小学教师培训, 2022（5）: 36-40.

[3] 付立君. 初中语文课堂教学优化路径研究［J］. 国家通用语言文字教学与研究, 2023（4）: 88.

[4] 郝帅. 浅析初中语文教学中整本书阅读与写作有效结合的策略［J］. 天天爱科学（教学研究）, 2023（5）: 167-169.

[5] 胡玮玮, 李继峰. 初中语文教学中学生思维能力的培养［J］. 教育理论与实践, 2013, 33（14）: 56-58.

[6] 兰国祥. 激发·适切·开放——初中整本书阅读作业设计的追求［J］. 中学语文教学参考, 2022（35）: 56-58.

[7] 李妹. 基于任务驱动的初中语文整本书阅读教学策略研究［D］. 长春: 长春师范大学, 2021.

[8] 廖建光. 整本书阅读的"心法"［J］. 中学语文教学参考, 2021（6）: 47-48.

[9] 刘金生, 张莉敏, 杨兰萍. 初中语文教学课堂设计探究［M］. 长春: 吉林人民出版社, 2020.

[10] 柳慧. 以情趣为教学策略提升初中语文教学效率［J］. 现代中小学教育, 2011（8）: 34-36.

[11] 马闯. 初中语文整本书阅读教学策略研究［J］. 国家通用语言文字教学与研究, 2023（4）: 73.

[12] 南芳. 项目式学习在初中语文教学中的策略研究［J］. 科学咨询（教育科研）, 2022（12）: 173-175.

[13] 宁明丽. 初中语文教学生动性探析［J］. 教育研究, 2011（6）: 67-67.

［14］潘丹婧. 项目化学习设计下的现代诗歌整本书阅读教学策略——以《艾青诗选》为例［J］. 文教资料，2021（18）：227.

［15］彭瑶. 初中语文科幻小说整本书阅读教学研究［D］. 赣州：赣南师范大学，2021.

［16］任翔. 中小学语文教育改革之意义［J］. 语文建设，2013（13）：22.

［17］沈芸. 初中语文课堂教学研究与实践［M］. 长春：吉林大学出版社，2020.

［18］孙爱玲. 任务型阅读教学在初中语文教学中的应用［J］. 学周刊，2023（15）：133-135.

［19］王宏平. 初中语文戏剧整本书阅读教学方法探究——以《天下第一楼》为例［J］. 亚太教育，2020：97.

［20］王林. 整本书阅读的整体性解读策略——以《骆驼祥子》为例［J］. 中学语文教学参考，2023（14）：36-38.

［21］王嫚. 思维导图在初中语文整本书阅读教学中的应用策略研究［D］. 沈阳：沈阳师范大学，2022.

［22］王锡斌. 语文整本书阅读创新能力的培养研究［J］. 成才之路，2023（18）：73-76.

［23］王永伦，冉浪芬. 新课标视域下初中整本书阅读教学的破与立［J］. 语文建设，2022（23）：4-8.

［24］王晓张. 初中语文整本书阅读教学中的支架搭建策略［J］. 名师在线，2023（17）：24.

［25］杨世平. 新课改下初中语文教学艺术谈［M］. 长春：吉林人民出版社，2019.

［26］张爱霞. 基于合作学习的初中语文整本书阅读教学研究［J］. 中学课程辅导，2022（21）：109.

［27］张晓云. 探究初中语文教学的有效教学方法［J］. 时代文学，2015（22）：22.

［28］张心科. 论语文核心素养及语文教育改革［J］. 河北师范大学学报（教育科学版），2017，19（5）：104.

［29］张学锐. 初中古典名著整本书阅读教学分析［J］. 新课程（中），2019（11）：6.

［30］赵飞. 深度学习视域下名著整本书阅读教学的关注点［J］. 教学与管理，2019（34）：58.

［31］赵来坤，赵红彬. 初中语文教学点选择的四个要素［J］. 语文建设，2020（15）：75-77.

［32］林秀兰. 初中语文教学语言有效性探究［J］. 考试周刊，2018（52）：44.

［33］邵海宏. 浅议对初中语文课堂教学改进的思考［J］. 读与写，2022（24）：48.